**Börstinger
   Gespräche**

Börstinger Gespräche

Experten beantworten Fragen zur Geschichte und
Gegenwart eines Dorfes im Neckartal

Herausgegeben von
Monika Laufenberg und Eckart Frahm

Förderverein Heimat und Kultur in Börstingen e.V.

Die Herausgeber bedanken sich beim Regierungspräsidium Tübingen und bei den OEW – Zweckverband Oberschwäbische Elektrizitätswerke, Ravensburg, für die finanzielle Unterstützung bei der Drucklegung dieses Buches.

Die Herausgeber danken allen Rechteinhabern für die freundliche Abdruckgenehmigung. Nicht in allen Fällen war es möglich, die Rechteinhaber der Abbildungen ausfindig zu machen. Berechtigte Ansprüche werden im Rahmen der üblichen Vereinbarungen selbstverständlich abgegolten.

© 2008 Förderverein Heimat und Kultur in Börstingen e.V.
Alle Rechte vorbehalten.
ISBN 978-3-8334-7528-3

Transskription der Gespräche: Doris Digel, Gomaringen.
Bearbeitung: Eckart Frahm, Rottenburg, und Monika Laufenberg, Börstingen.
Karikatur im Vorwort: Sepp Buchegger, Tübingen.
Gestaltung und Satz: niemeyers satz, Tübingen.
Herstellung und Verlag: Books on Demand GmbH, Norderstedt.

Inhaltsverzeichnis

„Dieses Börstingen hat mir's angetan"
Vorwort   7

1. Gestaltete Zeit:
   Kirchenjahr und bäuerliches Leben
   Gespräch mit Wolfgang Urban   11
   Quellen und Anmerkungen   33

2. Vom Steinbeil zur Pumpelschelle:
   Vor- und frühgeschichtliche Spuren
   Gespräch mit Hartmann Reim   37
   Quellen und Anmerkungen   59

3. Mit gutem Beispiel vorangehen:
   Bürgerschaftliches Engagement und Verwaltung
   Gespräch mit Hubert Wicker   61
   Quellen und Anmerkungen   85

4. Das Röcheln der Albvulkane:
   Mineralwasser im Neckartal
   Gespräch mit Walter Jäger   87
   Quellen und Anmerkungen   113

5. Sanfter Tourismus:
   Börstingen im Neckar-Erlebnis-Tal
   Gespräch mit Klaus Bormann   115
   Quellen und Anmerkungen   142

6. Der Müller erhält ein Brett:
   Flößerei auf dem Neckar
   Gespräch mit Helmut Eck   143
   Quelle und Anmerkungen   163

7. „Auffallend viele Fleischesvergehen":
   Starzacher und Börstinger Ortsgeschichte
   Gespräch mit Wolfgang Sannwald   165
   Quellen und Anmerkungen   190

„Börstinger Gespräche"
Gesprächspartner   193
Herausgeber   195
Dank   196

„Dieses Börstingen hat mir's angetan"

Gegenstände zum Sprechen zu bringen und damit die Geschichte Börstinger Bürger lebendig werden zu lassen – das war die Absicht, mit der Studierende des Ludwig-Uhland-Instituts für Empirische Kulturwissenschaft der Universität Tübingen ein mittlerweile preisgekröntes Konzept für die Ausstellung des Dorfmuseums in Starzach-Börstingen entwarfen und realisierten. Als Beiprogramm und Unterstützung des einjährigen Projektseminars von Oktober 2005 bis Oktober 2006 wurden die „Börstinger Gespräche" in der Dorfgaststätte „Zorbas im Lamm" veranstaltet. In sieben Gesprächen mit Fachleuten wurden dort Themen zur Ortsgeschichte in allgemein verständlicher Form aufbereitet, wobei Nachfragen der Zuhörenden immer willkommen waren. Diese Gespräche stießen auf ein großes Interesse bei der Bevölkerung und den Medien, zumal Börstingen bisher noch keine Ortschronik besitzt.

Viele spannende Fragen zur Geschichte des Ortes fanden bei den „Börstinger Gesprächen" auf unterhaltsame Weise eine erste Antwort, zum Beispiel: Seit wann ist diese an Naturschönheiten und -schätzen so reiche Gegend besiedelt? Wie haben die Menschen früher im Neckartal gelebt? Welche Rolle spielte das Schloss oberhalb des Dorfes? Welche Schätze tun sich den Wissenden auf, wenn sie durch die Landschaft streifen? Gab es in diesem – für uns heute – so lieblichen Tal eine Art früher Industrialisierung? Und nicht zuletzt die Frage: Wie wird sich das Tal in Zukunft entwickeln, welche politischen Rahmenbedingungen sind prägend?

Der Reiz der „Börstinger Gespräche" lag – und liegt hoffentlich auch beim Nachlesen – im pointierten oder nachdenklichen Fragen, im ruhigen Antworten, im Ab- und Ausschweifen, im Nachfragen. Diese Art des Dialogs stellt sozusagen eine „Entschleunigung" der Wissensvermittlung dar. Hochkarätige Experten breiteten geduldig ihr Wissen aus. Spontan sagten sie zu und kamen sehr gerne – und dazu noch kostenlos – nach Börstingen, um ihr Fachwissen anzubieten. Offenbar war diese besondere Form der Stoffvermittlung im Gespräch auch für sie interessant. Die Fachleute mussten und konnten hier alltagsnah reden und auf Publikumsfragen direkt und unkompliziert antworten. Und dabei hat sicher die interessante Ortsgeschichte eine Rolle gespielt. So wurde umgekehrt auch die Neugierde bei den eingeladenen Fachleuten geweckt. „Ich sehe den heutigen Abend als einen Beginn für weitere Forschungen", erklärte der renommierte Umweltchemiker Prof. Walter Jäger und bekannte spontan aufgrund der geologischen Besonderheiten in diesem Abschnitt des Neckartals: „Dieses Börstingen hat mir's angetan". Und dieses Bekenntnis gilt sicher nicht nur für diesen Gesprächspartner.

Diesen kulturellen Aktivitäten (Ausstellung und Gesprächsreihe) vorausgegangen waren ein besonderes bürgerschaftliches Engagement und eine außergewöhnliche kommunalpolitische Unterstützung. Kurz bevor das aus dem Jahre 1779 stammende Haus neben der Ottilien-Kirche abgerissen werden sollte, wurde ein Förderverein gegründet, um das alte Gebäude vor dem Abriss zu bewahren. Im Laufe seiner langen Geschichte hatte dieses Haus über ein Dutzend unterschiedliche Funktionen, jedoch zuletzt keine ortstypische Identität mehr. Der Gemeinderat, für den die Erhaltungskosten zu groß wurden, beschloss zunächst den Abriss. Der Bürgermeister wechselte, der Abriss verzögerte sich und im März 2005 entschied der Gemeinderat unter dem neuen Bürgermeister Thomas Noé, mit umgewidmeten öffentlichen Mitteln das Haus zu erhalten.

Das hohe Engagement einer Gruppe von Bürgern um den Initiator Rolf Schorp ermöglichte die rasche Realisierung des Vorhabens: In mehr als 2.500 freiwilligen Arbeitsstunden wurde das Haus saniert, so dass nun in der alten Ortsmitte das Dorfmuseum „Kulturtankstelle" zu einem kulturellen Treffpunkt für Einheimische und Touristen geworden ist. Hier kann der Besucher Wissen und Erkenntnis „tanken", um anschließend das Dorf und die Landschaft besser „lesen" zu können. Dabei hilft das neuartige, minimalistische Konzept der Ausstellung: Die persönlichen Erinnerungen und Geschichten, verbunden mit den wenigen ausgewählten Alltagsgegenständen, sind im Museum zu hören. So wird vermittels eines toten Gegenstandes die Vergangenheit mit all ihrer schweren Arbeit, der sozia-

len Kontrolle, aber auch der Geborgenheit auf dem Dorf zum Sprechen gebracht.

Zu wünschen ist, dass die „Börstinger Gespräche", ebenso wie die „sprechenden Gegenstände" des Dorfmuseums „Kulturtankstelle", vielfältige Anregungen für die weitere Erforschung der älteren und jüngeren Dorf- und Landschaftsgeschichte bieten.

Monika Laufenberg
Eckart Frahm

Börstinger Gespräche

Dienstags ab 19 Uhr
ZORBAS im Lamm

Nachdem das zum Abriss vorgesehene Haus neben der Kirche von ehrenamtlich tätigen Bürgern in rund 2.000 Arbeitsstunden restauriert wurde, beginnen jetzt die Arbeiten zur Einrichtung eines Dorfmuseums (Kulturtankstelle). Dabei kooperiert der Förderverein „Heimat und Kultur in Börstingen e. V." mit einem Projektseminar des Ludwig-Uhland-Instituts für Empirische Kulturwissenschaft der Universität Tübingen (Seminarleitung: Eckart Frahm).

Bei den bisherigen Diskussionen gab es immer wieder den Wunsch, von Fachleuten Näheres zur Ortsgeschichte und zu den möglichen Ausstellungsthemen (Mineralwasserproduktion, Alltags- und Arbeitsleben, Neckarflößerei u. a.) zu erfahren.

Dazu finden jetzt ab dem 16. Mai jeden Dienstag, jeweils ab 19 Uhr, in der Gaststätte „ZORBAS im Lamm", die an diesem Tag, der sonst Ruhetag ist, extra öffnet, die „Börstinger Gespräche" statt. Der Kulturwissenschaftler Eckart Frahm wird zunächst die Experten befragen, die sich anschließend noch den Fragen der Zuhörer stellen.

<u>Termine, Gesprächspartner, Themen:</u>

16. Mai: Diözesankonservator Wolfgang **Urban** (Leiter des Diözesanmuseums, Rottenburg) –
Gestaltete Zeit: Kirchenjahr und bäuerliches Leben

23. Mai: Prof. Dr. Hartmann **Reim** (Denkmalpflege, RP Tübingen) –
Vor- und Frühgeschichte: Spuren der Römer u. a.

30. Mai: Regierungspräsident Hubert **Wicker** – Bürgerschaftliches Engagement und Verwaltung

6. Juni: Prof. Dr. Walter **Jäger** (Institut Prof. Dr. Jäger, Tübingen) – (Mineral-)Wasser

13. Juni: Klaus **Bormann** (WTG mit Tourist-Information, Rottenburg) –
Börstingen im Neckar-Erlebnis-Tal

20. Juni: Dr. Helmut **Eck** (Geographisches Institut, Uni. Tübingen) – Neckarflößerei

27. Juni: Dr. Wolfgang **Sannwald** (Kreisarchivar, Tübingen) –
Starzacher und Börstinger Ortsgeschichte(n)

1. Gestaltete Zeit:
Kirchenjahr und bäuerliches Leben

Gespräch mit Wolfgang Urban

Wie kann man der abstrakten Alltagszeit eine konkrete Gestalt geben? Wie hingen bäuerliches Leben, Jahreslauf und Kirchenjahr zusammen? Volksfeste und Religion, Haushalten mit Ressourcen, Heiligentage als Ruhetage in einem anstrengenden Arbeitsleben, der Vatertag als „Erfindung" der Kirche – über diese Fragen und Aspekte des historischen Dorflebens geht es in dem Gespräch mit dem Diözesankonservator Wolfgang Urban.

[*Zu Beginn ertönt das Geräusch einer Rätsche.*]

Eckart Frahm: Was, bitte schön, soll dieser Fasnachts-Quatsch ausgerechnet heute Abend? Und damit, Wolfgang Urban, stelle ich schon gleich am Anfang die falsche Frage.

Wolfgang Urban: Ja, weil Sie keine katholische Sozialisation erfahren haben, konnten Sie nicht mit Sicherheit erkennen, um was es sich bei diesem Geräusch handelt. Es handelte sich um eine Rätsche, die gerade nicht an Fasnacht benutzt wurde sondern am Karfreitag und am Karsamstag – in der Zeit, in der zwischen dem Gloria vom Gründonnerstagabend und dem Gloria der Osternacht oder des Ostertages, wie es früher gewesen ist, die Glocken geschwiegen haben und mittels solcher Rätschen, die oft gewaltige Instrumente waren in einer Höhe von etwa 1 Meter bis 1,20 Meter, dann anstelle der Glocken die Zeit angesagt wurde. Morgens, mittags und abends. Und damit sind auch die Gläubigen zu den Gottesdiensten gerufen worden am Karfreitag und am Karsamstag.

(ef) Wir haben unser Gespräch genannt – beziehungsweise Herr Urban hat mich darauf gebracht – „Gestaltete Zeit: Kirchenjahr und bäuerliches Leben". Herr Urban, was heißt eigentlich „gestaltete Zeit"? Wir leben ja in einer Alltagswelt, wo jeder Tag im Prinzip gleich ist. Wie kann man der Zeit, die sonst immer gleich abläuft, eine Gestalt geben?

Urban: Ja, zunächst mal etwas ganz Grundsätzliches. Ein Museum, auch ein Dorfmuseum ist doch immer in irgendeiner Weise ein Zeitfenster. Ein Fenster, in dem ein bestimmter Abschnitt der Vergangenheit beleuchtet werden kann oder vielleicht sogar die Geschichte als Ganzes. Es gibt Museen, die ausdrücklich diesen Anspruch haben, ein Zeitfenster zu sein. Es gibt auch moderne Museen, die futurologisch ausgerichtet sind, die einen Blick in die Zukunft gestatten. Die Zeit spielt gerade thematisch die Hauptrolle in einem Museum. Das gilt sogar für das neue Museum in Stuttgart von Daimler-Benz, dessen Museumsbau sehr gerühmt wird. Die dort ausgestellten Automobile sind natürlich alle zeitbedingt und geben damit einen Einblick in eine Entwicklungsgeschichte von über 100 Jahren. Und damit ist das Museum selbst wiederum ein Fenster der Zeit für die Entwicklung eines ganz bestimmten Objektes, nämlich eines modernen Fortbewegungsmittels wie das von Diesel und Benzin getriebene Auto. Zeit spielt immer eine Rolle.

An Museen fasziniert die Menschen am meisten, wenn sie Fremdem begegnen. Ein Museum hat eine Hauptaufgabe, meine ich, – und das mag zunächst einmal paradox klingen – den Besucher zu befremden. Denn Menschen haben zu anderen Zeiten, in anderen Epochen, in anderen Jahrhunderten andere Vorstellungen vom Leben gehabt, vom Ziel, vom Sinn, von der Gestaltung des Lebens. Und damit sind auch die Objekte der Vergangenheit verbunden, und diese kommen uns daher seltsam vor.

Das Befremden ist eine Vorform des Staunens. Und ein Museum ist im Grunde genommen auf das Staunen angelegt. Da muss ich jetzt von meinen philosophischen Kenntnissen her gleich ergänzen, dass mit dem Staunen Platon zufolge das Denken beginnt. Da wo ich staune, stelle ich mir Fragen, und das Denken beginnt. Und so ist, glaube ich, eines der Ziele eines Museums, einen Rückblick zu geben in Zeitvorstellungen, in Formen des Umgangs mit Zeit, den Menschen hatten und die wir jetzt so nicht mehr kennen.

Gestaltete Zeit. Der Mensch gestaltet Räume. Raumgestaltung, das sehen Sie in der Landschaftsplanung. Aber schon jede Straße, schon jeder

Weg, der angelegt wird, jede Brücke, ist eine Gestaltung von Raum, womit der Mensch sich des Raumes bemächtigt und sich dort zurechtfindet, sich orientiert. Die Zeit wäre ein sehr einförmig ablaufendes Einerlei. Die Sukzession übrigens von Sekunden – das ist auch etwas ganz Neues, dass wir diese Auffassung von Zeit haben mit dieser Feineinteilung, und ein Moderator die Uhr neben sich legt und dann prüft, wie viele Sekunden hat jetzt mein Gesprächspartner gesprochen und das kontrolliert. Dass wir überhaupt Sekundenzeiger haben, ist etwas ganz und gar Neues. Und zeigt ein neues Verhältnis zur Zeit.

Gestaltete Zeit ist diejenige, wo Menschen durch Bräuche, durch Brauchtum gewissermaßen Knoten in der Zeit bilden, Haltestationen. Dazu gehören insbesondere die Festtage. Dazu gehört insbesondere auch die unterschiedliche Weise, die jeweiligen Jahreszeiten zu begehen. Für unseren Kulturraum, den europäischen Kulturraum insgesamt, sind in diesem Zusammenhang das Kirchenjahr, die Liturgie und die Sakramente bestimmend gewesen mit seinen Höhepunkten, welche der Zeit eine Gestalt gegeben haben – einmal dem Jahreslauf, und zunächst auch die individuelle Zeit, die Lebenszeit des einzelnen gestaltet hat durch die Sakramente, durch die Taufe, durch die Kommunion, durch die Hochzeit. Hochzeit bedeutet, dass ein Paar durch die Hochzeit in die hohe Zeit seines Lebens ein-

---

Georgstag (23. April): Georg kommt nach alten Sitten auf einem Schimmel angeritten (Schimmel = die letzten Schneeflocken des Frühlings). – Was bis Georgi die Reben treiben wird ihnen nicht bis zum Gallus (16.10.) bleiben. – Am Georgstag soll sich das neue Korn schon so recken, dass sich die Krähe drin kann verstecken. – Des St. Georg's Pferd, das tritt den Hafer in die Erd. – Georgi bringt grüne Schuh (Früher mussten die Kinder ab diesem Tag auf ihre Winterschuhe verzichten).
Gallus (16. Oktober): Auf St. Gallentag muss jeder Apfel in seinen Sack. – Gallus vorbei Äpfel und Birnen sind frei – Nach dem St. Gall da erntet man die Rüben all. – Ab St. Gall bleibt die Kuh im Stall.
Lichtmess (2. Februar) und **Martinstag (11. November)** waren früher Ein- und Ausstandstag der Dienstboten. Der Martinstag war Abschluss des Wirtschaftsjahres.

Info 1.1 Brauchtage.

tritt; vorher war die Jugendzeit, jetzt kommt die hohe Zeit seines Lebens. Und dann schließlich auch das Ausscheiden aus dem Leben mit den Ritualen um die Beerdigung. Alles das ist mit dem Begriff „gestaltete Zeit" verbunden.

(ef) Erlauben Sie, dass ich staune? Für mich als Kulturwissenschaftler läuft ja der Alltag im Grunde genommen gleichmäßig ab. Aber das, was wir hier

---

Brauchtum

Hausvater Gallus

Dieser Gedenktag war wichtig für die Bauern / Von Eckart Frahm

„Galles schafft heim alles!" Was hier nach flotter Werbebotschaft klingt, ist in Wirklichkeit eine Orientierungshilfe für einen menschlichen Alltag von anderer Qualität. Denn während wir im täglichen Arbeitseinerlei fast nur auf den oder einige Festtage „spitzen" können, markierte der Gallus-Tag für die Bauern vergangener Zeiten einen tiefen Einschnitt in ihr Leben.

Der Gedenktag des heiligen Gallus – ein irischer Mönch, der im 6. Jahrhundert auf den Kontinent kam und im späteren St. Gallen eine klosterähnliche Niederlassung gründete – fällt auf den 16. Oktober. An diesem Tag galt die Ernte als abgeschlossen; bis zu diesem Termin mußte soviel an Vorrat angelegt sein, daß man auch ohne den Supermarkt über den Winter kam. Und da galt es schon, einiges mit Hilfe gereimter Merksprüche rechtzeitig zu bedenken, etwa: „Auf St. Gall', die Kuh in den Stall!" Auch die Feldfrüchte – besonders das Kraut – mußten jetzt hereingeholt sein.

Und damit die Menschen sich selbst nicht leichtfertig um die Mühen ihrer schweren Arbeit brachten, knüpften sie sprachlich an den Namen des Heiligen unmittelbar an: der nach St. Gallus gelesene Wein wird gallig, dem Kraut geht es ebenso, und wer an diesem Tag verbotenerweise ein Schwein schlachtet, dem wird der Speck gallig.

Der Produktionsfortschritt hat inzwischen vieles davon in unserer Erinnerung gelöscht. Geblieben ist am ehesten noch das Wissen um eine besondere Form der sozialen Hilfe: Nach diesem 16. Oktober waren Feld und Flur allgemein frei, und es durfte Nachlese gehalten werden in fremden Obstgärten, in Weinbergen und auch auf Kartoffeläckern. An manchen Orten ließ man die letzte Korngarbe für die armen Ährenleser zum sogenannten „Afterbergen" auf dem Feld. Aus dem Württemberg des Jahres 1628 wird mit einigem Sozialhilfestolz berichtet: „Es hat manch Armer bis auf 2 oder 3 Aimer Wein afterberget, so man hat stehen lassen." Doch nicht allein das Mitgefühl für die Armen bestimmte dies Handeln, sondern auch der Gedanke, daß man mit diesem Opfer die „Huld des Himmels" erlange.

Wie jeder bedeutungsschwangere Termin brachte auch der Gallus-Tag im Laufe der Geschichte einiges hervor, worüber wir heute den Kopf schütteln: Die in der Gallus-Woche geborenen Knaben werden nach dem Aberglauben später Nachtwandler. Heute, da die praktische Bedeutung dieses Gedenktags dahin ist, kann sich mancher Wirtshaushocker vom alten Gallus immerhin noch seine faulen Ausreden holen, wenn er zu später Stunde nachtwandelnd heimkehrt.

Abb. 1.2 Aus den „Stuttgarter Nachrichten" vom 17.10.1981.

haben, diese gestaltete Zeit, gibt ja diesem Alltag und diesem normalen, durchgängigen, anonymen Ablauf doch eine Kontur, eine gewisse Gestalt. Gehen wir mal runter von den geistigen Höhen auf den Boden der Landwirtschaft und nehmen die Zeit-Philosophie ein bisschen in die landwirtschaftliche Welt hinein. Es gibt zwei entscheidende Termine, die wichtig sind. Beim einen darf man danach möglichst das Feld nicht mehr betreten, das ist am 23. April (Georgitag), und der andere Termin ist St. Gallus (16.10.); dann ist die Ernte abgeschlossen und diejenigen, die bedürftig sind, dürfen dann auf die Felder und umsonst ernten. Wie funktioniert so etwas im Kirchenjahr?

Urban: Das Kirchenjahr besitzt ja eine Anpassung an die Jahreszeiten in Europa, spiegelt sie in gewisser Weise; von daher hat sich das auch im außereuropäischen Raum verbreitet. Aber es ist ganz deutlich, dass unser europäischer Jahreslauf hier eine wichtige Rolle spielt mit den vier Jahreszeiten, mit Frühling, Sommer, Herbst und Winter. Ganz bezeichnend ist, dass das höchste Fest im Kirchenjahr gewissermaßen in die Nähe des Frühlingszeitpunktes – nicht des astronomischen, sondern des tatsächlich erfahrenen Frühlingszeitpunktes – gesetzt ist, nämlich nach dem jüdischen Kalender und dessen Neujahrsbeginn auf den 1. Sonntag nach Frühlingsneumond. Darum wechselt dieser Termin. Aber damit ist zugleich eine jahreszeitliche Fixierung gegeben. Und das Ganze überträgt sich dann auch auf die Heiligenfeste, die ebenfalls das ganze Kirchenjahr füllen, von Silvester (31.12.) bis Martini (11.11.) oder Luzia (13.12.), Nikolaus (6.12.) im Dezember, im Sommer dann mit Peter und Paul (29.6.) oder mit Mariä Himmelfahrt am 15. August, oder was immer man hier nennen mag.

Hier spielen nun als Orientierungspunkte die Heiligenfeste – und das ist gleichfalls besonders wichtig und festzuhalten: die Leute sind ja fast täglich in die Kirche gegangen – eine ganz große Rolle. Bei Georgi, das ist der Georgstag (23.4.), den Sie jetzt ganz kalendermäßig genannt haben, Georgi war ein herausragender Stichtag im Jahr. An diesem Tag sind nämlich die Mägde und die Knechte, die man für die sommerliche Arbeit benötigte, die der Bauer brauchte, eingestellt worden, die Zusatzkräfte. Heute sind es die Kräfte, die dann aus Polen kommen und den Spargel stechen. Das allerdings nur sechs oder sieben Wochen lang. Die zu Georgi eingestellten arbeiteten dann bis zu Martini, bis zum Martinstag. Dann wurden sie wieder entlassen. Und darum waren Georgi und Martini besondere Stichtage im Arbeitsleben und Jahreslauf. Der Martinstag war außerdem der Zinstag. Da waren die Gelder fällig für die Pacht, dann sind auch die Löhne gezahlt worden. Man hat gewöhnlich einen Jahreslohn erhalten, ist zwischenzeitlich aber von seinem Dienstherrn über das ganze Jahr beherbergt und verköstigt worden. Tägliche Unterhaltskosten fielen für die bäuerlichen und die meisten anderen Arbeitskräfte nicht an. Und es gab dann weitere ähnliche Stichtage, die hier ihre Gültigkeit hatten, und das ist die Verbindung zwischen kirchlicher Struktur, Frömmigkeitsstruktur, Jahreslauf und Alltagsgestaltung.

Brauchtum des Martinstages (11. November): „Der Vorabend des Martinstages und der Martinstag selbst sind nachweisbar bis ins Frühmittelalter mit einer Fülle von Brauchtum verbunden. Traditionell ist Martini im Mittelalter und weit hinein in die Neuzeit einer der wichtigsten Stichtage im Jahreslauf. Er markierte den Abschluss der landwirtschaftlichen Arbeiten im Freien und aller mit der Feldarbeit verbundenen Tätigkeiten des bäuerlichen Lebens. An diesem Tag wurden daher die für die Winterzeit nicht mehr benötigten Arbeitskräfte entlassen und erhielten ihren Jahreslohn. Der Tag der Neueinstellung war Georgi, der St.-Georgs-Tag im folgenden Frühjahr, der 23. April. Die acht Tage vor Martini wurden auch ‚Martini-Octav' genannt. Das Personal brauchte nur noch die notwendigsten Arbeiten zu verrichten. Im Volksmund wurde daher diese Zeit auch ‚Schlamperwoche' genannt. An Martini waren außerdem Abgaben, Zinsen und Pachtgebühren fällig, wurden Verträge aufgehoben und neue geschlossen.
Zugleich war liturgisch der Martinstag Eintritt in das Adventsfasten (Quadragesima Sancti Martini), auch Epiphania-Fasten genannt, weil es am Dreikönigstag (6. Januar) endete. Diese winterliche Fastenzeit wurde erstmals von Bischof Perpetuus von Tours eingeführt, weshalb der Vorabend des Martinstages und dieser selbst mit besonderen Feiern und Lustbarkeiten, Märkten und Festmählern verbunden war. Der Brauch des Martinsgans-Essens hat hier seinen Ursprung. (…)
Mit Martini begann die dunkle Periode des Jahreslaufs. In der Vergangenheit bis zur allgemeinen Elektrifizierung wurden an diesem Tag in den Dörfern und Städten die ‚Lichtstuben' und ‚Spinnstuben' eröffnet, wo man abends nach Einbruch der Nacht sich in einem größeren Raum versammelte, bei Handarbeit zusammen saß und sich mit Geschichten, Musik und Liedern unterhielt. Die Lichtstuben endeten am 2. Februar, am Fest Mariä Lichtmess."

Info 1.3 Brauchtum des Martinstages.

(ef) Sie haben mir gesagt, ab dem 23. April kann der Tourist nicht mehr einfach auf die Felder laufen.

Urban: Genau, das kann er nicht mehr, weil jetzt die Weidezeit beginnt. Jetzt lässt man das Gras wachsen, damit auch eine anständige Mahd zustande kommt. Ich hab' das noch erlebt, wie die Bauern fuchsteufelswild wurden, wenn die Kinder in den Wiesen herumtollten und dabei das Gras niedertrampelten, weil man ja mit der Hand mähte, und dieses dadurch sehr erschwert worden ist. Man darf natürlich auf die Felder gehen, aber nur in dem Zeitraum zwischen St. Gallus, dem 16. Oktober, und dem 23. oder dem 22. April. Und wenn die Leute dann noch ihre Hunde über die Felder führen und einfach querfeldein gehen, dann merkt man, dass sie

---

St. Nikolaus (6. Dezember) ist der „in Stadt und Land von allen Kindern froh ersehnte heilige Bischof, der am Vorabend seines Festes Einkehr hält in den Häusern die Kinder um Gebete und Gesätzlein aus dem Katechismus fragt, sie mit Süßigkeiten und Obst belohnt oder wohl auch ungesehen in tiefer Nacht durch die Straßen geht und die bereitgestellten Teller und Schuhe in den Fenstern und vor den Türen mit seinen Köstlichkeiten füllt. (...)
In Tirol beschenkte die **hl. Luzia (13. Dezember)** die Mädchen, weil St. Nikolaus nur die Knaben bedacht hatte. Die Rolle, die die Heilige in diesem Brauche spielt, verdankt sie ihrem Namen und dem Tag ihres Festes. Als eine der frühesten Heiligen der Kirche – ihr Name steht schon in der ehrwürdigen Reihe des Kanons der hl. Messe – wurde sie im Mittwinter gefeiert, am Tage, der bis zur gregorianischen Kalenderreform als der kürzeste Tag des Jahres galt."
Peter und Paul (29. Juni): Dieser Tag ist ein katholisches Hochfest; man gedenkt des überlieferten Todestages der Apostel Petrus und Paulus. In den Bauern- und Wetterregeln spiegeln sich die unterschiedlichen Erwartungen und Erfahrungen, was den Ablauf des Jahres betrifft: Georgus und Marks (23. und 25. April) die bringen oftmals was Arg's; Philippi und Jakobi (1. Mai) sind dann noch zwei Grobi; Pankraz, Serbaz, Bonifazi (12., 13., 14. Mai) das sind erst drei Lumpazi. Oft der Urban gar (25. Mai) ist streng fürwahr und Peter und Paul die sind meist nur faul. – Peter und Paul hell und klar bringt ein gutes Jahr – Regnet es an Peter und Paul wird oft des Winzers Ernte faul.
Mariä Himmelfahrt (15. August): „Es bringt den Winzern guten Wein an Himmelfahrt der Sonnenschein."

Info 1.4 Brauchtage.

Städter sind, dass sie nie Kontakt mit dem bäuerlichen Leben der Vergangenheit gehabt haben und dass sie davon nichts verstehen.

(ef) Aber das weiß ich doch als normaler Tourist gar nicht. Und auch die Tourismusunternehmen oder die Vertreter vom Neckar-Erlebnis-Tal, die sagen einem das doch gar nicht, dass das Jahr eine solche Struktur hat: Ab dem 23. April darf man nicht mehr durch die Wiesen „latschen" und ab dem 16. Oktober, ab Gallus darf auch derjenige, der arm ist, aufs Feld gehen und Äpfel und Birnen ernten.

Urban: Ja, weil viele Leute es nicht mehr wissen, ist dieses Faktum museal geworden. Und es setzt Menschen wie Sie in Erstaunen, dass einmal die Zeit ganz anders gesehen und betrachtet worden ist. Diese Form oder Sicht von Zeit ist durch die modernen Produktionsformen, durch die Industrialisierung aufgehoben worden. Die Maschine kennt das nicht mehr. Und wir werden vielleicht noch drauf zu sprechen kommen: Es ist die beginnende Industrialisierung, die Maschinenwirtschaft im 19. Jahrhundert, die strikt fordert, dass keine Arbeitsenergie mehr für religiöses Brauchtum verschleudert werden darf. Die Gottesdienste haben frühmorgens stattzufinden. Und es war württembergisches Gesetz, dass dann die Kirchen den ganzen Tag über, auch im katholischen Raum, abgeschlossen zu sein haben, dass der Pfarrer, bitteschön, werktags nicht predigt, sondern nur die Messe liest, sie still liest, ohne Begleitung vom Gesang der Gläubigen, um keine große Zeit dafür in Anspruch zu nehmen, und dass keine Wallfahrten, Bittgänge und ähnliches mehr stattfinden darf. Nur noch am Sonntag durfte gepredigt werden.

(ef) Also, ich stelle immer wieder fest – das zeigt sich zum Beispiel auf der Schwäbischen Alb, der Naturschutzbund hat das erkannt – es werden Touristen über das Land geführt, und sie wollen erkennen, was sie sehen. Gibt es gegenwärtig nach Ihrer Meinung, nach Ihren Erfahrungen wieder ein Bedürfnis nach einer „gestalteten Zeit"? Oder ist für den modernen Menschen heute die Überweisung des monatlichen Gehalts wichtiger als ein Georgitag oder als ein Heiligentag oder so etwas?

Urban: Gut, wir haben heute zum Teil ganz andere Dinge, zum Beispiel das Warten auf den Beginn der Bundesliga im August. Das sind so Strukturen, die über die Medien vermittelt worden sind, oder das Ende der Bundesliga. Das sind neue Strukturen, die auch eine zeitliche Orientierung geben. Es gibt Fußballfans – und manche Ehefrauen singen da ihr Klagelied –, die ganz genau auf diesen Rhythmus der Bundesliga eingestellt sind: vor und nach der Bundesliga. Wenn die Bundesliga beginnt, muss der Urlaub zu Ende sein, damit man zu Hause ist. Weil man vielleicht an dem Urlaubsort die Bundesliga nicht verfolgen kann. Inzwischen geht es ja über Satellit auch dort …

(ef) Ja, aber diese Antwort auf meine Frage enttäuscht mich jetzt …

Urban: Das sind die neuen Strukturen.

(ef) Ja, aber das enttäuscht mich jetzt. Die katholische Kirche hat, als sie die Andersgläubigen missionierte, die heiligen Tage und die katholischen Gedenktage genau auf die Festtage der Ungläubigen gelegt. Und so hat sie sie missioniert. Warum nicht auch hier auf den Fußballanstoß reagieren?

Urban: Das mit dem Fußball ist erstens noch zu jung, und es ist auch die Frage, ob das sinnvoll wäre, verstehen Sie? Übrigens, wenn Sie sagen, was ein ganz wichtiges Moment ist, einem Museum geht es immer um Kultur, um Kultur der Vergangenheit, um Kultur überhaupt. Ein Museum ist, wie Sie es auch so griffig formulierten, eine „Kulturtankstelle". Hier kann angezapft werden, und man erfährt etwas über die Kultur. Natürlich über die Kultur vor allem der Vergangenheit. Wie es war und wie es geworden ist. Und wenn Sie vorher feststellten – ich bin eigentlich dankbar für die Formulierung –, dass die Zeit eben dadurch eine Kontur bekommt, durch diese Formen, dann ist es genau das, was Kultur überhaupt ausmacht, dass sie die Gleichförmigkeit beendet und dem Fluss der Zeit eine Gestalt, eine Kultur, ein Profil gibt.

(ef) Ich habe ein wunderschönes Zitat gefunden von dem österreichischen Volkskundler Hanns Koren, der 1934 das Buch „Volksbrauch im Kirchenjahr" veröffentlicht hat, und der schreibt: „Dass sich diese Bräuche auf diese kirchlichen Festtage angesetzt haben zeigt, dass das Volk sein ganzes Tun und Denken zwangsläufig immer auf höhere Dinge bezieht und gar nicht anders kann als sich, wenn auch nur sehr äußerlich, geheiligter Formen und Anhaltspunkte zu bedienen" (S. 103). Also, da sind wir ja wohl weit weg davon. Aber Sie haben mir erzählt, die Heiligentage waren früher auch in der anstrengenden bäuerlichen Produktion wichtige, notwendige Ruhetage.

Urban: Ja, die heiligen Feste spielten eine ganz substantielle Rolle im Arbeitsleben, vor allem als Ruhephasen. Dass die Arbeit nun einmal unterbrochen werden musste, gewissermaßen zwangsläufig, und auch die arbeitenden Menschen dadurch wirklich so etwas hatten, was es früher kaum gegeben hat: Urlaub. Eine der wichtigsten Ruhephasen war die zwischen Weihnachten und Dreikönig. Diese zwölf Tage, die auch mit Aberglauben umhegt waren, das wilde Heer würde dann herumziehen, man durfte keine Wäsche hinaushängen, denn dies würde bedeuten, dass in der Familie dann im folgenden Jahr jemand sterben würde. Aber das mit dem Wäsche-Hinaushängen kann man ganz rational auch sehen: Es sollte nicht über das Notwendige hinaus – das Herrichten des Essens – gearbeitet werden. Man durfte auch nicht den Hof kehren. Man sollte den Stall nicht unbedingt saubermachen. Alles das war untersagt – nur das „Vieh fuattara", auf Schwäbisch gesagt, nur das Vieh füttern, war gestattet und das Herrichten des Essens für die Mahlzeiten. Einmal im Jahr musste Ruhe sein. Kein Holz spalten, gar nichts. Alles sollte, musste vorher bereitgestellt werden, damit auch diese Ruhephase eingehalten wurde.

Und solche Ruhepausen gab es auch im Sommer, mitten in der anstrengenden Feldarbeit, Tage wie Peter und Paul (29. Juni), wo nicht gearbeitet worden ist, der auch bei uns – ich hab's noch als Kind erlebt – in Baden-Württemberg noch Feiertag gewesen ist in den 50er Jahren. Solcher Ruhetag war auch der 15. August (Mariä Himmelfahrt). Wobei das übrigens flexibel war. Ich habe es noch erlebt, dass bei langer, anhaltend schlechter Witterung, also bei viel Regen, wodurch die Heuernte nicht eingebracht oder auch die Getreideernte nicht rechtzeitig eingebracht werden konnte, dann der Pfarrer ausdrücklich von der Kanzel herab am Sonntag von der Pflicht zur Sonntagsruhe Dispens erteilte und den Bauern erlaubte – ich sehe, die Anwesenden hier nicken, das ist auch Ihre Erfahrung – und dann den Bauern erlaubte, am Sonntag zu arbeiten, damit das Heu, damit das Getreide eingebracht werden konnte. Das ist noch praktiziert worden bis zum 2. Vatikanischen Konzil, also bis 1965. Aber nachher hätte sich auch niemand mehr darum geschert. Aber in den 50er Jahren war das durchaus üblich. Ich hab's auch erlebt, dass Bauern, die sich nicht daran gehalten haben, als unfromme Gesellen galten. Die sind auch am Sonntag ohne Dispens mit dem Heuwagen durch Stetten am kalten Markt, meinen Heimatort, gefahren; aber so einer galt dann als ein unfrommer Geselle.

(ef) Also, halten wir mal fest: Die Strukturierung des Kirchenjahrs durch Gedenken an besonders wichtige Personen, an die Heiligen, war auch zugleich eine Einteilung des Arbeitslebens.

Urban: Das war eine Einteilung des Arbeitslebens. Und das ist etwas, verstehen Sie, worum es mir ja geht, wenn man ein Dorfmuseum einrichtet, ob man das sichtbar machen kann – das ist das Entscheidende –, ob man das

Abb. 1.5 Heuernte im Neckartal bei Börstingen Mitte der 1950er Jahre.

vermitteln kann. Es wäre durchaus ein Thema. Das offenbart ein anderes, signalisiert ein ganz anderes, ja ich würde sagen, sogar substantiell anderes Verhältnis zur Zeit, zur eigenen Lebenszeit und zur Arbeitszeit.

(ef) Dass die Religion Orientierungshilfe ist, glaube ich, das ist für mich unumstritten. Aber eines der merkwürdigsten Beispiele ist für mich Christi Himmelfahrt. Ich habe das mal in Blaubeuren miterlebt. Da wurde eine Christusfigur nach oben durch ein Loch im Chorgewölbe gezogen, und die Anwesenden haben sehr genau hingeguckt, weil dort, wo Christus, bevor er oben im Loch verschwindet, wo Christus hinguckt, aus der Richtung ist in nächster Zeit ein Gewitter zu erwarten. Also, bei aller Liebe und bei aller Wertschätzung der katholischen Religion, Herr Urban, geht's nicht auch einfacher und überzeugender?

Urban: Ja, gut, das hat jetzt ja alles nichts mit Dogmatik im strengen Sinne zu tun. In der Volksfrömmigkeit verbinden sich, wie soll ich sagen, volkstümliche Interpretationen mit theologisch-liturgischen Hintergründen. Auf der Höhe der Theologie sieht das noch einmal ganz anders aus. Etwa bei Augustinus oder bei Ambrosius, bei den Kirchenvätern, bei Thomas von Aquin. Aber das mit dem Hochziehen der Figur, das wäre, wenn Sie eine solche Skulptur besäßen in Börstingen, selbstverständlich ein Museumsstück. Man hat Christusfiguren gehabt, die, wie man es neuerdings in der Kunstgeschichte nennt, „handelnde Figuren" waren in der Gotik und der frühen Neuzeit, in der Liturgie. Dazu gehörten die Palmesel, die am Palmsonntag mitgezogen worden sind. Das sind jetzt wirklich museale, meist großartige Objekte, und ein jeder bestaunt einen solchen Palmesel.

Man hat Christusfiguren gehabt, die Scharniere an den Armen besaßen, so dass man sie herunterklappen konnte, und wenn man sie aufklappte, hat man sie ans Kreuz hängen können, runtergeklappt konnte man sie hinstellen als Schmerzensmann und konnte sie gekippt, in der horizontalen Lage als Grab-Christus benutzen. Eine solche bedeutende Christusfigur befindet sich z.B. in Weil der Stadt, und es gibt ein Beispiel im württembergischen Landesmuseum, das zugleich eine bewegliche Kinnlade hatte – jetzt werden Sie gleich schmunzeln – und die Kinnlade konnte man runterziehen, die hatte außerdem eine bewegliche hölzerne Zunge im Mund. Die Christusfigur konnte die Zunge rausstrecken, wie wir es bei einer Marionette kennen. Das mit dem Herausstrecken der Zunge war eine Interpretation, eine Umsetzung vom Psalm 22, den Jesus selber am Kreuz in seiner Todesnot und Verzweiflung betete: „Mein Gott, mein Gott, warum hast du mich verlassen". Da heißt es an späterer Stelle: „Meine Kehle ist trocken wie ein Scherben, die Zunge klebt mir am Gaumen". Es war die Form der Realisierung dieses auf die Passion Christi bezogenen Psalmverses. Dieser veranschaulichenden Realisierung dienten diese Christusfiguren, dazu gehört auch der Auferstehungs-Christus, der an Ostern auf den Altar gestellt wird, und der ist dann durch das sogenannte Himmelsloch – das auch die evangelische, die heutige evangelische Stiftskirche in Tübingen noch hat – an Himmelfahrt vor den Augen der Gläubigen dann hochgezogen worden in eine Dachluke hinein und vor den Augen der Gläubigen verschwunden, wie es im Bericht des Apostelgeschichte zur Himmelfahrt heißt: „Er", Christus, „wurde vor ihren Augen emporgehoben ... und entzog sich ihren Blicken" (Apg 1,9).

Ja, da war was los in der Kirche! Da war Aktion! Um es ganz modern zu sagen. Da hat man die Dinge, die Festgeheimnisse, in dieser ganz elementaren Weise veranschaulicht. Und durch dasselbe Loch ist dann an Pfingsten die Taube des Heiligen Geistes heruntergelassen worden. Wenn man so etwas hat, wären das natürlich Ausstellungsstücke für ein Museum,

Palmsonntag ist der 6. Sonntag der Fastenzeit und der Sonntag vor Ostern. Mit diesem Tag beginnt die Heilige oder Große Woche, in der katholischen Liturgie wird des Einzugs Jesu in Jerusalem gedacht, als er auf einem Palmesel in die Stadt ritt. Bei vielen kirchlichen Volksbräuchen wird der Heiland bildlich dargestellt, auf einem Esel sitzend. Im Volksglauben galt eine Berührung des Palmesels als Schutz vor Krankheiten.
Christi Himmelfahrt wird am 39. Tag nach Ostersonntag gefeiert und neun Tage vor Pfingsten. An diesem christlichen Hochfest gedachte man der „Auffahrt des Herrn" und zog – so ein früher weit verbreiteter kirchlicher Volksbrauch – die Statue des Auferstandenen von einem weißen Tisch in die Luke des Kirchendaches. Drei Tage vor Christi Himmelfahrt ging man um die Äcker der Gemeinde und erhoffte sich bei den so genannten „Bittprozessionen" ein gutes Gedeihen der Ackerfrüchte, notwendigen Regen und Schutz vor Dürre und Hagelschlag.

Info 1.6 Brauchtage.

denn erstens – wie Sie das auch tun, Ihre Reaktion ist großartig – sorgen sie für Befremdung, und dadurch dass Sie befremdet sind, entsteht zweitens doch auch Erklärungsbedarf. Was kann man daraus entnehmen, was kann daraus für die Vergangenheit gelernt werden? Das sind nun die Fragen.

Neulich habe ich im SWR eine Sendung miterlebt, wo hochgelehrte Wissenschaftler diskutiert haben über chinesische Kultur. Und einer sagte, es existierten in China wie in Europa so seltsame Verhaltensweisen im Mittelalter, auch noch in der frühen Neuzeit, dass man die Mäuse – und es gab, nebenbei erwähnt, auch Mäuseheilige, die für die Vertreibung der Mäuse zuständig gewesen sind, dazu gehörte zum Beispiel der heilige Ulrich und die heilige Cutubilla, letztere übrigens dargestellt auf einem Altar in Adelshausen bei Göppingen – dass man die Mäuse dazu verurteilt hat, ein Feld oder ein Dorf zu verlassen. Da haben sie gesagt, ja das sind Strukturen, das verstehen wir nicht, das finden wir ganz und gar lächerlich. Es ist nicht lächerlich. Man kann es erklären. Ich hab' neulich für meine Studenten grad dieses Beispiel genommen, um ihnen aufzuzeigen, wie man Geschichte sehen muss und wie man von der geschichtlichen Empfindung der Menschen her und ihrer Deutung der Umwelt solche für uns lächerlich, weil unverständlich erscheinenden historischen Phänomene erklären kann. Die Mäuse haben nach dieser Auffassung, womit wir zur Lösung kommen – es gibt ein Vergleichsbeispiel bei den Krokodilen in China, die nämlich auch verurteilt worden sind, einen Fluss oder einen bestimmten Teich zu verlassen – ein Lebensrecht und eine Lebensberechtigung als Geschöpfe der Natur wie der Mensch. Wie der Mensch! Und sie haben Anspruch auf Lebensraum – das ist geradezu ökologisch empfunden, bitteschön! Ja, wo wir heute sinnlos, ohne nachzudenken, x-beliebig viele Arten pro Tag vernichten, für alle Zeiten auslöschen, stehen wir hier vor einer Position, die einen Anspruch auf Lebensraum und eigene Lebensentfaltung allen Lebewesen in gleichem Maße zuspricht. Nur dann, und damit wird's als ein juristisch zu behandelndes Thema betrachtet, wenn sie ihre Grenzen überschreiten, genau dann und erst dann werden sie verurteilt. Es ist ein großer Respekt gegenüber den Mitlebewesen, den wir gar nicht mehr kennen, der sich hier in der Vergangenheit ausdrückt in solchen Verhaltensweisen.

(ef) Also, ich könnte Ihnen stundenlang zuhören, weil alles sehr schön ist. Ich sehe nur Christi Himmelfahrt, heute wird das als Vatertag gefeiert, und da ist der Alkoholkonsum das wichtigste. Von der kirchlichen Bedeutung her wichtige Feiertage wie Georgimarkt, Martinimarkt, Erntedank, große Volksfeste, die alle einen religiösen Hintergrund haben, der nun wirklich wunderbar ist, die sind heute alles platte Umsatztage geworden …

Urban: Das macht das Geld. Das macht die säkulare Atmosphäre. Diese Feste, der Vatertag, das Bierfest auf dem Cannstatter Wasen und das Oktoberfest, nur drei Beispiele, diese Feste sind säkularisierte, ehemalige kirchliche Feste. Ich mach's zunächst deutlich am Cannstatter Wasen und am Oktoberfest. Beides sind landwirtschaftliche Leistungsschauen. König Wilhelm I. hat das in Württemberg eingeführt als landwirtschaftliche Leistungsschau, und zwar anstelle des früheren Erntedankes, der „Sichelhenke, wia ma schwäbisch hier em Neckertal" sagt. Auch der Erntedank war im Grunde genommen eine Leistungsschau, bitteschön. Hier konnte man zurückblicken auf das, was das Jahr eingebracht hat, was man geleistet hat, was nun gewissermaßen an Vorrat und Vermögen vorhanden ist. Man dankte in erster Linie Gott für die eingebrachte Ernte. Ihm war letztlich in frommer Betrachtung der Wohlstand und die Leistung der Ernte zu verdanken. Mit der Industrialisierung und der Verwissenschaftlichung der Landwirtschaft hat das Fest des Cannstatter Wasen zu tun. Es ist eine moderne Form des Erntedankes. Dahinter steckt die Hungersnot von 1816/17, welche zu Initiativen der Intensivierung und Modernisierung der Landwirtschaft führte. Das Fest des Cannstatter Wasen ist nun eine neue Form von Landwirtschaftsfeier, welche sich auf die Leistungsfähigkeit modernerer, nach wissenschaftlichen Erkenntnissen geführter Landwirtschaft bezieht, nicht mehr ein Fest des Dankes für die Erfüllung von Gebet und Gnadenerweis Gottes. Es geht um die auf wissenschaftlicher Basis erreichten Erfolge in Viehzucht und Agrikultur, um neue Futtermittel, um die neuen Lebensmittel wie die erfolgreiche Einführung der Kartoffel in Württemberg; damit haben das Fest des Cannstatter Wasen und das gleichartige Münchner Oktoberfest als säkularisierte Erntedankfeiern zu tun.

Beim Vatertag ist es so: Der Vatertag war, wie Sie alle noch wissen, in Börstingen ist das noch bekannt, der Tag, an dem eine Flurprozession stattgefunden hat, eine Prozession, an der alle teilnahmen, und heute noch, ich geh auch am 25. Mai, jetzt an Christi Himmelfahrt, zur Flurprozession. Ich bin als Kind schon mitgegangen. Eine Flurprozession, das war zugleich ein Umgang, ein Feldumgang, wo man möglichst viele Felder streifte und sie segnete. Ich habe vor drei Wochen eine solche Flurprozession – das war die erste, der Auftakt von zehn insgesamt, die noch folgen sollten – in Italien mitgemacht, in Friaul, in der Nähe von Tolmezzo. Die haben an sieben Stationen haltgemacht. Die achte war dann die Kirche. Und sie wollten damit unterwegs möglichst alle vier Himmelsrichtungen streifen bei ihrem Umgang; sie haben übrigens sieben Passagen aus den Evangelien gelesen und alle Texte noch in Latein. Ich fragte nachher den Pfarrer, ob das Latein von den Gläubigen noch verstanden würde. Die einzigen, die's wohl verstanden haben, waren der Pfarrer und ich selbst. Da hat man sieben Evangelientexte in Latein vorgetragen, und das ganze Dorf war geschlossen dabei, zumindest von jedem Haushalt ein Repräsentant. Es war wie vor Jahrzehnten, ja Jahrhunderten, jetzt zu Beginn des 21. Jahrhunderts.

Nun aber 500 Jahre zurückgeblickt, auf die Zeit der Reformation. Die Reformation verbietet diese Bittgänge und damit die Flurumgänge. Die Bauern brauchten das aber, denn neben dem religiösen hatten sie ein praktisches Motiv. Sie wollten sehen, wie es steht auf dem Feld, wie die Frucht herangewachsen ist. Und so sind sie in den evangelischen Regionen doch noch hinausgezogen, aber ohne Pfarrer. Ohne Pfarrer! Und die Frauen sind zu Hause geblieben jetzt, weil's ja nichts mehr zu beten gab, verstehen Sie. Und daraus entwickelte sich dann der Vatertag. Der Vatertag ist die säkularisierte Form der alten Flurprozessionen und Flurumgängen. Der Vatertag wird nicht richtig begangen, auch in diesem säkularen Sinn, wenn man „bloß en'd Wirtschaft neihockt", wenn man nur dasitzt. Sondern man muss eine Wanderung machen und diese dann mit einer Einkehr beenden. Das war übrigens bei den Bittgängen früher auch der Fall. Es war ja nicht so, dass das alles so tiefernst ablief. Man wusste das eine mit dem anderen zu verbinden. Da war der Gottesdienst und am Ende, nach dem Gottesdienst, hat man gespeist und getrunken, ist man eingekehrt. Das hat auch länger dauern können, weil Feiertag war. Ja, so ist es in der Vergangenheit gewesen.

(ef) Ich habe darauf hingewiesen, dass vieles, was früher eine eminent religiöse Bedeutung, einen spezifischen Hintergrund hatte an diesen Tagen, dass dieser Hintergrund heute weg ist, dass man aber trotzdem diese Tage noch nutzt, um ganz säkular zu feiern und sich zu betrinken. Lassen wir uns noch mal über Wallfahrt reden. Also, ich habe den Eindruck, diese Leute, die ganz normal arbeiten, die sich keine großen Ruhezeiten gönnen usw., wenn die pensioniert werden und nach dem Sinn des Lebens greifen, dann machen sie immer mal wieder eine Wallfahrt. Lassen Sie uns mal über die Wallfahrt reden. Was hat das früher für eine Bedeutung für Arbeit und Alltag gehabt?

Urban: Wallfahrt war die Möglichkeit, mal irgendwo anders hinzukommen. Das war eine Form des Urlaubs, der Urlaubsreise. Unsere heutige, moderne Auffassung von Freizeit, die kannte man nicht, alles Tun musste früher einen tieferen Sinn haben. Und insofern bedeutete die Wallfahrt die Möglichkeit, irgendwann Distanz zum eigenen Umfeld zu finden, etwas anderes zu sehen und etwas anderes kennen zu lernen. Und offenbar – das belegt, wie modern das ist – erscheint dies auch gegenwärtig als Möglichkeit, als Chance. Ich lese den „Spiegel" diese Woche, lieber Herr Frahm, ich schlage auf, und dann wird ein Mann interviewt über seine Wallfahrt, seine Fußwallfahrt, die er vom Fuß der französischen Pyrenäen aus gemacht hat; es ist Hape Kerkeling, dieser Fernsehkomiker. Und jetzt wird sogar ein Interview (das hat ein Bekannter von mir, der Spiegelredakteur Dr. Johannes Salzwedel gemacht), vier Druckseiten lang, gemacht, warum er eine Wallfahrt nach Santiago di Compostela, also nach mittelalterlichen europäischen Vorstellungen bis an's Ende der Welt gemacht hat, rund 800 km seien es ja gewesen, die er zu Fuß zurückgelegt habe.

(ef) Na gut, wenn man so'n Fernsehen macht wie er, muss man vielleicht ...

Urban: Und was sagt er, warum er das gemacht hat? Um zu sich zu kommen.

(ef) Eben.

Urban: Um Gott zu finden, sagt er sogar. Aus diesem Grunde haben es die Leute auch in früheren Zeiten gemacht. Natürlich haben die auch ganz konkrete Ziele gehabt bei Wallfahrten. Zum Beispiel nach Haigerloch, nicht weit von hier, ist man gegangen, zur heiligen Anna. Junge Mädchen, die die Absicht hatten, zu heiraten und keinen Mann gefunden haben, die sind dann zur heiligen Anna und haben gebetet in der dortigen Annakapelle, einem wunderbaren Bauwerk des Rokoko:

> „Oh heilige Sankt Anna,
> gib alle Mädle Manna.
> Mir aber zeischda,
> denn i bitt dir am meischda".

Man hat auch Wallfahrten unternommen, wenn es häuslich nicht stimmte, wenn der Familiensegen schief hing, wenn dauernd Streit mit der Ehefrau herrschte. Es gab ja nicht die Möglichkeit der Scheidung in den vergangenen Jahrhunderten. In manchen europäischen Ländern ist sie erst vor wenigen Jahren eingeführt worden. So ist die Scheidung in Spanien erst nach dem Franco-Regime, also nach 1978, in Griechenland ist sie erst seit kurzem, soviel ich weiß, erlaubt worden. Und wenn man in Ehe-Problemen steckte, dann hat man unter Umständen eine Wallfahrt unternommen, damit man wieder mit der Frau oder die Frau mit dem Mann zurechtkommt. Wallfahrtsziel dafür war beispielsweise das Heilige Blut in Weingarten.

Man hat auch, wenn die Kinder krank waren, man einen kranken Ehemann hatte oder selber an einer Krankheit litt, solche Wallfahrten unternommen. Ich nehme an, dass hier beispielsweise in diesen Ort, in Börstingen, zu ihrer Ottilienkirche, vielleicht gab es sogar einen Brunnen, Menschen mit Augenleiden gekommen sind. Die hl. Ottilia oder Odilia ist eine wichtige Bezugsperson gewesen für Personen, die mit Augenleiden behaftet waren. Und dann hat man eine Wallfahrt zur Ottilia unternommen. Ich kenne als Beispiel den Fall unseres Bischofs Paul Wilhelm Keppler, der über 25 Jahre, von 1899 bis 1926, Bischof der Diözese Rottenburg-Stuttgart war. In jungen Jahren hat er eine Wallfahrtskapelle zur heiligen Ottilia in der Nähe von Schwäbisch Gmünd, seiner Heimat, aufgesucht. Und dort sei er und ein anderer, der ihn begleitete, von den Augenleiden befreit worden. Er hätte sonst nicht Theologe werden können. Und auch nicht Priester. Er wäre aufgrund eines solchen Gebrechens nicht geweiht worden. Denn der Priester musste die Messe lesen können. Ein solcher Zusammenhang könnte, ich habe mich aber nicht in die Ortgeschichte vertieft, in Börstingen bestanden haben. Es gibt übrigens umfangreiche wissenschaftliche, kulturgeschichtliche Untersuchungen zur Thematik Heilige und Krankheit.

(ef) Ich werde das meinem Augenarzt sagen, er soll mal untersuchen, ob Börstingen überdurchschnittlich viele Klarsichtige …

Urban: Ha, da bin ich mir ganz sicher an, dass es hier klarsichtige Menschen gibt, wenn man eine Ottilienkapelle, die hl. Odilia als Kirchenpatronin hat.

(ef) Wenn ich das so sehe, sind wir beide, Wolfgang Urban und ich, mit die einzigen hier, die eine Brille tragen.

Lassen Sie uns doch noch mal über die thematischen Korrespondenzen des heutigen Gesprächs reden: gestaltete Zeit, Kirchenjahr und bäuerliches Leben. Klimatische Verhältnisse spielen für das bäuerliche Leben eine große Rolle – wie greift da die Kirche ein, wie gestaltet die Kirche das?

Urban: Das Glaubensleben, das kirchliche, unterstützt natürlich die Arbeitswelt und das Arbeitsleben. Die finden ja – und das ist das Großartige in der Vergangenheit – zu einer Symbiose, einer Symbiose übrigens

---

Heilige St. Anna: „Sie ist Patronin von Florenz, Innsbruck, Neapel, der Bretagne, sowie der Mütter und der Ehe, der Hausfrauen, Hausangestellten, Witwen, Armen, Arbeiterinnen, Bergleute, Weber, Schneider, Strumpfwirker, Spitzenklöppler, Knechte, Müller, Krämer, Schiffer, Seiler, Tischler, Drechsler, Goldschmiede, der Bergwerke, für eine glückliche Heirat, für Kindersegen und glückliche Geburt, für Wiederauffinden verlorener Sachen und Regen. Sie soll gegen Fieber, Kopf-, Brust- und Bauchschmerzen, Gewitter schützen (vergleiche das Gebet des jungen Luthers an Anna, ins Kloster zu gehen, wenn sie ihn in einem schweren Gewitter rettet)."

Info 1.7 Heilige St. Anna.

unter den Vorzeichen des Humanen. Das Problem ist eher die Industriegesellschaft. Und das hat Karl Marx gesehen, als einer der ersten, der gerade bei der modernen industriellen Produktion die Entfremdung des Menschen konstatierte. Karl Marx hat gesehen, dass der industrielle Arbeitsprozess eigentlich dem Menschen fremd ist und ihn von seiner eigenen Ziel- und Grundbestimmung entfremdet. Das ist der große Aufbruch Mitte des 19. Jahrhunderts mit Beginn der Industrialisierung, übrigens genau der Zeitpunkt, wo die Kirche nichts mehr zu sagen hatte, übrigens auch die ganze Unterdrückung von Sexualität, die dann eine große Rolle bei Sigmund Freud, er ist ja ein Jubilar dieses Jahres, eine Rolle spielt, kommt dadurch zustande. Ich als der 68-Generation angehörig habe es noch gelernt, wir haben Herbert Marcuse gelesen, und Herbert Marcuse schreibt über Repression und Ökonomie, über Repression des Menschen. Das setzt genau ein, man kann es an der Gesetzgebung Württembergs, Bayerns, Badens ablesen, wo schlichtweg gefordert wird, dass der Mensch nur noch zu arbeiten hat, dass Arbeit das einzige Ziel und die einzige Bestimmung des Menschen ist. Darin bestünde die Wohlfahrt und der Wohlstand des Staates.

Der Sonntag, der uns jetzt inzwischen heilig ist, ist überhaupt nicht heilig gewesen. Noch nicht einmal im 19. Jahrhundert. Ich habe ein Dokument aus der Zeit des Deutschen Reiches, des Kaiserreiches kurz vor dem 1. Weltkrieg, aus den 90er Jahren des 19. Jahrhunderts, wo im Reichstag in Berlin folgende Debatte geführt worden ist: Das Zentrum, die katholische Partei, hat die Einführung des arbeitsfreien Sonntags gefordert. Dann wurde diesem Antrag der Zentrumspartei ein Antrag entgegengehalten aus der deutsch-nationalen Richtung: „Wovon soll der Arbeiter am Sonntag leben, wenn er nicht arbeitet?" Man hatte den Lohn exakt auf das bemessen gehabt, was ein Arbeiter an diesem Tag zum Leben benötigt. Jeder, der arbeitet, hat an jedem Arbeitstag nur Anrecht auf einen Verdienst in der Höhe, wie er an diesem Tag zum Leben braucht. Das ist gerade mal 100 Jahre her, seit das diskutiert worden ist. Und dies ist alles so erst eingeführt worden, nachdem wir die Mediatisierung (Aufhebung der Reichsunmittelbarkeit) und die Säkularisation, den Übergang von geistlichen Besitzungen an weltliche Herren 1802/1803 gehabt haben. Die württembergischen Gesetze, inzwischen in Vergessenheit geraten, darum habe ich sie angeführt, verlangten eine strikte Konzentration allein auf das Arbeits- und Erwerbsleben, verlangten daher, dass die Kirchen geschlossen sein müssen, verboten Bittgänge, Wallfahrten rigoros. Erst nach der Revolution 1848 fand eine Lockerung statt, erst nach der Revolution.

(ef) Lassen Sie uns noch mal zurückkommen auf das Kirchenjahr und die Prägung des bäuerlichen Lebens. Viele Wetterregeln zum Beispiel orientieren sich an Heiligen.

Urban: Ja, gut. Das ist natürlich eine zufällige Koinzidenz, ein zufälliges Zusammentreffen.

(ef) Aber Ostern ist gleichzeitig das Frühlingsfest.

Urban: Damit ist natürlich eine lange, über viele Jahrhunderte dauernde Beobachtung des Klimas verbunden. Wenn es zum Beispiel heißt: „Fabian, Sebastian (20.1.), fängt der Winter richtig an", so ist das eigentlich eine Warnung, jetzt Ende Januar nicht zu glauben, dass jetzt der Winter schon vorbei sei und sich weiter entsprechend zu verhalten. Übrigens in diesem Jahr 2006 hat es wunderbar zugetroffen: Der richtige Winter begann Fabian, Sebastian, kurz nach dem 20. Januar. Die anderen Tage sind natürlich auch mit dem bäuerlichen Arbeitsjahr verbunden, zum Beispiel Gallus, der 16. Oktober („Sankt Gall, Kuh in den Stall"), das war das Ende der Weidezeit.

(ef) Und dieser Georgitag – mir fällt gerade nicht der Vers ein – sollte man an diesem 23. April nicht die Winterschuhe ausziehen?

Urban: „Sankt Gall, die Kuh in den Stall" oder auch „Sankt Gallen lässt Schnee fallen". Und da weiß man, warum die Kuh in den Stall musste. Weil

---

Fabian/Sebastian (20. Januar): An Fabian und Sebastian fängt der rechte Winter an. – Fabian im Nebelhut, der tut den Pflanzen gar nicht gut. – Tanzen um Fabian schon die Mücken, muss man später den Kühen das Futter bezwicken.

Info 1.8 Fabian/Sebastian.

ab jetzt, ab 16. Oktober, jederzeit mit dem Wintereinbruch zu rechnen ist. Wir hatten übrigens das vor zwei oder vor drei Jahren, als Ende September plötzlich in den Alpen schon Schnee lag, Ende September, sehr früh, also vor dem 16. Oktober. Die Wetterregeln beziehen sich nicht zuletzt auf alpenländische Gebiete, das Allgäu und verwandte Regionen. Und vor dem 16. Oktober findet exakt auch heute noch der Almabtrieb statt.

(ef) Wir sollten noch über zwei Dinge reden. Das eine ist Fasnacht. Bezogen wieder auf bäuerliches Leben: Welchen Sinn hat das?

Urban: Die Fasnacht kann man eigentlich nur aus der Liturgie des Kirchenjahres verstehen. Die Fasnacht ist bezogen, wie das Wort schon besagt, auf den Aschermittwoch. Und eigentlich ist in meiner Sicht – aber es ist nicht nur meine, die hab ich ja übernommen von anderen, aber ich drück's vielleicht eine Spur markanter oder vielleicht noch etwas pointierter aus, wenn ich an Werner Mezger denke oder Dietz-Rüdiger Moser und an andere Brauchtumsforscher – eigentlich ist Fasnacht ein Mysterienspiel. Bei uns ist die Fasnacht inzwischen zu lang geworden, um dessen gewahr zu werden. Sie beginnt eigentlich mit dem Abend des Dreikönigstages, und dann kommen diese zahllosen Narrentreffen dazu. Ursprünglich umfasste sie nur die kurze Zeit zwischen „Schmotzigem Donnschdig" und Aschermittwoch. In diesen Tagen hat man „Verkehrte Welt" gespielt. Gespielt nur, ist zu betonen. Man hat nur so getan, als ob jetzt alles erlaubt sei, um letztlich doch zu zeigen und selbst am eigenen Leib zu erfahren, dass es so nicht weitergehen kann. Man kann nicht den ganzen Tag in der Wirtschaft hocken, ich bitte die Frau Wirtin hier im „Lamm" um Entschuldigung, das wäre kein Leben.

(ef) Die hockt ja auch nicht den ganzen Tag hier …

Urban: Für sie ist es eine andere Situation: Es ist für sie ja die Arbeitsstätte. Man kann auch nicht dauernd ein G'spusi nebenher haben, das ergibt sich. Es sollte ja auch nur spielerisch sein, nicht ernst. Hier in der Fasnacht wird die „Verkehrte Welt" gespielt, inszeniert. Das drücken gerade im schwäbisch-alemannischen Bereich die Fasnachtsmasken mit ihrer Darstellung der Hauptlaster aus wie der Eitelkeit, verkörpert in den schönen, glatten Gesichtern, oder der Habgier, der avaritia, des Geizes, eine der Sieben Todsünden, oder anderer Laster wie der hemmungslosen sexuellen Begierde, typisch dafür der Rottweiler Guller, der Hahn, weil der so viele Hennen kratzt. Wegen seiner triebhaften Polygamie wird der Hahn zum Sinnbild der Fleischeslust – eine Interpretation von Werner Mezger, der zu folgen ist.

(ef) Worauf ich noch hinaus will: Fastenzeit ist auch eine Zeit, in der man mit den Ressourcen haushaltet. Also, die kirchliche Interpretation bezogen auf das bäuerliche Leben heißt: Geh mit dem, was dir zur Verfügung steht, sorgsam um.

Urban: Ja, es gab vor allem zwei lange Perioden des Fastens. Es gab eine weihnachtliche, schon in der Voradventszeit beginnende Fastenzeit. Sie begann übrigens mit Martini (11.11.). Darum durfte an Martini noch mal auf den Putz gehauen werden, darum das Gansessen. Und sie dauerte dann – unterbrochen durch die Festtage und die Sonntage, die nie Fast- und Abstinenztage waren – genau bis Dreikönig. Darum dann auch wieder die fastenfreie Zeit nach Dreikönig bis zum Aschermittwoch und der Beginn der Fasnacht am Abend von Dreikönig. Man hatte früher ja nur das zum Leben, was man geerntet hat. Ein Import von Getreide und anderen Lebensmittel war kaum möglich.

Ich kann Ihnen die Verhältnisse – ich habe die Ortschronik meines Heimatortes Stetten am kalten Markt geschrieben – schildern. Im 18. Jahrhundert, im 19. Jahrhundert, gab es gewaltige Hungersnöte, und auch noch im 20. Jahrhundert, was man nicht vergessen sollte. In der Zeit des 1. Weltkriegs bis 1934 hat man Hungerjahre zu überstehen gehabt. Zur Zeit von Hungersnöten haben zum Beispiel die Landesherren verboten, dass das vorhandene Getreide ihres Gebietes exportiert und verkauft wird. Es sollte in der jeweiligen Grafschaft, in dem jeweiligen Herrschaftsbereich bleiben. Man konnte nichts dazukaufen. Es gab auch keinen Import aus Drittländern, aus europäischen Ländern, die besser klimatisch gestellt waren, wie z. B. Spanien, das war logistisch, transporttechnisch unmöglich.

Erzeugnisse ferner Länder kaufen zu können, ist ein Phänomen erst der letzten hundert Jahre. Wir beide haben's ja noch erlebt, Sie, Herr Frahm und ich, es gab die Spezialgeschäfte dafür in unserer Kindheit, die hießen Kolonialwarenhandlungen. In meinem Dorf, genauer: unserem Marktflecken, war eine solche mit dem wunderbaren Titel und dem Schild des Inhabers, das wurde leider nicht aufgehoben, das wäre etwas für ein Heimatmuseum unseres Ortes gewesen: „Kolonialwarenhandlung Agatha Holzschuh". Ja, so ein Ladenschild, stellen Sie sich mal vor. Wunderbar.

Aber zurück! Die einzige Möglichkeit zu sparen, war das Fasten. Übrigens außerordentlich förderlich für die eigene Gesundheit, diese Fastenperioden. Dass man an einem Tag in der Woche, Freitags, kein Fleisch isst, jeder Arzt empfiehlt Ihnen das, oder dass Sie mindestens einen Fastentag pro Woche ansetzen. Verzicht auf Fleischspeise und Genussmittel war und ist das Freitagsgebot für katholische Christen. Oder einen Obsttag. Jeder Arzt empfiehlt das heute. Wenn Sie gesund bleiben und lang leben wollen, dann bitte fasten Sie. Das war neben der spirituellen Bedeutung der Fastenzeit die durchaus praktische, die gesundheitsfördernde Seite.

Die Fastentage und die Fastenzeiten brauchte man jedoch nicht zuletzt, um mit dem Geernteten und Erwirtschafteten sparsam umzugehen und über die Runden zu kommen.

(ef) Meine Damen und Herren, Sie merken, Wolfgang Urban ist so etwas wie ein erzählender Springbrunnen. Ich stelle ihm jetzt noch eine letzte Frage, dann machen wir eine kleine Pause. Gestaltete Zeit auf dem Lande – ein Thema auch für's Museum?

Urban: Eventuell, wenn man die Objekte besitzt. Ein Museum muss etwas ausstellen können. Das Museum braucht ein Objekt, ein Ding zum Anfassen, etwas Reales zum Anschauen. Ein Museum macht Geschehen, Geschichte, Prozesse an Dingen fest, veranschaulicht mittels Objekten. Ein Museum, in dem man das, was ich jetzt ausgeführt habe, nur auf Tafeln an die Wand schreibt, wäre kein richtiges Museum. Man muss die Dinge dazu haben. Was wir jetzt behandelt, angesprochen haben, ist sicherlich ein wichtiger Teil der Vergangenheit. Was ich am Anfang unseres Gesprächs zum Museum als Zeitfenster ausführte, dieses Zeitfenster öffnet sich durch und über Gegenstände. Sie sind es, die zu denken geben, darum stellt man Dinge aus. Man sammelt Dinge, nicht nur, weil sie besonders kostbar sind, sondern weil sie einem zu denken geben, weil an ihnen etwas sichtbar, greifbar, fassbar wird in einzigartiger Weise, wie es Dinge und Objekte nur tun können, weil sie uns etwas konkret verdeutlichen über die Vergangenheit. Und wenn man einen Bestand von Dingen hätte zum Umgang und zur Wahrnehmung von Zeit und ihrer Gestaltung, könnte, müsste eigentlich so etwas Thema eines Museums sein. Hier müssten gezielt Objekte gesucht, gesammelt werden, um das anschaulich zu machen. Es ist sehr eng verbunden mit der Alltagskultur, mit der Welt, in der Menschen lebten, sie gestalteten und ihr Dasein fristeten. Es gibt letztlich nichts Spannenderes für uns, als sich mit den Existenzformen anderer Menschen und anderer Zeiten zu befassen.

Ich muss Ihnen leider sagen, und das sagen Ihnen alle, die sich mit Museologie befassen, dass Dinge der Alltagskultur eigentlich zum Seltensten gehören, was es gibt. Denn die gab's zwar hundert-, tausendfach, sogar manchmal millionenfach, aber man hat sie nie für wichtig gehalten, man hat sie weggeworfen. Und dazu gehören leider auch viele Zeugnisse der Volksfrömmigkeit, in denen das anschaulich werden kann und anschaulich wird, wovon wir gesprochen haben. Nur ein kleines Beispiel: In dem Museum in Glatt hat man bei der Renovierung des Wasserschlosses zufälligerweise Schuhe gefunden, auch Kinderschuhe des 14. und 15. Jahrhunderts. Das sind absolute Raritäten. Aber genau diese Schuhe gab es hundertfach, ja zu Tausenden. Oft wurde etwas weggeworfen, weil man es für abergläubisches Zeug hielt. Aber natürlich tragen die Dinge eine Vielfalt von Aspekten in sich, jedes Objekt.

Ich habe neulich Studenten ein Objekt vorgeführt, das war ein Band, das man aufrollen konnte, mit Gebeten drauf; und das war beschriftet in barocker Schrift, die wahre Länge und Dicke der hochgebenedeiten Gottesmutter und Jungfrau Maria. Es war also die Körperlänge Mariens veranschaulicht auf diesem Band, und die Dicke war dann eine Markierung auf dem Band. Wenn man es aufrollte, war das ihr Leibesumfang während der Schwangerschaft, als sie mit Christus schwanger ging. Dieses Objekt haben werdende Mütter um ihren Leib, um ihren Bauch getragen. Dieses Objekt hat mehrere Aspekte. Es hat einmal den Aspekt der Marienfrömmigkeit, unter diesem Gesichtspunkt kann man es ausstellen. Es hat zum anderen den Aspekt vor allem auch der Schwangerschaft, der Sorgen, die mit jeder Schwangerschaft verbunden ist, um eine glückliche, gelingende Schwangerschaft und eine glückliche Geburt – ein Thema, das uns alle noch beschäftigt und das dann sofort seine ganze Skurrilität verliert. Und wir sind dann auch in Bereichen, wo tatsächlich auch festgestellt wird, lieber Eckart Frahm, dass der Mensch in seinem Leben doch nicht alle Dinge im Griff und in der Hand hat.

Quellen und Anmerkungen:

Info 1.1 Aus: Hanns Koren (1934): Volksbrauch im Kirchenjahr. Ein Handbuch. Salzburg/Leipzig. – Ingeborg Weber-Kellermann (1985): Saure Wochen, frohe Feste: Fest und Alltag in der Sprache der Bräuche. München.

Info 1.2 Aus den „Stuttgarter Nachrichten" vom 17.10.1981.

Info 1.3 Aus: Wolfgang Urban (2004): Der heilige Martin von Tours. Kehl, S. 42 ff.

Info 1.4 Aus: Hanns Koren (1934): Volksbrauch im Kirchenjahr. Ein Handbuch. Salzburg/Leipzig, S. 39, 46 f. – Ingeborg Weber-Kellermann (1985): Saure Wochen, frohe Feste: Fest und Alltag in der Sprache der Bräuche. München.

Abb. 1.5 Abdruck des Fotos mit frdl. Genehmigung Manfred Lohmiller.

Info 1.6 Aus: Hanns Koren (1934): Volksbrauch im Kirchenjahr. Ein Handbuch. Salzburg/Leipzig. – Ingeborg Weber-Kellermann (1985): Saure Wochen, frohe Feste: Fest und Alltag in der Sprache der Bräuche. München.

Info 1.7 Aus: Wikipedia, April 2007.

Info 1.8 Aus: Hanns Koren (1934): Volksbrauch im Kirchenjahr. Ein Handbuch. Salzburg/Leipzig. – Ingeborg Weber-Kellermann (1985): Saure Wochen, frohe Feste: Fest und Alltag in der Sprache der Bräuche. München.

Literatur:

Trüb, C. L. P. (1978): Heilige und Krankheit. Stuttgart (= Geschichte und Gesellschaft, Band 19).

Mezger, W. (1999): Das große Buch der schwäbisch-alemannischen Fasnet. Ursprünge, Entwicklungen und Erscheinungsformen organisierter Narretei in Südwestdeutschland. Stuttgart.

2. Vom Steinbeil zur Pumpelschelle: Vor- und frühgeschichtliche Spuren

Gespräch mit Hartmann Reim

Spuren einer jungsteinzeitlichen Siedlung, eines römischen Gutshofs, eines alamannischen Friedhofs und nicht zuletzt die beim Laurenbrunnen gefundene Pumpelschelle (eine Glocke aus der kleinen Ansiedelei eines Klostermönchs) – der Börstinger Boden hat eine ganze Reihe interessanter und für die Siedlungsgeschichte im Neckartal sehr aufschlussreicher Zeugnisse freigegeben. Wo man auf diese Geschichts-Spuren gestoßen ist, was sie aussagen, wo die Schätze heute lagern und wie man sie im zukünftigen Dorfmuseum vielleicht einmal präsentieren kann, um diese Fragen und Themen geht es im folgenden Gespräch mit Prof. Dr. Hartmann Reim, dem Referatsleiter Denkmalpflege im Regierungspräsidium Tübingen.

Eckart Frahm: Sinn und Absicht insbesondere des heutigen Abends ist es, dafür zu werben, dass Besucher ins zukünftige Börstinger Dorfmuseum kommen, in diese „Kulturtankstelle", sich informieren und dann neugierig in die Landschaft gehen und dort versuchen, die Landschaft zu lesen, nachdem sie wissen, worauf sie achten sollen.

Und dazu habe ich einen Mann eingeladen, dem ich in meiner beruflichen Entwicklung mehrfach begegnet bin, und der mir immer im Gedächtnis geblieben ist, weil ich mir vorgestellt habe: Dieser Mann ist Archäologe, er hat die Fähigkeit durch den Boden durchzugucken und Geschichte zu sehen. Professor Hartmann Reim, haben Sie diese Fähigkeiten? Sind Sie in der Lage, wenn Sie irgendwo durch die Gegend fahren, durch den Boden durchzuschauen und Geschichte zu sehen?

Hartmann Reim: Diese Frage kann ich ganz einfach beantworten: Diese Fähigkeit habe ich nicht. Wenn Sie fragen, wie man in der Landschaft archäologische Hinterlassenschaften erkennt, so gibt es relativ einfache Dinge; denken Sie an Grabhügel, denken Sie an mittelalterliche Burgstellen, also Denkmäler, die man oberirdisch erkennen kann oder den einen oder anderen Schutthügel, unter dem sich ein römischer Gutshof verbirgt. Das ist eigentlich kein Problem. Natürlich sind wir Archäologen dann schon etwas geschult, so dass man zum Teil sehr, sehr verflachte Grabhügel oder völlig verschleifte Wälle auch noch als solche erkennt und dann ab und an erstaunt ist, wenn man mit Leuten ins Gelände geht, dass diese nichts erkennen.

(ef) Wie kommen denn Archäologen überhaupt an ihre Funde? Wie kommen die Dinge aus der Erde auf einmal heraus? Hier werden gleich noch interessante Sachen erzählt mit der Pumpelschelle, die von einem Schwein gefunden wurde, das kein Archäologe war, nicht wahr?

Reim: Nein, so weit sind wir noch nicht.

(ef) Wie kommt man darauf? Es wird ja auch immer wieder Neues entdeckt.

Reim: Zum Teil sind die Denkmäler im Gelände noch erkennbar; zum Teil ist es so, dass der Pflug in Ackerflächen in Siedlungsschichten eingreift, Scherben oder Ähnliches an die Oberfläche bringt. Und dann gibt es immer wieder Leute, die einen Blick dafür haben, die Begehungen machen, die diese Funde dann aufspüren, aufsammeln und kartieren. Das ist eine weitere Möglichkeit. Dann ist es so, dass man in den letzten 20 bis 30 Jahren verstärkt auch die Archäologie von der Luft aus betrieben hat, dass man mit Flugzeugen Areale überfliegt. Und da kann man zum Teil auch Denkmäler, die oberirdisch nicht mehr zu sehen sind, erkennen.

Das muss man sich so vorstellen: Nehmen wir zum Beispiel einen römischen Gutshof, der auf der Niederterrasse im Neckartal liegt unter einem Kornfeld. Der Wasserhaushalt sieht im Bereich der Mauern und der Freiflächen ganz unterschiedlich aus, das heißt wenn zum Beispiel Weizen angepflanzt ist, wird die Frucht unmittelbar über der Mauer kürzer bleiben und schneller reif werden. Wenn Sie nun bei einem günstigen Sonnenstand fotografieren, gelingt es in guten Fällen, dass man den gesamten Grundriss auf der Luftaufnahme sehen kann. Oder denken Sie, wenn ein Graben ein Gelände durchzieht, ist da wesentlich mehr Humus eingelagert als im umgebenden Erdreich. Dadurch wird sich die Feuchtigkeit besser speichern, so dass man – egal welche Frucht drüber steht, oder auch Gras, die Frucht höher wird, später reift – so dass man das auch auf dem Luftbild sehen kann. Das gilt natürlich nur für Idealfälle. Wir haben in der Denkmalpflege in Baden-Württemberg einen Vertrag mit einem pensionierten Oberst der Luftwaffe, der das Land ganz systematisch befliegt und damit eigentlich Prospektionsarchäologie aus der Luft betreibt.

Dann gibt es natürlich in Arealen, die man einigermaßen kennt, die Möglichkeit, über geophysikalische Messungen Näheres zu erkunden. Das ist eine Methode, mit der man in gewissen Abständen Impulse in den Boden schickt und diese misst – vergleichbar etwa mit einem Echolot – diese Werte speichert und graphisch umsetzt, so dass man zum Teil Spuren, Gruben, Mauern und Ähnliches erkennen kann. Natürlich weiß man dann nicht, wie alt diese Dinge sind. Das wird man erst erfahren, wenn man die zugehörenden Funde hat.

(ef) Aber dazu muss man doch eine Idee haben. Haben Sie denn die Siedlungsentwicklung umfassend im Kopf? Ich habe neulich, was mich maßlos verblüfft hat, von einem Schweizer Dialektforscher erfahren, der erkannt hat, dass es in seinem Land alle 50 Kilometer mehr solche und mehr solche Worte gibt. Und der hat gesagt, anhand dieser Dialektentwicklung, anhand der Sprachaufnahmen kann man sagen, die (Be-)Siedlung ist in dieser Schweizer Region von Norden nach Süden verlaufen. Das heißt, wenn Sie hier durch die Gegend fahren, sagen Sie, ja vielleicht sind hier irgendwelche, die in Rottenburg abgehauen sind, die sind nicht bis zur Weitenburg gekommen, weil sie dort vertrieben wurden, die sind jetzt in Börstingen gelandet?

Reim: Das wäre schön, wenn man das könnte. So einfach ist es nicht. Aber Sie haben insofern Recht, wenn man das Bekannte kartiert, epochenweise, stellt man zum Teil schon gewisse Regelhaftigkeiten fest. Da wird man merken, auf welchen Böden gerne gesiedelt wird, dass es zum Teil darauf ankommt, in welcher Entfernung zum Wasser gesiedelt wird usw. Es gibt gewisse Regelhaftigkeiten, aber das ist nur ein geringer Prozentsatz. Also, wir würden nie hergehen können, durch's Gelände gehen und sagen können: Dort müsste eigentlich etwas sein.

(ef) Also, es hängt viel von Zufällen ab?

Reim: Es hängt in der Archäologie sehr viel von Zufällen ab, aber natürlich auch dann noch, wenn man alles zusammenträgt. Wir haben beispielsweise in der Denkmalpflege Fundstellenarchive, auch computergespeicherte archäologische Datenbanken, wo alles kartiert ist. Da kann man zum Teil schon feststellen oder sich vorstellen: Aha, in diesem Bereich könnte eine Siedlung liegen, aus der Jungsteinzeit beispielsweise. Da spielen viele Faktoren eine Rolle, hauptsächlich die Böden. Wenn ich jetzt durch's Neckartal fahre, dann ist eigentlich von vorne herein klar, da kann relativ wenig Archäologisches sein, denn das Tal ist sehr eng und tief in die Muschelkalkformation eingeschnitten, so dass man im Grunde genommen, von der Theorie her, denken könnte – dies gilt auch für Börstingen; wir kommen ja gleich noch darauf zu sprechen –, dass hier relativ wenige Fundstellen liegen, so würde man sagen, theoretisch, vom Schreibtisch aus. Aber die Verhältnisse sind nicht so, es ist halt doch etwas da.

(ef) Also, das hat mich jetzt sehr gewundert. Von Tübingen, von Rottenburg aus wird mit einer gewissen Arroganz behauptet, Börstingen liege am Ende der Welt, da sei nichts los. Aber wenn man sich mit diesem Ort näher beschäftigt, findet man doch eine ganze Menge heraus, und das gilt ja auch für die Archäologie. Also, man findet in Börstingen erstaunlich viel.

Reim: Ja, das kann man durchaus sagen. Wir werden ja nachher beim Römischen immer wieder auf Rottenburg stoßen, keine Frage, aber so abgelegen ist Börstingen dann doch nicht. Im Norden der Markung, auf der Höhe gibt es zum Teil recht fruchtbare Böden; und in diesen Bereichen ist damit zu rechnen, dass man Siedlungsstellen aus der Jungsteinzeit, also etwa aus dem 5./4. Jahrtausend v. Chr. antrifft. Und wir haben auch einen Fundpunkt auf der Börstinger Markung und zwar dort, wo die Straße die Höhe erreicht und eine scharfe Biegung nach rechts macht. Von dort gibt es ein Steinbeil und ein Silex-Gerät. Die beiden Funde liefern uns einen Hinweis, dass hier mit großer Wahrscheinlichkeit eine Siedlung aus dem 5./4. Jahrtausend v. Chr. war. Aber es sind in dem Fall nur einzelne Funde, wir haben in dem Falle nicht das, was der Archäologe als Befund bezeichnet, also Hinweise auf Baureste, auf Gruben oder auf Hausstrukturen.

Aber man kann davon ausgehen, dass hier eine jungsteinzeitliche Siedlung lag.

(ef) Sie haben das Wort „Silex" zitiert, was ist das?

Reim: Das ist ein sehr hartes Material, auch Feuerstein genannt, welches man in alt- und jungsteinzeitlichen Perioden verwendet hat, um daraus Geräte, zum Beispiel Pfeilspitzen, zu machen. Es hat sehr scharfe Kanten. Silex kommt im Muschelkalk vor. Auch im Jura gibt es so genannte Hornsteinknollen, die man spalten kann. Und die Menschen haben früh gelernt, dass man aus diesen Materialien Steingeräte herstellen kann, indem man die Steine kunstvoll zerschlägt. Auf der Höhe gibt es bislang ein Silex-Gerät. Ich kann mir aber vorstellen, wenn man systematisch dieses Gelände abginge, würde man mehr finden. Da oben gibt es ja auch eine Quelle, also ist es im Grunde ein siedlungsgünstiges Gelände.

(ef) Bitte zeigen Sie uns doch den Fundpunkt auf der Karte. Ich habe hier die Topographische Karte 1:25.000 vom Landesvermessungsamt. Wo ist das genau gefunden worden? Sie sagen, man geht von Börstingen die Straße hoch auf die Weitenburg zu …

Reim: Und dann kommt die Abzweigung, da geht es links auf die Wilhelmshöhe und dann verläuft die Straße weiter nach rechts und wenn man dann links weiterfährt, diese etwas schmalere Straße nach Westen zu, dann macht sie einen scharfen Knick, etwa da, wo auf der Karte die Zahl 496,8 steht. In diesem Bereich hat man die Funde gemacht (s. Abb. 2.1, C1).

Ich habe die geologische Karte hier, auf der man sieht, welche Böden dort vorherrschen. Man kann sagen, dass dort der Mensch in der Lage war, Ackerbau zu betreiben, dass die Böden fruchtbar gewesen sind. Es würde einen wundern, wenn solche Steingeräte in der Talniederung gemacht würden, denn da kann man eigentlich mit jungsteinzeitlichen Siedlungsresten nicht rechnen.

(ef) Wie hat man das dort oben gefunden? Beim Pflügen?

Reim: Es ist ein Fund, der bei uns eingeliefert worden ist, man hat ihn 1963 gemacht; er ist auf einem Acker aufgelesen worden. Das Fundstück muss offenbar beim Pflügen an die Oberfläche gekommen sein.

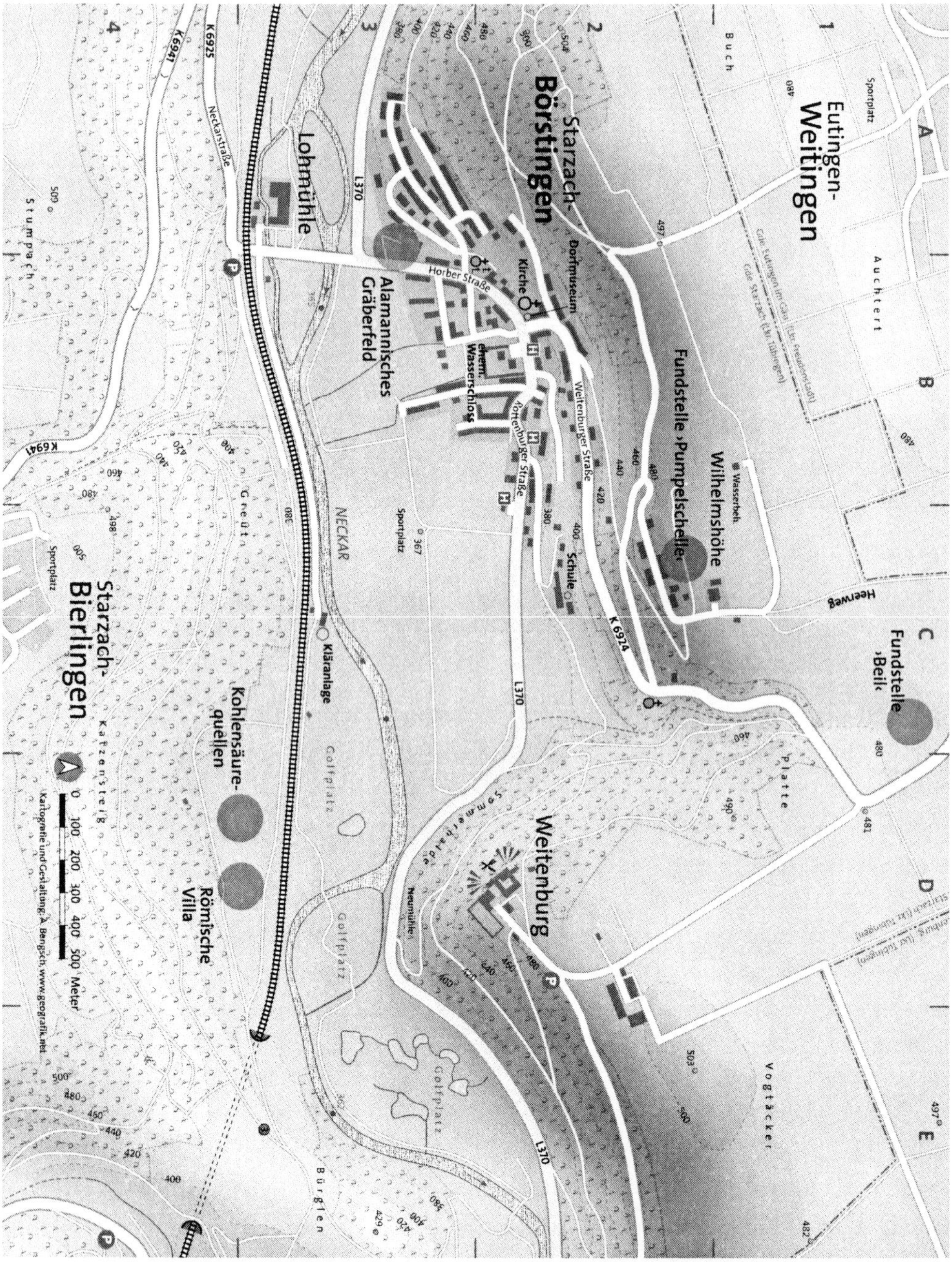

Abb. 2.1 Übersicht der archäologischen Fundstellen im Raum Börstingen.

(ef) Und der Fund liegt bei Ihnen?

Reim: Nein, er liegt im württembergischen Landesmuseum in Stuttgart. Im Denkmalamt, bei der Denkmalpflege liegen keine Funde.

(ef) Aber bei Ihnen liegen Akten.

Reim: Ja, die Akten liegen bei uns.

[Aus dem Publikum meldet sich der Finder, welcher die Steinaxt gefunden hat und korrigiert den angegebenen Fundort (Abb. 2.1, C1)]

Reim: Dazu muss ich sagen: Dieser Fund ist in den Fundberichten aus Baden-Württemberg veröffentlicht. Da steht: „Im Herbst 1963 wurde auf einem Acker, 1 km NW der Kirche ..." (da ist dann noch die Flur genannt). Das wäre also der Punkt, den wir so eingezeichnet haben. Ich nehme das gerne auf und werde dafür Sorge tragen, dass das geändert wird.

(ef) *(zum Finder gewandt)* Also, ich darf mich bei Ihnen recht herzlich bedanken. Der Abend hat schon einen Sinn gehabt, wir korrigieren das Landesdenkmalamt hier.

Herr Reim hat auch ein Blatt mit, wo man genau sehen kann, was es war.

[Hartmann Reim erwähnt die Länge des Steinbeils (14,3 cm) und zeigt eine Abbildung (Abb. 2.2.).]

(ef) Gut, der Boden ist ja im Grunde genommen wie eine Zeitung oder wie ein Buch, aufgrund seiner Funde erzählt er auch etwas. Das ist also das erste Zeugnis aus der Jungsteinzeit, 5. bis 4. Jahrtausend v. Chr. Jetzt kommen wir eine Zeitstufe an die Gegenwart heran – das ist ein wenig nach der Zeitenwende, nach Christi Geburt – zu den Römerfunden.

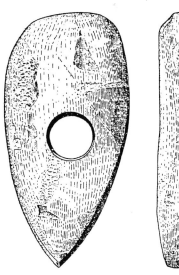

Abb. 2.2 Jungsteinzeitliches Steinbeil aus dem 5. bis 4. Jtsd. v. Chr. (Länge 14,3 cm).

Reim: Da machen wir jetzt also einen großen Sprung, weil zwischen der Jungsteinzeit und der Römerzeit vom Markungsgebiet Börstingen keine Fundstellen und Funde bekannt sind. Es sei denn, Sie (*zum Publikum gewendet*) wüssten etwas, vielleicht in einer Schulsammlung oder einer Privatsammlung. Aber offiziell ist uns nichts bekannt. Die römische Ansiedlungen, es waren ja Bauernhöfe in der damaligen Zeit, würde man am ehesten auf der Höhe vermuten, dort wo sich auch die fruchtbaren Böden befinden, zum Teil mit Lößüberdeckung. Denken Sie im Süden von Bierlingen an das Gut Neuhaus, wo es einen römischen Gutshof gibt und fruchtbare Lößböden. So war es nicht in Börstingen.

(ef) Eine Frage dazwischen: Ich dachte immer, die Weitenburg ist da oben, damit man von da aus gut über das Land sehen und überblicken kann, was sich da unten in Börstingen so tut. Aber es geht eigentlich um den guten Boden …

Reim: Ja nun, da kommen sicherlich einige Faktoren zusammen. Zum einen ist die Burg auch an der Stelle, dass man das Neckartal überwachen, übersehen kann. Das spielt im Mittelalter eine große Rolle. In römischer Zeit war das völlig anders.

(ef) Es ist aber doch dann erstaunlich, dass es römische Funde hier im Neckartal gibt?

Reim: Man würde es im Grunde nicht vermuten. Wir sind immer davon ausgegangen, dass dieses enge Neckartal siedlungsungünstig war, dass der Neckar mäandrierte, dass es feucht war, dass einige Partien vielleicht sogar versumpft waren. Aber wir lernen in der letzten Zeit, dass durchaus auch Täler, Talniederungen aufgesiedelt worden sind. Wir haben in Rottenburg in den letzten zehn Jahren im Industriegebiet eine keltische Siedlung ausgegraben, die ich dort niemals vermutet hätte. In Börstingen ist es nun so, dass sich dort das Tal zu einem kleinen Kessel weitet, das heißt es ist in gewisser Weise siedlungsgünstig. Der römische Gutshof im Süden liegt natürlich auch nicht ganz in der Talniederung, sondern auf der Niederterrasse, sehr wahrscheinlich außerhalb des Überschwemmungsbereichs, so dass man relativ trocken dort siedeln konnte. Das Problem, dass wir nun haben, ist die Frage, was war denn der wirtschaftliche Hintergrund für eine solche Anlage. Im Grunde genommen muss man davon ausgehen, dass in der Talaue in der damaligen Zeit kein Ackerbau nutzbringend und vernünftig zu betreiben war. Möglicherweise war es reine Weidewirtschaft, aber das ist auch nicht ganz einfach. Was da der wirtschaftliche Hintergrund war, wissen wir nicht. Interessant ist, dass es in der Gegend dieses Fundplatzes Kohlensäurequellen gibt. Und man könnte sich denken, einmal ganz vorsichtig gesagt, dass hier Zusammenhänge bestehen. Andererseits, um solche Fragen besser beurteilen zu können, müsste man natürlich mehr wissen.

Und jetzt konkreter zu diesem Gutshof: 1911 hat man Teile des Hauptgebäudes untersucht. Ich zeige Ihnen den Grundriss (Abb. 2.3.): Die Frontseite des Steingebäudes ist etwa 20 m, die rückwärtigen Teile hat man nicht ergraben oder sie waren nicht mehr erhalten. Man kennt diese Grund-

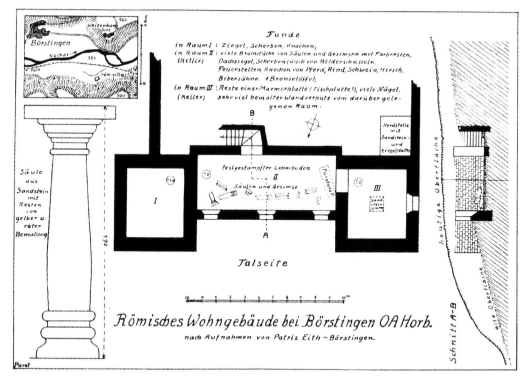

Abb. 2.3 Schematische Darstellung des Römischen Wohngebäudes.

rissform bei den römischen Gutshöfen und spricht von einer Portikusvilla mit Eckrisaliten. Was will das heißen? Es ist ein Bau, der seitliche Eckbauten hat, die aus der Fassade herausspringen, möglicherweise zweigeschossig waren. Und die Portikus ist eine Säulenhalle, eine offene Halle, die man über eine Freitreppe erreichen konnte. Und das kann man hier im Falle von Börstingen sehr gut sagen, weil sich unter diesen Eingangshallen, die architektonisch aufwendig gestaltet waren, in der Regel ein Keller befindet. Nach der Auflassung bzw. nach der Zerstörung des Gutshofes ist der Boden eingebrochen, und die Säulen stürzten dann in den Keller und haben sich so erhalten. Deshalb hat man sie 1911 bei der Ausgrabung noch gefunden. Die hier abgebildete Säule ist in das Württembergische Landesmuseum nach Stuttgart gekommen.

(ef) Man muss auch sagen, dass bis 1811 in Börstingen Wein angebaut wurde und die Römer wahrscheinlich auch einen guten Weinkeller hier hatten.

Reim: Also, da muss man vorsichtig sein. Wir wissen natürlich, dass die Römer Wein angebaut haben, dass die Kelten bereits Wein kannten. Wenn man die Lagen hier sieht, bin ich mir nicht im klaren, ob der Wein nicht den Charme von Hengstenberg-Essig gehabt hätte. Wir wissen es nicht. Man kann Weinbau belegen, wenn sich im Fundmaterial eines römischen Gutshofes Rebmesser befinden. Oder wenn ich irgendwelche Abfallgruben habe, wo Kerne von Trauben nachzuweisen sind. Für Börstingen muss ich mich da zurückhalten, Belege für Weinbau in römischer Zeit gibt es bislang nicht.

(ef) Ich wollte auch nur zeigen, dass ich ein gelehriger Schüler von Ihnen bin, dass ich die Quellen gelesen habe, nämlich die Oberamtsbeschreibung von Horb. Was wir noch genau festlegen sollten, bevor wir weiter über den römischen Gutshof sprechen: Wo ist genau dieser Fundort?

Reim: Der Gutshof befand sich auf der Niederterrasse, südlich der Bahnlinie etwa beim h der Kohlensäurequellen auf der Topographischen Karte 1:25.000 (Abb. 2.1, D3/D4).

(ef) In der Diskussion wurde immer wieder gesagt, dass dort 15 Säulen gefunden worden sind. Eine Säule ist im Landesmuseum, und wo sind die anderen geblieben?

Reim: Das lässt sich aus unseren Akten nicht entnehmen. Die Fundmaterialien der Grabung 1911 befinden sich im Württembergischen Landesmuseum. Ich kann Ihnen anhand des Grundrisses noch einmal zeigen, wo die Funde herkommen. Sie sind auf dem Plan eingezeichnet. Es gibt Ziegel, Scherben, es gibt Knochen, Bruchstücke von Säulen, von Gesimsen, also Architekturteile, zum Teil mit Farbresten. Es gibt Dachziegel, römische Keramik, sogenannte terra sigillata. Knochen von Pferd, Rind, Schwein, Hirsch. Auch Biberzähne werden erwähnt und ein Bronzelöffel sowie die Reste einer Tischplatte aus Marmor, Nägel und bemalter Wandverputz. Diese Gegenstände sind erhalten, ein Teil gelangte, wie es damals der Brauch war, in das heutige Württembergische Landesmuseum. Auf jeden Fall eine Säule. Ich habe vorher gehört, dass man davon ausgeht, dass weitere Säulenteile gefunden wurden und nach Düsseldorf gebracht worden seien. Das kann ich nicht bestätigen, wir haben dazu in unseren Unterlagen keine Anhaltspunkte.

(ef) Auch hier können wir wieder das Denkmalamt ergänzen, deswegen machen wir diesen Abend ja auch – nicht nur, dass wir etwas lernen, sondern auch, dass unsere Gesprächspartner etwas lernen. Also, uns wurde gesagt, ob das stimmt, weiß ich nicht, die Industriellen, die hier Mineralwasser abgebaut haben und aus Düsseldorf kamen, haben zur Bereicherung ihrer Villen und ihrer Gärten diese Säulen mitgenommen, 10 bis 15 Säulen. Ob das stimmt, weiß ich nicht. Nun stellt sich, Herr Reim, doch die Frage, ob man, um die Geschichte vor Ort anschaulich zu machen, ob man nicht ein paar Teile für das Dorfmuseum ausleihen könnte. Also, ich würde nicht sagen, wir fahren alle jetzt nach Düsseldorf und räumen die Villen wieder aus. Gäbe es die Möglichkeit, dass man vielleicht ein paar Teile hier ausstellen könnte, in einer Ausstellung und unter welchen Bedingungen?

Reim: Also, Sie denken an Teile, die im Landesmuseum sind? Das wäre ein Gespräch mit der Direktion des Landesmuseums wert. Zunächst sollte man erheben, was denn noch alles dort ist. Sie wissen, dass im Krieg das alte Schloss in Stuttgart zerstört worden ist, dass Funde zerstört wurden, so dass ich Ihnen im Augenblick nicht sagen kann, ob noch alles von den Börstinger Funden dort erhalten ist.

Da müsste man nachfragen und meines Wissens gibt es keine Funde von Börstingen, die in der Schausammlung des Württembergischen Landesmuseums ausgestellt sind (vgl. Info 2.4.), so dass man sich durchaus vorstellen könnte, dass hier, in das entstehende Museum, auch Leihgaben kommen. Das könnte ich mir denken, so wie ich die Kollegen in Stuttgart kenne, sind sie da auch sicher aufgeschlossen.

(ef) Also, wir können festhalten: Ein paar Informationen, Zeichnungen usw. können wir bei Ihnen bekommen. Und wenn man jetzt eine Ausstellung machen will mit Gegenständen, die hier gefunden worden sind, was ja auch immer interessant ist, müsste man ins Landesmuseum und dort noch mal Gespräche führen. Haben wir damit die römische Geschichte abgeschlossen?

Von: "Willburger Dr., Nina"
Gesendet: Dienstag, 6. Juni 2006 08:41
Betreff: Börstingen

Sehr geehrter Herr Frahm,

ich habe nun meinen Mitarbeiter nach Funden aus Börstingen suchen lassen. Leider muss ich Ihnen mitteilen, dass diese bei uns nicht sind. Vermutlich sind sie, wie ich Ihnen bereits am Telefon mitteilte, im Krieg verschollen. Ich habe auch keine Unterlagen zu diesen Funden. Ein Großteil unsere Inventarbücher fiel den Flammen bei den beiden Schlossbränden zum Opfer.

Schade, dass ich Ihnen nicht weiterhelfen konnte,
mit freundlichen Grüßen
Nina Willburger

Dr. Nina Willburger
Referat für Klassische und Provinzialrömische Archäologie
Landesmuseum Württemberg
Schillerplatz 6
70173 Stuttgart

Info 2.4 Antwort von Frau Dr. Willburger, Landesmuseum Württemberg.

Reim: Im Grunde genommen ja. Nur muss man sagen, wir haben ja von dieser Gutsanlage nur ein Gebäude. Es wird in den Unterlagen noch erwähnt, dass daneben sich vielleicht noch ein weiteres befunden hat, und eigentlich gehört zu einem römischen Gutshof das Hauptgebäude, und eine ganze Reihe von Nebengebäuden. Da müsste man im Gelände genau recherchieren, unter Umständen könnte man dort mit geophysikalischen Messungen weiter kommen, das müsste man sehen. Es ist auf jeden Fall ein Fragment, aber interessant aus dem Grund, weil sich der Gutshof oder das Gebäude in einer Lage im Tal befindet, in der man nicht ohne weiteres einen römischen Gutshof erwarten würde.

Und man müsste nachprüfen, inwieweit unter Umständen die Kohlensäurequellen eine Rolle gespielt haben und mit dem Bau der Anlage zusammenhängen. Sie wissen ja alle, dass in Bad Niedernau bei der Römerquelle dieses Heilwasser schon in römischer Zeit genutzt worden ist. Bei der Quellfassung hat man eine Vielzahl von römischen Münzen gefunden, die uns zeigen, dass also hier vom ausgehenden 1. Jahrhundert n. Chr. bis ins vierte Jahrhundert hinein sich immer wieder Menschen aufgehalten haben, um dieses Heilwasser zu trinken. Ob das nun in Börstingen auch so gewesen sein kann, vermag ich nicht zu sagen. Dieser Frage müsste man nachgehen.

(ef) Also, Sie sind da sehr vorsichtig. Aber wenn es überhaupt einen Sinn macht, dort einen Gutshof hinzustellen, dann doch nur, wenn er etwas Besonderes bietet. Landwirtschaftliche Nutzung war unter dem Durchschnitt, also muss er etwas Besonderes geboten haben, vielleicht einen „Whirlpool"?

Reim: Möglicherweise …

(ef) Ich wollte gerade in der Oberamtsbeschreibung nachschauen, da steht, dass die Börstinger doch eher bescheiden ausgesehen haben; vielleicht konnten die sich das Bad dort auch nicht leisten, nun gut. Kommen wir zur nächsten Fundstufe, das ist der alamannische Friedhof – wo man was gefunden hat? Wir gehen wieder auf die Karte – wo war das?

Reim: Das kann man sehr genau sagen. Beim Bau eines Aussiedlerhofes, im Süden der Gemeinde, wenn man die Straße durchfährt, bevor sie nach

Westen Richtung Horb abknickt, ist ein Hof, und beim Bau dieses Hofes 1963 oder 1964 hat man die Gräber gefunden (Abb. 2.1, A3).

Und natürlich ist es so, wenn wir wieder auf die Fragen vom Anfang kommen, man könnte schon, allein durch den Namen der Ortschaft Börstingen darauf schließen, dass es sich bei dem Ort um eine alamannische Gründung handelt. Die „-ingen"-Orte sind alamannische Gründungen, aber man hatte bis in die 60er Jahre keinen Anhaltspunkt. Und als die Baumaßnahmen begannen, ist man auf Gräber gestoßen. Insgesamt hat man elf Gräber einigermaßen freigelegt. Eines hat das damalige Staatliche Amt für Denkmalpflege noch untersucht. Die anderen Gräber wurden von einem ehrenamtlichen Mitarbeiter von uns, der von Oberndorf kam, zusammen mit dem Bauherren ausgegraben. Wir haben in unseren Unterlagen noch Fotos, auf denen man die Gräber im Stadium der Ausgrabung, der Freilegung noch sehen kann, Ost-West-orientiert, die Toten mit dem Blick nach Osten.

Es sind zum Teil Gräber, die mit sehr reichen Beigaben ausgestattet waren, mit Eisenschwertern unterschiedlicher Art, mit Gürtelgarnituren, mit sonstigen Beschlägen. Hauptsächlich Männergräber. Und man kann natürlich dazu sagen, wir haben auch nur einen Ausschnitt, den Randbereich eines alamannischen Friedhofs aus dem 7. Jahrhundert n. Chr. Weiter in Richtung Nordwesten, den Hang hoch müsste man noch mit weiteren Gräbern rechnen.

Es sieht so aus, als ob man hier das Ortsgräberfeld angeschnitten hätte. Man muss deshalb davon ausgehen, dass die Belegung des Friedhofs vom 6. Jahrhundert hier in der Gegend bis

Abb. 2.5 Skelettfund bei Ausgrabungen am 23.3.1963 in Börstingen.

2. Vor- und frühgeschichtliche Spuren   51

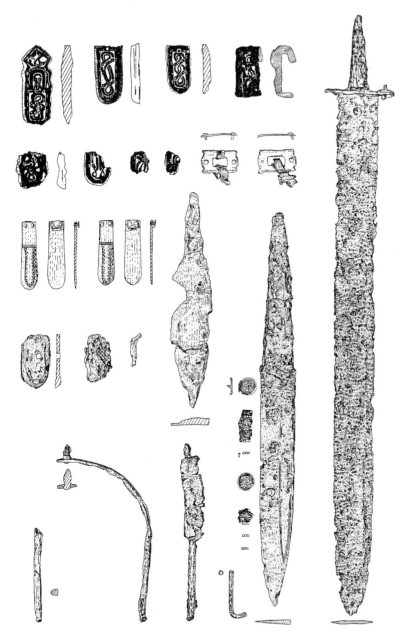

Abb. 2.6 Grabbeigaben eines alamannischen Grabes aus Börstingen. Ganz rechts: eine ca. 80 cm lange Spatha, links daneben ein Sax (ca. 60 cm).

Ende des 7. Jahrhunderts andauert. Was wir nicht wissen ist, wo sich die zugehörige Siedlung befand. Natürlich kann man davon ausgehen, im Bereich der heutigen Ortschaft; aber da haben wir keine Anhaltspunkte, wie groß sie war, und wo sie genau lag.

(ef) Also, vielleicht sitzen wir ja drauf?

Reim: Durchaus denkbar, und da wäre ja auch der Appell, da bin ich jetzt auch als Denkmalpfleger unter Ihnen, dass wenn irgendwo gebaut wird, oder wenn Eingriffe in den Boden vorgenommen werden, dass man genau hinschaut. Vielleicht gibt es mal einen Hinweis, dass man Scherben findet oder sonstige Beobachtungen machen kann. Melden Sie es und wir sind dann bereit weiter zu forschen.

(ef) Da hat sich schon jemand gemeldet:

[*Berichtet wird von einem Fund hinter dem „Dorfstüble", bei dem Mauerreste und eine Feuerstelle gefunden wurden.*]

Reim: Nun ist es so: Mauern – können nicht in die alamannische Zeit gehören, weil die Alamannen den Steinbau, von wenigen Kirchbauten abgesehen, nicht gekannt haben. Die hatten Holzgebäude gehabt. Dem Denkmalamt ist zu diesem Fund nichts bekannt.

(ef) Irgend jemand hat gesagt, es gäbe Luftbildaufnahmen – ich habe hier zwei verschiedene von Manfred Grohe – es gäbe aber wohl gleich nach dem Krieg Luftbildaufnahmen, dazu gibt es eine Nummer und eine Freigabe. Die wurden ja bis in die 80er Jahre freigegeben vom Innenministerium und anschließend vom Regierungspräsidium. Ich habe beim Regierungspräsidium und bei Manfred Grohe nachgefragt und letzterer sagt: Ach, die haben das nur aufgelistet und die Liste im Regierungspräsidium ist vor zwei Jahren vernichtet worden. Das ist jetzt auch so eine Sache. Wo wird so etwas dokumentiert, wo kann man nachfragen, wo gibt es Fotos dazu? Denn ich denke, schon die Antwort hier – von wegen ist das alamannisch, ist das römisch – ist für Heimatforscher eine Hilfe zum Weitersuchen. Die Alamannen haben keine Mauern gebaut, sondern mit Holz gebaut, also ist das ein Indikator. Wo kann man weiterfragen, wo gibt es die Unterlagen?

Reim: Ich sagte vorher, dass wir im Denkmalamt Luftaufnahmen haben, wir setzen die Befliegung sehr systematisch ein, wir besitzen ein Archiv mit etwa 10.000 Luftaufnahmen vom ganzen Regierungsbezirk natürlich. Ansonsten kann man beim Landesvermessungsamt anfragen, wenn es darum geht, ältere Aufnahmen anzufordern; die haben systematische Befliegungen in der Region gemacht. Und wenn es noch ältere Aufnahmen gibt, müssen sie eigentlich dort vorhanden sein. Bei uns sind sie in diesem Fall nicht.

[*Frage aus dem Publikum bezüglich möglicherweise verlorengegangener Informationen beim Amt.*]

Reim: Wir sind in der Denkmalpflege geteilt in eine Vor- und Frühgeschichte und in eine Mittelalterarchäologie; da mag es sein, dass die Fundmeldung zu dem Kollegen von der Mittelalterarchäologie gekommen ist, ich kann da gerne einmal nachfragen. Aber es ist so, ich kann Ihnen mit Sicherheit sagen, wenn es sich um einen wesentlichen Baubefund gehandelt hätte, wäre man der Sache nachgegangen. Aber was ich Ihnen ganz dezidiert sagen kann: Alamannisch war es nicht, weil die Alamannen keine Steinarchitektur gekannt haben.

(ef) Dann kommen wir zu einem weiteren Fund, das ist diese merkwürdige Pumpelschelle beim Laurenbrünnle, das ist oben auf der Wilhelmshöhe (Abb. 2.1, C2).

Ich erzähle Ihnen folgende Geschichte: Herr Reim hat mich darauf hingewiesen, dass in der Oberamtsbeschreibung von 1865, damals hat Börstingen ja zu Horb gehört, da etwas steht, dass ein Schwein

Abb. 2.7 Die Pumpelschelle (Höhe etwa 33 cm).

das rausgeschnüffelt hat. Ich bin dann per Zufall ins „Schwäbische Wörterbuch" gegangen, herausgegeben von Hermann Fischer (6 Bände, erschienen 1904 bis 1936), um mir diesen Begriff „Pumpelschelle" zu erklären. Und da fand ich zwei Hinweise: Einen auf die Oberamtsbeschreibung und dann noch einen zweiten, und zwar auf die „Württembergischen Vierteljahreshefte" von 1881 und da gibt es einen Bericht von Hans Karl Freiherr von Ow aus Wachendorf. Und der hat über folgendes geschrieben, und das finde ich jetzt eine ganz spannende Geschichte: Es gab den Räuber Hannikel, und als man den endlich dingfest gemacht hat und in Sulz hingerichtet hatte, 1788 war das Jahr, in dem Bierlingen „gänzlich" verhagelte. Und die Hausfrauen haben gesagt, das hätte daran gelegen, weil der Pfarrer von Börstingen zu dem Verurteilten und vor der Hinrichtung Stehenden gegangen ist, um ihn auf das Ende vorzubereiten. Und weil er nicht am Ort war, hätte es gehagelt mit entsprechenden Schäden für die Ernte.

Das war aber nicht das Einzige. Der Pfarrer hat den Hannikel sehr getröstet, weil der geschrieen und alles mögliche verwunschen hat, und er hat gesagt: „Du Höllenblitz, willst Du dem Teufel lebendig in den Rachen fahren?" Der Pfarrer hat ihn also ein wenig beruhigt. Und dann, deswegen sage ich das jetzt, kurz vor der Hinrichtung, hat Hannikel noch gesagt, er hätte hier im Neckartal noch mehr Schaden anrichten können, durch Verwünschungen, wenn die drei gefeiten, ausgegrabenen Glocken nicht wären, die „römische Pumpelschelle zu Börstingen, das Silberglöcklein in Bieringen und das zu Kalkweil, dann wollte er ein Wetter das Neckartal hinabfahren lassen, dass sich die Leute darob verwundern sollten." Eine schöne Geschichte um diese Pumpelschelle. Wie ist man auf diese Glocke gekommen, wie ist der Hintergrund?

Reim: Da kann ich Ihnen gar nichts zu sagen. Wir haben nur die Mitteilung, dass man dort so etwas gefunden habe, dass man bei dem Laurenbrünnele auch Mauerreste entdeckt habe, die man nicht datieren kann, da steht in den Akten „römisch (?)". Das könnten römische Mauern sein. Mehr ist aus unserer Sicht dazu nicht zu sagen. Und diese Glöckchen gibt es im ganzen Land.

(ef) Irgendwo habe ich gelesen, es sollte ein Klosterbruder sein, der dort wahrscheinlich alleine gelebt hatte, das ist aber dann doch später als römisch?

Reim: Ja, es gibt auch den Hinweis „Kloster (?)". Aber es ist nichts dazu in Erfahrung zu bringen, ob da jemals ein Kloster gestanden hat. Ich würde eher daran denken, dass die Mauerreste in einen römischen Zusammenhang gehören, ohne es aber genau belegen zu können.

(ef) Herr Reim, wir beide warten auf die Eröffnung des Museums, wo das dann ausgestellt wird, und wo wir dann Näheres erfahren. Diese Pumpelschelle ist als Leihgabe im Museum in Horb. Heißt das bei den derzeitigen kulturellen Eigentumsverhältnissen, dass sie jetzt dem Museum in Horb gehört oder gehört sie immer noch der Gemeinde Börstingen? Und wie kommt jetzt das Museum an die Pumpelschelle heran?

Reim: Ich bin nun kein Jurist, aber es ist nun mal so, dass wenn die Funde in Horb sind, sie nicht mehr der Gemeinde Börstingen gehören. Und der Fund kam ja relativ früh zum Vorschein. Also, ich würde sagen, dass die Stadt Horb daran ein Eigentum erworben hat. Und wenn man das ausstellen will, hier im neuen Museum, wäre es einfach ein Rat, dass man mit den Horbern spricht, ob man das Stück als Leihgabe bekommt oder ob man eine Abformung macht. Aber man könnte nicht sagen, da es aus Börstingen stammt, hat die Gemeinde ein Anrecht darauf, das Fundstück wieder zurückzubekommen.

(ef) Also, es ist nicht wie bei diesen Raubkunstüberlegungen – die Nofretete bleibt in Berlin und die Pumpelschelle in Horb.

Reim: Wenn nichts Schriftliches vorliegt, ist es keine Leihgabe, sondern dann ist es schon längstens Gewohnheitsrecht, dass die Horber das Stück haben. Also, ich glaube nicht, dass die Börstinger damit weiterkämen, wenn sie sagen, das Stück gehört uns, und das muss man wieder herbringen. Sondern das wäre eine Sache, dass man mit den Horbern spricht, und vielleicht geben sie das Glöckchen als Leihgabe zurück nach Börstingen. Ich würde Ihnen empfehlen, so zu verfahren (s. dazu Info 2.8).

[*Aus dem Publikum wird ein großer alter Schlüssel gezeigt mit der Frage, ob hier ein Zusammenhang mit der Pumpelschelle bestehen kann.*]

Reim: Der Schlüssel ist nicht römisch, sondern der ist mittelalterlich bis neuzeitlich.

(ef) Wir werden jetzt nachforschen, wie die Glocke damals nach Horb gekommen ist, ob es Übergabemodalitäten gibt, vielleicht hat der damalige Pfarrer oder der Bürgermeister das nach Horb verkauft, wir wissen es nicht. Also wie ist es dahin gekommen? Ich meine, dass die Horber das für eine Ausstellung ausleihen würden. Und was ich da von Hannikel erzählt habe, das ist ja eine ganz interessante Geschichte, die man dazu präsentieren könnte. Und man könnte ja fragen, wem damals diese Glocke geschellt worden ist, und welche Erinnerungen damit verbunden sind.

Damit sind wir im Grunde genommen, Herr Reim, fundmäßig, einmal rund ums Dorf gekommen. Noch mal zusammenfassend: Was muss man beachten, wenn man das nach Börstingen holen wollte als Leihgabe? Sind die Museumsleute großzügig beim Ausleihen oder wie sind Ihre Erfahrungen? Besteht überhaupt die Chance, dass man Dinge aus dem Landesmuseum oder woanders her bekommt, die mal hier waren?

Reim: Ich denke schon, dass hier die Möglichkeit besteht. Natürlich werden die vom Landesmuseum sich die Räumlichkeiten anschauen, ob die Funde auch sicher aufbewahrt sind, und diese ganze Modalitäten müssen stimmen. Das wäre ja auch hier, in Ihrem speziellen Fall durchaus gegeben. Dann ist es so, dass in der Regel Leihverträge, Leihvereinbarungen getroffen werden, die meist zwei Jahre gehen und dann immer wieder verlängert werden. Also, ich kann mir sehr wohl vorstellen, dass die vom Württembergischen Landesmuseum hier sehr zugänglich sind. Den Versuch ist es auf jeden Fall wert. Solche Fälle gibt es, dass Funde wieder in die Region zurückgegeben wurden, um sie dort auszustellen.

(ef) Also, ich fand das ein ganz spannendes Gespräch mit Ihnen, Herr Reim. Wenn wir vielleicht ein vorläufiges Fazit ziehen: Ist Börstingen, archäologisch gesehen, ein 08/15-Dorf oder ein interessantes Dorf?

KREISSTADT HORB
- Bürgermeisteramt -

LEIHVERTRAG

zwischen

der Kirchengemeinde Börstingen Krs. Horb

und der

Kreisstadt H o r b .

Die Kirchengemeinde Börstingen stellt der Stadt Horb

1 Pumpelschelle

für das Heimatmuseum als Leihgabe zur Verfügung.

Die Leihgeber haben das Recht, die Glocke jederzeit
wieder zurückzufordern.
Die Stadt Horb übernimmt die Verantwortung für die
Sicherheit des Kunstwerks.

Horb a.N., den 8.Juli 1963

Die Leihgeberin: KREISSTADT HORB

                                    BÜRGERMEISTER.

Info 2.8 Leihvertrag über die Pumpelschelle.

Reim: Ich möchte jetzt nicht irgendwie schmeicheln, aber Börstingen ist kein 08/15-Dorf; es ist sicherlich eine ganz interessante Sache, weil es auch für uns Archäologen eine Reihe von Fragen aufwirft. Zum einen der römische Gutshof, das war für mich höchst interessant. Ich habe mich da im Vorfeld auch noch mal bei uns in den Unterlagen orientiert. Dieser Anlage müsste man durchaus nachgehen, müsste auch noch mal sehen, was sich im Württembergischen Landesmuseum an Fundmaterialien befindet. Vielleicht kann man auch anhand der Fundmaterialien Näheres dazu sagen. Die Lage ist zumindest interessant.

Die Jungsteinzeit, das ist eigentlich nichts Besonderes, wenngleich dieses Steinbeil sehr, sehr schön ist. Solche Dinge waren in dieser topographischen oder geologischen Position durchaus zu erwarten. Und dann der alamannische Friedhof, eigentlich der Ortsfriedhof von Börstingen, auch eine wichtige Fundstelle. Wobei man dazu sagen muss, wir wissen da nicht alles darüber; und das würde dann auch bedeuten, dass man bei Baumaßnahmen in diesem Bereich Obacht gibt, denn es ist sehr wohl daran zu denken, dass hier noch weitere Grabfunde eines schönes Tages aus dem Boden kommen können. Und das wäre, wenn dort gebaut wird, dann eine Aufgabe auch der staatlichen Denkmalpflege, hier präventiv etwas zu machen.

(ef) Also, man kann bei Ihnen nachfragen. Gibt es eigentlich ein Interesse bei jungen Leuten, sich mit diesem Teil der Geschichte zu beschäftigen? Muss man da irgendwie Reklame oder etwas Besonderes machen, dass sich junge Leute für das Museum mit so etwas beschäftigen?

Reim: Also, wir stellen immer wieder fest, wir haben ja in Baden-Württemberg eine Gesellschaft für Vor- und Frühgeschichte, dass sehr viele junge Mitglieder dort tätig sind, dass wir bei unseren Ausgrabungen mit Schulklassen immer wieder aufgeschlossene, interessierte Zuhörer haben. Und vielleicht könnte man so etwas machen, dass man gerade hier Geschichte zum Anfassen hat, dass man vielleicht einem Schulkind so ein Steinbeil auch mal in die Hand geben kann, damit man Geschichte im wahrsten Sinne begreifen kann. So etwas müsste man sich vorstellen. Da gibt es vielleicht auch Möglichkeiten, dass man ein ähnliches Stück, das formähnlich ist wie das Börstinger, von dem man im Württemberger

Landesmuseum auch fundortlose Stücke hat, das man sagt, die gibt man heraus, und die kann man dann zusätzlich auch noch in die Hand nehmen. Wir sehen das immer wieder, dass das Interesse an der regionalen Geschichte, wenn es einen selber betrifft und wenn es einen selber angeht, eigentlich sehr groß ist.

(ef) Eine allerletzte Frage: Das Museum sucht ja jetzt ein Profil, einen Schwerpunkt. Und da stellt sich jetzt auch die Frage, ob es nur für Einheimische oder auch für Touristen gedacht und konzipiert werden soll. Wäre das für Touristen, nach Ihrer Erfahrung, Sie waren gerade heute auf der Heuneburg, auch interessant, die mit dem Fahrrad durch das Neckartal fahren, und sagen, „Mensch, wenn ich nach Börstingen komme, in dieses Museum, da sehe ich auch etwas, was nicht jedes Museum hat"?

Reim: Also, es wäre sicherlich so, dass man sagen könnte, 08/15-Museum, die von mir aus ein halbes Steinbeil und zwei römische Scherben und vielleicht noch die Satzung des Liederkranzes haben, die haben wenig Zulauf. Man müsste sich das so vorstellen, dass man vielleicht hier etwas Besonderes zeigt. Ich habe das vorhin gehört, dass man sich Gedanken macht, vielleicht die Mineralquellen in den Mittelpunkt zu rücken, da könnte man das Römische einbauen bis nach Niedernau. Das wäre etwas Besonderes, was nicht überall gezeigt werden kann. Aber das ist ein spontaner Gedanke, den man durchdenken müsste.

Quellen und Anmerkungen:

Abb. 2.1   Karte: Axel Bengsch.
Abb. 2.2   Aus: Fundberichte aus Schwaben (1967), NF 18,II, Tafel 29.
Abb. 2.3   Aus: Fundberichte aus Schwaben (1922–24), NF 2, S. 29 (Abb. 23).
Info 2.4   Abdruck der Information mit frdl. Genehmigung Dr. Nina Willburger.
Abb. 2.5   Abdruck des Fotos mit frdl. Genehmigung Uli Vees.
Abb. 2.6   Aus: Fundberichte aus Baden-Württemberg (1983), 8, Tafel 233.

Abb. 2.7 Aus: Deyringer, O. (2003): Kirchengemeinde Sankt Ottilia. Horb am Neckar, S. 46. Abdruck des Fotos mit frdl. Genehmigung Thomas Lohmiller und Kirchengemeinderat Börstingen.

Info 2.8 Mail von Agnes Maier, Heimatmuseum Horb an Eckart Frahm, 13.6.2006 (Leihvertrag als pdf-Datei beiliegend). Abdruck des Leihvertrages mit frdl. Genehmigung Kulturamt der Stadt Horb und Kirchengemeinderat Börstingen.

3. Mit gutem Beispiel vorangehen: Bürgerschaftliches Engagement und Verwaltung

Gespräch mit Hubert Wicker

Zuerst standen die Landesmittel zum Abriss des Hauses neben der Börstinger Kirche zur Verfügung, und dann schafften es engagierte Bürger, dass die Mittel zum Erhalt des zukünftigen Dorfmuseums umgewidmet wurden. Kennt die Verwaltung überhaupt die tatsächlichen Wünsche der Bürger? Erwartet der Bürger zuviel von der Verwaltung? Der Tübinger Regierungspräsident Hubert Wicker spricht über kommunale Planungshoheit, bürgerschaftliches Engagement und zukünftige Politik im ländlichen Raum, wenn Geld nicht mehr so einfach wie mit der Gießkanne verteilt werden kann, über Ehrenamt und Stiftungen.

Eckart Frahm: Ich will noch einmal ganz kurz daran erinnern, was der Anlass für dieses Gespräch war: Die Gemeinde Starzach will ein im Gemeindebesitz befindliches Haus in Börstingen neben der Kirche (Horber Straße 2) abreißen. Das beschließt der Gemeinderat am 17. Februar 2003 mit der Begründung, das Gebäude befinde sich in einem solch desolaten Zustand, dass eine Renovation nach Kostenschätzung durch einen Bauexperten als „finanziell nicht realisierbar" erachtet worden ist. Der Abriss verzögert sich, u.a. weil der damalige Bürgermeister nach Calw wechselt – es ist also ganz gut, wenn man ab und zu mal die Position wechselt – und ein neuer Bürgermeister wird gewählt. Und noch als i-Tüpfelchen dieses ganzen Kuddelmuddels: Der Stromversorger EnBW (Energie Baden-Württemberg) kann sich knapp vor dem Abriss mit der Telekom zeitlich nicht einigen über den Abbau von Leitungen. Inzwischen hat sich eine Bürgergruppe für den Erhalt des Hauses eingesetzt, der Gemeinderat stimmt dem Erhalt zu, die zur Verfügung gestellten Landesmittel werden umgewidmet. Und derselbe Bauexperte, der die Kostenschätzung durchgeführt hatte, die zum Abrissbeschluss führte, hilft wieder gegen Honorar bei der Erhaltung. Engagierte Bürger leisten rund 2.000 unbezahlte Arbeitsstunden, um aus dem Abrisshaus ein Dorfmuseum zu machen. Und als alles fertig ist, meldet sich aus dem Referat 25 des Regierungspräsidiums Tübingen ein Vertreter der Denkmalpflege und erklärt, das Gebäude stünde unter Denkmalschutz und dürfe nicht abgerissen werden.

Bei einer solchen Geschichte, meine Damen und Herren, greift man sich als Bürger an den Kopf und fragt: „Haben die noch alle?" Aber – und das wollen wir heute Abend mit einem exzellenten Verwaltungsfachmann erörtern – es ging eigentlich alles den üblichen, rechtlich korrekten Weg. Also, Herr Regierungspräsident Wicker, fangen wir mal mit dem geplanten Abriss an: Das Haus gehört der Gemeinde – was ist zu beachten? Kann die Gemeinde das Gebäude so einfach abreißen? Wer überprüft eigentlich solche Entscheidungen des Gemeinderats?

Wicker: Ja nun, das ist also jetzt relativ kompliziert. Ich glaube, zunächst sollte man einfach mal voranstellen: Das Ergebnis zählt, und das Ergebnis ist außerordentlich positiv, und das ist die Hauptsache. Und es ist zu Stande gekommen aufgrund von bürgerschaftlichem Engagement, und das gilt es erstmal festzuhalten. Dass vielleicht das eine oder andere etwas schief gelaufen ist, kann man überhaupt nicht bestreiten, aber wie gesagt, loben wir das Ergebnis und freuen uns darüber.

Klar ist in diesem Fall, man hat vor einigen Jahren im Baugesetzbuch das so genannte „Kenntnisnahmeverfahren" eingeführt. Wir alle wollen einen schlanken Staat, wir wollen weniger öffentlichen Dienst, wir wollen Entbürokratisierung. Und deswegen hat man gesagt, es ist künftig möglich, dass der Eigentümer der Baurechtsbehörde nur anzeigt, dass er ein Gebäude abbrechen will, und dass der Eigentümer im Rahmen des Kenntnisnahmeverfahrens versichert, dass er alle gesetzlichen Vorschriften eingehalten hat. Und in dem Fall, die Gemeinde als Eigentümer, die ist ja grundsätzlich „kundig". Ein normaler Mensch, der Eigentümer ist, da ist es vielleicht ein bisschen schwieriger. Aber in der Regel bedient der sich eines Architekten, der wissen müsste, was ist alles zu beachten. In diesem Falle hätte eigentlich vorab die Genehmigung der Denkmalschutzbehörde eingeholt werden müssen, das ist versäumt worden. Das Landratsamt hat

3. Bürgerschaftliches Engagement und Verwaltung 63

Abb. 3.1 Hubert Wicker und Eckart Frahm im Gespräch.

dann trotzdem das Denkmalamt beteiligt. Das Landesdenkmalamt hat die Geschichte zu lange liegen lassen. Wenn sich das Denkmalamt nach einem Monat nicht gemeldet hat, wird Zustimmung unterstellt, um das Verfahren zu beschleunigen. Beim Denkmalamt, so wurde mir berichtet, waren Mitarbeiter krank, außerdem leiden sie insgesamt unter Personalmangel, und deswegen haben die von einer Stellungnahme abgesehen.

Wobei man dazu sagen muss, insofern ist es nicht ganz korrekt, was Sie eingangs sagten: Es ist kein Denkmal, es ist nur eine „erhaltenswerte Bausache" laut Äußerung vom Denkmalamt. Also, kurz und gut, es kam zu spät. Wären in der Zwischenzeit vollendete Tatsachen geschaffen worden, wäre das Haus abgerissen gewesen. Und es hätte niemand mehr etwas daran ändern können. Und wenn man das dann im Nachhinein verfolgt hätte, hätte man gesagt, bedauerliche Umstände haben dazu geführt. Wobei ich sagen muss: Mal unterstellt, die Gemeinde hätte darauf bestanden, wir brechen ab, hätte im Ergebnis das Landesdenkmalamt dieses nicht verhindern können. Wir stehen oft vor der Situation, wo wir auf der einen Seite etwas Erhaltenswertes haben, das wir auch gerne erhalten würden, wo man aber sagen muss, es ist dem Eigentümer nicht zuzumuten, es zu erhalten. Und wir, die öffentliche Hand, der Staat, kann nicht soviel zuschießen, wie der Eigentümer benötigt, dass man ihm zumuten könnte, es zu erhalten. Also, insofern bedeutet das nicht, das Haus wäre in jedem Falle erhalten geblieben, sondern im Zweifel wäre es trotzdem abgebrochen worden.

(ef) Erlauben Sie eine Zwischenfrage? Wenn das Haus hier neben der Gaststätte – es gehört der Gemeinde – abgerissen wird, dann würde ich keine Irritationen haben, sondern sagen: o.k., das Haus wird abgerissen, die Gemeinde ist Besitzer. Es gibt einen Beschluss des Gemeinderats, es wird abgerissen. Ist es aber nicht so, dass Bauten im unmittelbaren Umfeld von Kirchen einen gewissen Schutz haben, der sich aus der Nähe zur Kirche ableiten lässt?

Wicker: Dass man das mit einer bestimmten Sensibilität betrachtet, ist ja klar. Wenn gerade die Gemeinde Eigentümerin ist, wird sie im Rahmen einer Güterabwägung gesagt haben, es wäre zwar auf der einen Seite schön, es erhalten zu können, aber wir schaffen es wirtschaftlich nicht. Es ändert sich ja auch immer wieder der Zeitgeist. Was in den fünfziger und sechziger Jahren des vergangenen Jahrhunderts alles in unseren Städten abgerissen worden ist, das würde man heute nie mehr zulassen. Aber damals war das halt so, die Leute haben ja nicht bewusst gesagt, wie verschandele ich die Gegend, sondern die haben gemeint, es dient dem Fortschritt und der Ästhetik, wenn man jetzt alte Gebäude abreißt und dafür viereckige Betonklötze hinstellt. Dass sich das heute als Irrtum herausstellt, ist klar. Und so muss man jeden Einzelfall abwägen und dann zu einem bestimmten Ergebnis kommen, und da spielt immer der Eigentümer mit und natürlich die Kommune als Träger der Planungshoheit in einer Gemeinde. Wobei in diesem Börstinger Fall ja beides zusammen kommt.

(ef) Nun kommen Sie im Land weit herum. Wenn man mal so betrachtet, was abgerissen wird oder was abgerissen wurde, hängt das ja oft damit zusammen, dass ein Haus keine Funktion mehr hat. Dieses Börstinger Haus ist ja unter anderem mal eine Molke gewesen mit einer Geschichte, die sehr

3. Bürgerschaftliches Engagement und Verwaltung 65

Abb. 3.2 Das Dorfmuseum in Börstingen entsteht.

lang zurückgeht. Es ist nicht nur der Zustand des Gebäudes, der zum Abriss führt, sondern auch, dass es keine Funktion mehr im öffentlichen Leben hat.

Wicker: Und diese Frage wird sich in Zukunft immer öfter stellen. Wenn ich gerade durch unser denkmalreiches Land fahre und die vielen Kirchen, die vielen Klöster, die vielen Schlösser, Herrensitze, Burgen sehe, da wird es eine ganze Menge solcher Gebäude geben, die vom jetzigen Eigentümer nicht mehr genutzt werden können, und die andere auch nicht mehr unterhalten werden können. Also, da kommen im Rahmen der Denkmalpflege ganz große Aufgaben auf uns zu, wo hervorragendes Kulturgut vom Verfall bedroht ist oder bedroht sein wird, und wo es dem Eigentümer gar nicht mehr möglich sein wird, es zu erhalten; der geht bankrott an der

Unterhaltung solcher Gebäude. Wie das zu lösen ist – also mir fällt da spontan auch nichts ein. Das Innenministerium bereitet derzeit einen Kongress aufgrund meines Vorschlages vor zu diesen Fragen: Was kommt in den nächsten Jahrzehnten im Denkmalschutz auf uns zu bezüglich von Gebäuden, die der heutige Eigentümer nicht mehr unterhalten kann.

(ef) Um dem vorzugreifen, worüber wir nachher sprechen werden: Bürgerschaftliches Engagement. Also, der Bürger, der sich über Abriss aufregt, sollte sich erst mal selber an die Schulter klopfen und sich fragen, wie kann ich mit einer Interessengruppe, wenn es denn einen Sinn macht, dieses erhalten?

Wicker: Genau.

(ef) Für den Abriss standen 130.000 € zur Verfügung. Aus welchem Topf des Landes?

Wicker: Aus dem Entwicklungsprogramm Ländlicher Raum.

(ef) Als es umfunktioniert wurde, und diese Bürgerinitiative für den Erhalt des Gebäudes gesorgt hat, wie verlaufen denn da die Entscheidungsprozesse? Also zuerst entscheidet der Gemeinderat, und dann müssen doch Sie bzw. die übergeordnete Behörde das Geld umwidmen?

Wicker: Ja, klar. Ich habe vorher darauf hingewiesen: Planungshoheit der Gemeinde. Wenn eine Gemeinde an uns herantritt und sagt, wir halten dieses und jenes Projekt für sinnvoll und richtig, dann prüfen wir, ob die gesetzmäßigen Voraussetzungen vorliegen, und dann gibt es vom Grundsatz her Geld. Und dann prüfen wir weiter, ob auch Geld vorhanden ist, und – wenn ja – dann gibt es auch tatsächlich Geld. Und deswegen ist es für mich auch gar kein Widerspruch, wenn wir aus unserer Warte sagen, o.k. das, was die Gemeinde zu-

---

§ 2 Abs. 2 Nr. 13 ROG

Die geschichtlichen und kulturellen Zusammenhänge sowie die regionale Zusammengehörigkeit sind zu wahren. Die gewachsenen Kulturlandschaften sind in ihren prägenden Merkmalen sowie mit ihren Kultur- und Naturdenkmälern zu erhalten.

Info 3.3 „Gewachsene Kulturlandschaften" – Gesetzesgrundlagen (Auszug).

nächst vorhatte, auch das dient dem Erhalt oder der Steigerung der Qualität des Lebens in diesem Dorf. Und wenn sich die Gemeinde dann aber etwas anderes überlegt, was genauso gut oder vielleicht sogar noch besser ist, dann wäre es ja widersinnig, wenn wir sagen würden, jetzt kriegt ihr keinen Zuschuss für diese Maßnahme, sondern dann prüfen wir erneut, und wenn möglich, widmen wir diesen Zuschuss um. So wie wir es in diesem Falle auch gemacht haben.

(ef) Nun hat eine Bürgerinitiative dieses Haus hier in Börstingen vor dem Abriss bewahrt. Und dann, als alles fertig war, hat sich die Denkmalpflege aus Ihrem Hause gemeldet und hat auch gewisse Vorschläge gemacht, in einer Form, finde ich, die nicht ganz Ihrem wunderbaren Leitbild entspricht. Im Leitbild des Tübinger Regierungspräsidiums steht: „Wir machen Verwaltungsabläufe transparent und sehen im Dialog und offenen Austausch von Information eine wesentliche Grundlage für eine erfolgreiche Zusammenarbeit mit den Bürgerinnen und Bürgern". Nun gut, ich kenne auch meinen Laden, da weiß auch nicht jeder, was oben Schönes gedacht wird. Die grundsätzliche Frage ist doch die: Hat die Verwaltung, haben die Behörden, hat das Denkmalamt hinreichend Kenntnisse, was wirklich im Land passiert? Sollte der Bürger mehr melden, so dass man in der Verwaltung weiß, was wirklich los ist?

Wicker: Also, das Landesdenkmalamt, das gibt es ja nicht mehr, es ist ja zwischenzeitlich in die Regierungspräsidien eingegliedert mit den verschiedenen Außenstellen des Landesdenkmalamtes; die haben natürlich sehr genaue und sehr viele Kenntnisse über das Land, über die Kulturdenkmale etc. Aber sie können natürlich nicht jedes Gebäude kennen, das ergibt sich aus der Natur der Sache. Und klar ist, wir haben in den vergangenen Jahren konsequent Personal abgebaut, und da ist auch der Denkmalschutz und die Denkmalpflege nicht davon verschont geblieben. Und natürlich müssen die im Rahmen einer Güterabwägung auch immer genau überlegen, um was sie sich prioritär kümmern. Und da kann es schon mal sein, dass sie sich sozusagen um ein kleineres Denkmal nicht mit der gleichen Intensität kümmern können wie um ein großes Denkmal. Das kann man denen nicht vorwerfen. Und was die Verwaltungsabläufe betrifft, ich glaube, ich habe das vorhin nachvollziehbar erläutert, die Außenstelle des

Landesdenkmalamtes gehört jetzt erst seit 15 Monaten zu uns, vielleicht haben sie deswegen das Leitbild noch nicht zu 100 % verinnerlicht.

(ef) Ich denke, wir sind da ja in einem gewissen gesellschaftlichen Umbruch, wo die Verwaltung sich möglicherweise anders orientieren, sich möglicherweise anders verhalten muss und der Bürger auch. Es muss, finde ich, eine neue Form des Dialogs geben. Die Experten wissen genau wie das ist: Die Entscheidungen laufen so und so ab, der Bürger erzählt sich aber irgendwelche ganz anderen Geschichten. Muss der Bürger also mehr wissen über diese Verwaltungsabläufe und wie kann man das erreichen?

Wicker: Derjenige, der sich informieren will, hat genügend Möglichkeiten, sich zu informieren. Und, sagen wir mal, die Mehrzahl der im öffentlichen Dienst Beschäftigten sind auch bereit, zu informieren und auf Fragen ausführlich zu antworten. Aber ich stelle das immer wieder fest, auch wenn Bürgermeister Bürgerinformationsveranstaltungen machen, dass dann in der Regel nur die Betroffenen kommen, die irgendwelche Interessen vertreten; dass aber derjenige, der am öffentlichen Wohl insgesamt Interessierte, sehr in der Minderheit ist. Also, ich weiß nicht, ich wäre grundsätzlich dafür, dass jeder sich am öffentlichen Leben beteiligt, und dass man zusammen das Beste sucht. Aber häufig bleibt man halt sehr alleine, wenn man für das Gemeinwohl aktiv ist und wenn man da versucht, etwas zu bewirken. Die Informationen sind im Grunde alle vorhanden. Ich glaube nicht, dass man da noch viel mehr tun kann und man kann niemanden zwingen, sich zu informieren.

(ef) Also, mir hat jemand von der Denkmalpflege gesagt: Wenn man seinem Nachbarn eins auswischen will, ohne dass er es merkt, dann ruft man die Denkmalpflege an und sagt: „Da drüben wird gebaut" – der will natürlich nicht, dass der Nachbar dort baut – „vielleicht sind da römische Spuren, können Sie das mal prüfen?"

Wicker: Na gut, das ist jetzt ein Gegenbeispiel für bürgerschaftliches Engagement.

(ef) Ja, das ist ein Trick. Müssten nicht auch, sagen wir mal, schon in der Schule mehr kommunalpolitische Kenntnisse vermittelt werden? Also, dass man sich auch in Parteien engagiert, dass der Bürger von früh auf lernt, sich für das Gemeinwohl zu engagieren?

Wicker: Ich weiß nicht. Die Bürgerinnen und Bürger, die heute hier sind, sind sicherlich Interessierte und Engagierte. Aber es könnten in einer Gemeinde oder einem Ortsteil wie Börstingen fünfmal so viele da sein, ohne dass da der Ortsteil total entvölkert wäre. Und trotzdem kommt halt nur eine geringe Anzahl. Wissen Sie, mit 9 Jahren bin ich Ministrant geworden, und seitdem bin ich ununterbrochen ehrenamtlich engagiert gewesen. Andere sind das auch mit 9 Jahren geworden, haben mit 11 Jahren aufgehört und haben sich seitdem nie mehr ehrenamtlich engagiert, bis zum heutigen Tag. Obwohl viele Bürger von ihrem Bildungsgrad her auch alles erreicht haben und es sehr wohl verstandesmäßig nachvollziehen können, dass man sich eigentlich ehrenamtlich engagieren müsste, und trotzdem tun sie es nicht. Und genauso gibt es auch sehr einfache Menschen, die genau informiert sind, wie Kommunalpolitik abläuft, und es gibt andere, die interessiert das nicht im geringsten. Also, ich bin manchmal, ich will jetzt keine Berufsgruppe ins Abseits setzen, aber ich bin manchmal erstaunt, wenn ich mit Leuten von der Universität Tübingen spreche, wie wenig Ahnung die haben über Zusammenhänge im politischen, im kommunalpolitischen Raum, wie was miteinander zusammenhängt, wer für was zuständig ist. Manche sind erstaunt, dass es unabhängige Gerichte gibt und ähnliches. Ich glaube, das kann man einfach nicht erzwingen. Und ich glaube, eine aufgeklärtere Gesellschaft und eine Gesellschaft, wo man sich das Wissen holen kann, als die unsrige, die gibt es nicht.

Auf der anderen Seite muss man natürlich sagen, 42% der Baden-Württemberger sind ehrenamtlich engagiert. Ich will hier nicht den Eindruck erwecken, dass wir eine Gesellschaft hätten von Neinsagern und von Leuten, die vollkommen desinteressiert sind. Viele engagieren sich in allen möglichen Bereichen, im sportlichen Bereich, im kulturellen Bereich, die sind dann vielleicht zum Teil politisch nicht so interessiert, aber das ist ja auch nicht so wichtig in dem Bereich. 42% engagieren sich! Und, um das noch anzufügen, das ist auch eines meiner Lieblingsthemen, ein sehr positives: Wir haben sehr, sehr viele Leute, die Stiftungen gründen. Wir haben im Regierungsbezirk Tübingen vor 10 Jahren 160 Stiftungen, und jetzt haben wir 360 Stiftungen! Wobei die älteste Stiftung immerhin 767 Jahre alt ist. Es gibt Gott sei Dank so alte Stiftungen und dann aber, bis vor 10 Jahren insgesamt in diesem Regierungsbezirk rund 160 Stiftungen und jetzt in 10 Jahren 200 zusätzliche Stiftungen. Das zeigt, dass Menschen bereit sind, sich für die Gesellschaft zu engagieren. Zum einen ehrenamtlich, durch Engagement, durch Arbeit, und zum anderen auch dadurch, dass sie ein Teil ihres Vermögens in eine Stiftung geben. Und eine Stiftung wird nur anerkannt, wenn sie gemeinnützig ist, und wenn die Stiftungserträge dem Gemeinwohl dienen. Also, ich glaube, es gibt auch genügend positive Beispiele, die Mut machen.

(ef) Aber dieser Erfolg einer Stiftung liegt doch an solchen Leuten wie Ihnen, die penetrant keinen „rauslassen".

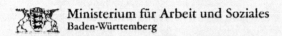

**Stabsstelle für Bürgerengagement und Freiwilligendienste
im Ministerium für Arbeit und Soziales Baden-Württemberg**
http://www.buergerengagement.de

Bürgerengagement in Baden-Württemberg

Eine engagierte Bürgerschaft ist die wichtigste Voraussetzung für einen demokratisch organisierten Staat. Die Bereitschaft, für das gemeinsame Ganze oder für bestimmte Belange Verantwortung zu übernehmen, ist Grundlage unserer demokratischen Gesellschaft.

Fast jede zweite, fast jeder zweite Baden-Württemberger ist bürgerschaftlich engagiert. Ob im Verein, in einer örtlichen Initiative oder in einer politischen Partei, ob engagiert im Ehrenamt – das soziale Klima einer Gesellschaft wird durch ihre engagierten Bürgerinnen und Bürger entscheidend geprägt.

Baden-Württemberg ist bundesweit mit 42 % engagierter Bürgerinnen und Bürger Spitze. Bei näherer Betrachtung präsentiert sich das freiwillige Engagement in einer gewaltigen Fülle und Vielfalt.

Vertiefende Informationen zum Beispiel über Termine und Broschüren erhalten Sie auch unter der Rubrik Service.

Weitere interessante Links finden Sie auf dem Landesportal Ehrenamt.

Info 3.4 Bürgerengagement in Baden-Württemberg.

Wicker: *(lacht)* Also, es muss schon einer bereit sein zu stiften. Man kann dafür wirken, und kann die Leute auffordern, „Gehen Sie stiften", aber man kann keinen dazu zwingen.

(ef) Baden-Württemberg ist, wenn ich die ganze Bundesrepublik überschaue, das Land, welches am frühesten angefangen hat, schon unter Späth, eine Stelle einzurichten im Innenministerium, die sich um das Ehrenamt bemüht hat. Hat das Erfolg gehabt Ihrer Meinung nach? Es gibt jetzt zunehmend politische Aktionen, die ehrenamtlich Tätigen auszuzeichnen, dass sie auch auf das Pressebild kommen, nicht nur der Regierungspräsident und der Bürgermeister, sondern auch die vom Förderverein. Hat die Ehrenamts-Politik in Baden-Württemberg eine Wirkung gehabt?

Wicker: Ja, ich glaube schon, dass das eine Wirkung gehabt hat, sonst hätten wir nicht, mit 42%, den höchsten Prozentsatz in Deutschland der ehrenamtlich Tätigen. Und ich glaube, es ist auch richtig, für das Ehrenamt zu werben, und dann diejenigen, die sich dort engagieren, auch auszuzeichnen. Deswegen gibt es in Baden-Württemberg seit vielen Jahren den „Wettbewerb zur Auszeichnung kommunaler Bürger-Aktionen", wo man sich beim Regierungspräsidium melden kann, bewerben kann und dann vorgeschlagen wird für eine Auszeichnung durch die Landesregierung. Und es gibt natürlich auch in vielen Gemeinden Auszeichnungen von ehrenamtlich tätigen Bürgern, wo das entsprechende Engagement gewürdigt wird. Es gibt für solche Bürgerinnen und Bürger die Landesehrennadel, womit gezielt die Leute ausgezeichnet werden, die sich über Jahre und Jahrzehnte hinweg für andere eingesetzt haben.

(ef) Sie haben vor kurzem eine ganz interessante Rede gehalten zum 50. Jahrestag des CDU-Ortsverbandes Kiebingen. Und da haben Sie gesagt, es soll mehr Eigenverantwortung der Bürger und weniger Bürokratie geben. Wie ist das eigentlich historisch entstanden, sind die Bürger inzwischen reifer geworden, zieht sich der Staat zurück? Sicher sind beide Momente da, aber gibt es Beispiele, wo Sie sagen: „Also, jahrelang haben die aus dem Fenster geguckt und jetzt auf einmal packen die es"? Und es gibt auch keine Bürokraten mehr, die sie daran hindern. Wie ist das entstanden?

Wicker: In den vergangenen Jahrzehnten hat der Staat zum Teil den Eindruck erweckt, er kann alles regeln – man denke an das Schlagwort „Von der Wiege bis an die Bahre". Es gibt einen umfassenden Sozialstaat, der dem Bürger alle Nöte und alle Sorgen und auch alle Risiken abnimmt. Und ich glaube, das war ohnehin eine Fehlentwicklung, weil er auch dem Bürger die Verantwortung für sich selbst, für sein Tun, aber auch für sein Tun für die Allgemeinheit vermeintlich abgenommen hat. Eine solche Politik, die von allen gemeinsam verfolgt worden ist und die auch irgendwo etwas Beruhigendes für jeden an sich hat, zu verfolgen war möglich angesichts voller Kassen, wo man wirklich meinte, es sei alles regelbar. Und vielleicht auch meinte, das persönliche Glück nimmt zu, je mehr materiellen Wohlstand man hat. Und jetzt stellen wir verschiedene Dinge fest: Zum einen stellen wir fest, dass nicht unbedingt materieller Wohlstand zum subjektiven Glück führt. Die Zahl der psychisch Kranken steigt zum Beispiel ständig an, obwohl es uns nach wie vor, zumindest der großen Masse, immer besser geht.

Wir stoßen aber auch an die Grenzen dessen, dass der Sozialstaat alles leisten kann. Und dann muss man sich eben wieder darauf besinnen, dass eigentlich mal zunächst jeder für sich selbst verantwortlich ist. Und dass erst in zweiter Linie der Staat für ihn sorgen muss. Es ist völlig klar, wir können niemanden verhungern lassen, und wir müssen demjenigen, der schwach ist, helfen. Aber zunächst einmal ist jeder selbst gefordert. Das meine ich mit Eigenverantwortung. Und nun zum Bürokratieabbau: Nehmen wir einmal unsere Steuergesetzgebung. Es gibt auf der ganzen Welt keine so differenzierte Steuergesetzgebung wie bei uns mit dem Bestreben, sozusagen die Einzelfallgerechtigkeit zu erreichen. Dadurch wird sie ungeheuer kompliziert. Sie wird vielleicht etwas gerechter in dem Moment, wo ich dort Bürokratie abbaue, wo ich das einfacher mache, mache ich das im einen oder anderen Falle auch ungerechter. Und das ist halt hinzunehmen. Und wenn ich die Bürokratie abbaue, bedeutet das weniger Leistungen des Staates, zum Beispiel in der Beratung, und das bedeutet mehr eigene Verantwortung, und das bedeutet, ich muss mich mehr um etwas kümmern. Man kann nicht beides haben: Weniger Bürokratie, einen schlanken Staat und trotzdem einen Staat, der in jeder Situation hilft.

(ef) Sie kommen viel im Land herum, Sie leiten eine große Behörde, Sie sind in einer staatstragenden Partei, deswegen sind Sie sicher kompetent, um die folgende Frage zu beantworten. Ich habe den Eindruck, dass in den letzten 50 Jahren in unserer Gesellschaft eine Vereinzelung stattgefunden hat; viele Menschen leben alleine, nebeneinander her. Das, und das sehe ich auch quer durch die Bundesrepublik, das hebt sich langsam wieder auf. Das Ehrenamt scheint mir auch der Versuch, aus dieser Vereinzelung herauszukommen und irgend etwas wie – was wir als Kulturwissenschaftler natürlich nicht gerne mit offenen Händen anfassen – „Gemeinschaft" anstreben. Ich denke, dass es gewisse Züge gibt, dass sich Gemeinschaften wieder bilden.

Wicker: Ja, vielleicht ist da einfach ein Bedürfnis da. Ich habe ja nach der Wende fünfeinhalb Jahre in Dresden gelebt. Und da haben mir dann viele ehemalige DDR-Bürger gesagt: „Jetzt kann sich jeder alles leisten, daran geht unsere Gemeinschaft kaputt". Früher hat man zusammen geholfen und hat gemeinsam den Trabi repariert, weil Reparaturwerkstätten es ohnehin nicht gab. Man hat gemeinsam Plättle gelegt, der eine beim anderen, weil man einen Plattenleger nicht gekriegt hat. Man war schon froh, wenn es überhaupt Plättle gab. Jetzt kann sich auch in der ehemaligen DDR fast jeder einen Handwerker leisten. Er ist auf den Nachbarn, auf seinen Nächsten, nicht mehr angewiesen. Und zunächst empfindet er das wohl offensichtlich als angenehm; so war die Entwicklung nach dem Krieg auch bei uns. Die meisten hier drinnen, oder auf jeden Fall viele, können sich noch erinnern, nach dem Krieg habe ich dem Nachbarn geholfen, das Holz auf den Dachboden hinauf zu ziehen, seine Kinder haben mir geholfen, das Holz hochzuziehen, und dann hat man gemeinsam ein Gsälzbrot gegessen. So lief das ab. Manchmal liegt es auch an den Umständen. Als man auf Heizöl umstellte, da hat man nicht mehr zusammen Holz gespalten und Holz hinaufgezogen. Am Sonntag war das Gemeinschaftserlebnis nicht mehr da, weil jeder ein eigenes Auto hatte. Früher ist man gemeinsam wandern gegangen, weil es gar keine andere Freizeitbeschäftigung gab. Das ist also überhaupt nicht vorwerfbar. Ich weiß auch nicht, wie die Entwicklung weitergeht, ob wir tatsächlich eine Rückbesinnung haben, ob es mehr Gemeinschaft geben wird.

Was klar ist, den hohen Standard – sowohl im sozialen Bereich, als auch im kulturellen Bereich – werden wir uns nur dann erhalten können, wenn mehr, wenn noch mehr Bürger bereit sind, sich ehrenamtlich zu engagieren. Manche Leistungen wird der Staat in den nächsten Jahren, davon bin ich überzeugt – ich hoffe zwar, dass die Staatseinnahmen wieder in die Höhe gehen – auf Dauer aber, bei den Aufgaben, die auf uns zukommen, werden wir uns auch nicht mehr alle Leistungen, die heute der Staat bietet, noch künftig leisten können. Und deswegen wird es manche Dinge nur noch geben, wenn ehrenamtliches Engagement, vielleicht auch in Form von Stiftungen, dafür eintritt. Oder es wird es halt nicht mehr geben.

(ef) Nächstes Stichwort: Politik für den ländlichen Raum. Das ist ja eine ganz komplizierte Angelegenheit. Die Tante Emma-Läden sterben, die Infrastruktur ist zum Teil ausgehöhlt, Gasthöfe, wenn ich quer durch Deutschland fahre, sehe ich meistens nur noch Pizzerien; offensichtlich können italienischen Familien besser als deutsche Familien Gasthöfe erhalten. Wo sehen Sie den Schwerpunkt im ländlichen Raum, wie wird die Politik für den ländlichen Raum versuchen, diesen zu gestalten?

Wicker: Zunächst müssen wir mal feststellen: Meines Erachtens ist es auch dank des Föderalismus in Deutschland im Prinzip hervorragend gelungen, dass die ländlichen Räume nicht ausbluten. So wie es in anderen europäischen Staaten seit dem Zweiten Weltkrieg, zum Teil schon vor dem Zweiten Weltkrieg passiert ist, dass die ländlichen Räume ausbluten. Wenn Sie in manches französische Dorf kommen, da ist in den letzten 30 Jahren kein neues Haus mehr gebaut worden, da wohnen nur noch alte und ganz wenig junge Leute; die aktiveren Jungen sind eher weggezogen. Bei uns hat der ländliche Raum – Stand heute – eine gute Entwicklung genommen. Wir haben in den letzten 25 Jahren in den ländlichen Räumen prozentual mehr an Bevölkerung zugenommen und prozentual auch mehr an Arbeitsplätzen als im Ballungsraum – trotz des Strukturwandels in der Landwirtschaft; und da sind in den ländlichen Räumen in den letzten 50 Jahren sehr viele Arbeitsplätze weggefallen. Vor 50 Jahren waren die Großeltern noch in der Landwirtschaft tätig, das war ihr Hauptarbeitsplatz; da gibt es jetzt gar keine Landwirte mehr in den Dörfern, oder nur noch einen. Und trotzdem findet bei uns jeder Jugendliche, der sagt, ich will in der Nähe meines Heimatdorfes einen Arbeitsplatz, findet er in der Regel auch einen Arbeitsplatz. Wenn er sagt, er will in Hamburg schaffen, findet er ihn dort auch. Aber er findet ihn auch in der Nähe seines Heimatortes, und er findet auch qualifizierte Arbeitsplätze dort.

Wenn wir uns, sagen wir mal, den heutigen Bildungsgrad und die Abschlüsse anschauen, und das, was vor 50 Jahren der Durchschnitt war, ist der Wandel grundsätzlich gelungen. Und jetzt müssen wir darauf achten, dass das in den nächsten Jahren und Jahrzehnten nicht verloren geht. Da brauchen wir zum einen die harten Standortfaktoren – das heißt, es müssen Arbeitsplätze vorhanden sein. Und damit Arbeitsplätze vorhanden sind, braucht man zum Beispiel eine gescheite Verkehrserschließung. Wir brauchen aber auch im ländlichen Raum die so genannten weichen Standortfaktoren: Dass zum Beispiel ein kulturelles Angebot vorhanden ist, dass ein gutes Bildungssystem vorhanden ist, damit einer, der vor der Entscheidung steht – Ballungsraum oder ländlicher Raum – dass die Entscheidung nicht immer automatisch für den Ballungsraum ausfällt. Klar ist, das sagen zumindest alle Statistiker, ab dem Jahr 2015, 2020 wird auch in Baden-Württemberg die Bevölkerung abnehmen, und dann wird eine Konkurrenzsituation eintreten. Es wird nach wie vor Städte geben, die wachsen, dann werden aber die anderen überproportional abnehmen.

Ich war vor wenigen Wochen bei einer Anhörung im sächsischen Landtag, um dort über die Verwaltungsreform zu referieren, es war eine ganztägige Anhörung zur Zukunft des Freistaates Sachsen. Die Experten dort gehen bereits heute davon aus, dass in 10 Jahren in Sachsen die ersten Dörfer aufgegeben werden. Die haben einen ganz starken Bevölkerungsrückgang, die

Art. 106 Abs. 3 Nr. 2 GG

„Die Deckungsbedürfnisse des Bundes und der Länder sind so aufeinander abzustimmen, dass ein billiger Ausgleich erzielt, ... und die Einheitlichkeit der Lebensverhältnisse im Bundesgebiet gewahrt wird".

§ 2 Abs. 2 Nr. 1 Satz 3 ROG

„In den jeweiligen Teilräumen sind ausgeglichene wirtschaftliche, infrastrukturelle, soziale, ökologische und kulturelle Verhältnisse anzustreben".

Info 3.5 „Einheitlichkeit der Lebensverhältnisse" – Gesetzesgrundlagen (Auszug).

haben noch weniger Kinder als wir. Und wir haben eine Ost-West- und eine Nord-Süd-Wanderung, also viele aus Sachsen kommen hierher, um zu arbeiten und die bleiben natürlich auch hier. Und da sagt man, in den Dörfern gibt es noch ein paar Alte und noch ein paar Sozialhilfeempfänger, und irgendwann sind die Dörfer ganz tot. Da sind wir hier in Baden-Württemberg noch weit davon entfernt. Aber in 10, 15 Jahren wird uns diese Frage auch beschäftigen, und da wird der ländliche Raum nur mithalten können, wenn er zum einen Arbeitsplätze hat, das ist immer das, was oben steht. Aber neben Arbeitsplätzen muss es auch immer Orte geben, wo man sich versammeln kann. Und wenn es halt keine Wirtschaft mehr gibt im Ort, weil es sich nicht mehr rechnet, dann ist die Frage, gelingt es mit Hilfe einmaliger staatlicher Zuschüsse aus dem Entwicklungsprogramm Ländlicher Raum und dann vielleicht aufgrund von ehrenamtlichen Engagement, dass man dort trotzdem einen Versammlungsraum unterhält, wo man sich wenigstens mehrfach in der Woche treffen kann zum Beisammensein und natürlich auch fürs kulturelle Angebot.

(ef) Stichwort Arbeitsplätze. Ich bin ja Mitglied der Bayerischen Akademie Ländlicher Raum, und wir haben im Wissenschaftlichen Kuratorium dort mal eine ganz großartige Idee gehabt: Im ländlichen Raum müssten Arbeitsplätze auch über das Internet zu schaffen sein. Es ging da um Hofläden, also dass man von München aus in Richtung Passau eine Gurke bestellen kann. Das Konzept ist so „in die Hose gegangen", dass ich mich schon beim Vorschlag gewundert habe. Das spielt überhaupt keine Rolle, nicht wahr, Internet für Arbeitsplatzbeschaffung im ländlichen Raum? Sondern es sind die traditionellen Arbeitsplätze Maschinenbau usw., die für die Zukunft stehen?

Wicker: Wofür wir auf jeden Fall eintreten ist, dass im ländlichen Raum die Verkabelung, das Angebot an Datenübertragung, dass das so gut sein muss wie im Ballungsraum, denn sonst haben wir einen echten Konkurrenznachteil, wenn man für die Übermittlung von Daten im ländlichen Raum viel länger braucht als im Ballungsraum. Und das ist zum Beispiel einer der Punkte, den wir auch aufgegriffen haben im Tübinger Regierungspräsidium: Seit der Privatisierung der Post ist vieles auf jeden Fall nicht besser geworden. So wie man grundsätzlich sagen muss, es ist nicht jede Privatisierung per se ein Vorteil. Insbesondere wenn sich nach einer vermeintlichen Privatisierung Monopole oder Oligopole bilden, dann habe ich den Eindruck, tritt zumindest für die Masse der Bürger eine Verschlechterung ein, mag sein dass das eine oder andere Managergehalt steigt. Und während die Post eben früher den Auftrag hatte vom Gesetzgeber, für eine gleichmäßige Versorgung aller Bürgerinnen und Bürger zu sorgen und die deswegen überall die gleichen Kabel verlegen musste, egal ob im ländlichen Raum oder im Ballungsgebiet, sagen die jetzt, wir verlegen die Kabel zunächst mal dort, wo wir viel mehr Nutzer haben. Das ist wie bei der Wasserleitung. In Stuttgart ist das Wasser viel billiger als hier im ländlichen Raum, weil da bei einem Kilometer Wasserleitung viel mehr Leute wohnen und obwohl die Wasserleitung gleich viel kostet wie im ländlichen Raum. Deswegen gibt es im ländlichen Raum Zuschüsse für die Wasserleitung und in Stuttgart eben nicht. Und entweder kommt die Kabel Baden-Württemberg unserer Forderung nach, dass sie die gleichen Kabel, und zwar gleich schnell, im ländlichen Raum verlegt, oder wir müssen uns andere Instrumente einfallen lassen. Aber insofern ist Internetnutzung schon ein Thema, das den ländlichen Raum berührt.

(ef) Wir diskutieren hier vor dem Hintergrund der Entwicklung eines zum Abriss vorgesehenen Hauses zum Dorfmuseum oder – wie der Förderverein sich auszudrücken beliebt – zu einer „Kulturtankstelle". Welche Rolle wird die Kultur zukünftig spielen im ländlichen Raum? Hat sie zum Teil auch sozialpolitische Funktionen, also Treffpunkt-Funktionen?

Wicker: Die Kultur, da bin ich überzeugt, wird eine immer größere Rolle im ländlichen Raum spielen. Wenn wir uns einfach mal anschauen, was wir für ein kulturelles Angebot vor 40 Jahren hatten, und was wir heute für ein Angebot haben, bis hinein wirklich ins kleinste Dorf, dann kann man sagen: Das Interesse der Menschen an Kultur ist gestiegen, Gott sei Dank. Und es wird weiter steigen aus verschiedenen Gründen, sicher auch um eben das Gemeinschaftserlebnis Kultur gemeinsam erleben zu können, wird auch das ein Kristallisationspunkt sein, in einer Gemeinschaft und das auch in Gebieten, die dünn besiedelt sind. Dass es natürlich nicht so viele kulturelle Angebote geben kann wie in der Großstadt, das ist ja völlig klar, aber es wird eine zunehmende Rolle spielen.

(ef) Wie kann man dieses kulturelle Engagement der Bürger von Seiten der Verwaltung unterstützen? Sicher mit dem dezenten Hinweis, wo man Geld holen kann, aber auch mit Anerkennung oder so? Ich meine, ich werde es nachher noch mal fragen, wo dieses Museum Ihrer Meinung nach Geld herholen könnte, aber zunächst mal Ermutigung, dass man hierher kommt, dass man was macht, dass es Kooperationen gibt, mit der Universität, dass Sie hierher kommen, dass wir diese Gesprächs-Reihe machen usw. Was kann die Verwaltung konkret machen, um Bürgern, die sich engagieren wollen, zu helfen?

Wicker: Gut, wenn Bürger sich zusammentun und sagen, wir organisieren was, wir veranstalten was, da weiß ich jetzt gar nicht, wie stark die Verwaltung überhaupt gefordert ist. Nach dem Grundsatz der Subsidiarität finde ich es toll, wenn Bürger so was in die Hand nehmen und sich selber organisieren. Jetzt meine ich, wenn die dann zum Bürgermeister kommen und, ich glaube nicht, dass es einen vernünftigen Bürgermeister gibt, der dann ein solches bürgerschaftliches Engagement nicht unterstützt, sei es ideell oder, im Rahmen seiner Möglichkeiten, materiell. Aber ansonsten ist das doch das, was sozusagen aus sich heraus wächst, und die staatliche Unterstützung dann erst an zweiter Stelle steht. Und dann gilt, was ich vorhin gesagt habe: Dass man solche Bürger ehrt und gewisse Auszeichnungen schafft, und ihnen Anerkennung zu Teil werden lässt, dass ist ja erst die zweite Frage. Und dass man sie, wenn es bürokratische Hindernisse bei dem Engagement gibt, bei diesem Prozess unterstützt. Aber zunächst fände ich es wichtig und richtig, und so läuft es doch auch in vielen Orten, dass die Bürger sich selber organisieren.

(ef) Manche fragen sich ja, wozu wir einen Regierungspräsidenten brauchen; ich finde es ganz toll …

Wicker: … am 1. Juli ist diese Frage erst recht berechtigt …

(ef) Ja gut, Sie wechseln dann ja als Ministerialdirigent ins Finanzministerium nach Stuttgart, weil Sie gesagt haben, Sie würden wechseln, wenn Sie einmal in Ihrem Leben in Börstingen auftreten können. Das ist jetzt der Fall. Nein, Spaß beiseite, worauf ich hinaus will, ist die Form des Dialoges, die ja offenbar zwischen solchen Institutionen wie der Ihrigen, dem

Regierungspräsidium, und auch der Universität irgendwo stattfindet und dass man sich austauscht und dass man Dinge von Experten erfährt, von denen man als Bürger normalerweise keine Ahnung hatte. Sie haben mir erzählt, dass es in Dürmentingen, das ist ein Ort zwischen Riedlingen und Bad Buchau, eine beispielhafte bürgerschaftliche Engagement-Philosophie gibt, die steht in der Gemeindesatzung. Und wenn man, das kann ich nur jedem raten, im Internet nachschaut, findet man zum Beispiel den Kernsatz: „Bürgerschaftliches Engagement lässt sich nicht von oben verordnen, es kann nur gefördert werden". Und zu dieser Förderung trägt zum Beispiel der Bürgermeister Wörner von Dürmentingen dadurch bei, dass er bei einzelnen Projekten mithilft und auch 100 ehrenamtliche Stunden im vergangenen Jahr abgeleistet hat bei verschiedenen Projekten. Das ist die Philosophie des Ortes, das so zu machen. Also, die Verwaltung kommt hier in eine ganz andere Rolle, ohne dass man jedem Bürger sagt, also, Du musst jetzt auch 500 Stunden leisten, die Verwaltung kommt hier in eine andere Rolle.

Wicker: Das Engagement in Dürmentingen ist sicherlich hervorragend, aber es gibt viele andere Orte, wo das genauso ist. Und nun ist eben dieser Bürgermeister ein begnadeter Vermarkter. Ich habe zum Beispiel am vergangenen Freitag das neue Bürgerhaus von Sauldorf (bei Meßkirch) eingeweiht, das ist auch nur möglich geworden dank Zuschüssen aus dem Entwicklungsprogramm Ländlicher Raum. Aber auch dort sind 3.000 ehrenamtliche Stunden zum Bau dieses Bürgerhauses geleistet worden. Der Verein hat über 20.000 € gesammelt als Spende für dieses Bürgerhaus usw. Also, das gibt es auch an anderen Orten, und es wäre auch falsch zu sagen, das gibt es erst jetzt. Es gab schon vor 40 Jahren Bürgermeister, die mitgeschafft haben, wenn man zum Beispiel die Zufahrt zum Feuerwehrhaus ehrenamtlich am Samstagmorgen gepflastert hat. Also, darauf muss man einfach hinweisen, das gab es schon immer, und das gab es Gott sei Dank an vielen Orten. Und ich würde mal sogar sagen: Je kleiner eine Gemeinde ist, und deswegen bin ich vom Grundsatz her ein Anhänger kleiner Einheiten, umso besser funktioniert es. Wissen Sie, nach der Gemeindereform, die 1973 stattfand, da gab es dann einzelne Ortsteile, die zwangseingemeindet worden sind, da haben die Leute früher die Straße am

Bürgerschaftliches Engagement

Ehrenamtliches bürgerschaftliches Engagement ist eine tragende Säule in unserer Gemeinde. Die Tatsache, dass jeder Einwohner in 1,2 Vereinen aktiv ist, spricht für sich.

Seit 1994 mit der Förderung des bürgerschaftlichen Engagements begonnen wurde, hat sich in der Gemeinde viel verändert. Durch Rückbesinnung auf eigene Kompetenz der BürgerInnen, auf selbstbestimmtes Handeln und Übernahme von Verantwortung in der Gesellschaft konnten neuartige Formen von freiwilligem Engagement in die Tat umgesetzt werden und so die Grundwerte einer demokratischen Bürgergesellschaft gestärkt werden.

Bürgerschaftliches Engagement lässt sich nicht von oben verordnen, es kann nur gefördert werden. Nach dem Motto: Nicht wie erreichen wir engagierte BürgerInnen, sondern wie erreichen BürgerInnen mit ihren Ideen die Verwaltung und das Umdenken von „wir verlangen von der Gemeinde" zu „wir haben eine Idee und wollen diese umsetzen" kann als Kernerfolg und Leitsatz unserer BE-Philosophie gewertet werden. Die BürgerInnen werden mit ihren Anliegen ernst genommen, nach dem Slogan: „Die Gemeinde sind wir, wir tun etwas dafür". Innovative Projekte brauchen für die Verselbständigung und Etablierung einen längeren Zeitraum, es darf nicht „Geschoben" werden, denn durch zu starke Strukturierung geht die Freude am Gestalten zurück.

Ein wichtiger Faktor für den Erfolg eines Projektes ist die Bereitschaft der Verwaltung, auf einen förderlichen Arbeitstil hinzuwirken, weg vom Reagieren, hin zum Gestalten. Dabei verlangt die Verwaltungsmodernisierung ebenso Bewusstseins- und Stilveränderung als auch eine Strukturveränderung.

Wichtig sind klare Wege für den Austausch zwischen Verwaltung und Initiativen. Dies wird in Dürmentingen gewährleistet durch die BE-Stabstelle in der Verwaltung, die eng dem Bürgermeister zugeordnet ist. Als Anlaufstelle für alle Belange der BürgerInnen kann die persönliche Betreuung gepflegt und eine optimale, bürgernahe Kultur des Miteinander erreicht werden. Durch diese Akzeptanz schaffende Funktion und der entsprechenden Pressearbeit werden die Projekte in der Öffentlichkeit verankert.

Info 3.6 Das „Dürmentinger Modell": Bürgerschaftliches Engagement (BE) in einer kleinen oberschwäbischen Gemeinde.

Anforderungen des BE-mündigen Bürgers an die Verwaltungsmitarbeiter

1. Einlassen auf den Entwicklungsprozess
2. Individuelle Interessen und eigene Definitionen zulassen
3. aus einer „Erledigungsverwaltung" eine „Ermöglichungsverwaltung" entstehen lassen
4. bürgerorientiert handeln
5. zivil-gesellschaftliche Strukturen stärken
6. Ernstnehmen der Anliegen
7. Unterstützung der Bürgerbelange
8. Einbindung in politische Entscheidungsprozesse
9. Förderung der Rahmenbedingungen
10. Vertrauen schaffen
11. Offenheit für alle Engagement-Bereiche
12. Herstellung von Transparenz
13. Würdigungskultur
14. Durchgängige Dokumentation

Fazit und Leitgedanken für die Zukunft:

Beim „Anpacken" eines Projekts muss immer die Gesamtentwicklung in der Gemeinde im Auge behalten werden und die Bereitschaft zur Öffnung für immer neue Ideen. Darin liegen auch die Prämissen für Dürmentingen:
Das „Bürgerschaftliche Engagement" soll als Leitidee und Identifikationsmoment auf Dauer fixiert und von selbstbewussten Bürgern als Instrument im Sinne einer aktiven, demokratischen Mitverantwortung zum Wohle der Gemeinschaft verstanden werden.

Hinweise für Spenden- und Förderwillige
Wenn Sie sich nicht persönlich in den zahlreichen Dürmentinger Vereinen, Organisationen oder Verbänden engagieren können, können Sie das Ehrenamt **auch über einzelne Spenden bzw. Sponsoring unterstützen.**
Gemeinnützige Einrichtungen gibt es viele. Wenn Sie helfen wollen, können Sie dies auch in Ihrer Heimat, in Dürmentingen tun. Viele unserer Vereine, die mit ihrem Engagement zum kulturellen Leben beitragen, sind von der Finanzverwaltung als gemeinnütziger Verein anerkannt.
Verbindliche Auskunt hierzu erhalten Sie von den Vereinsvorständen.
Doch auch die Gemeindeverwaltung erfüllt gemeinnützige Aufgaben, beispielhaft sei die Förderung der Jugend, aber auch die vielseitige Seniorenarbeit und nicht zuletzt das umfangreiche Sommerferienprogramm genannt.

Samstag noch gekehrt, das kommt heute noch vor. Dann haben sie aber gesagt: „Ja, wenn in der Hauptstadt – Hauptstadt in Anführungszeichen – die Kehrmaschine fährt, dann soll die Kehrmaschine auch bei uns fahren". Und schon ist sozusagen dieses bürgerschaftliche Engagement kaputt gegangen. Und ich meine, wenn dann die Kehrmaschine fährt, das zahlt ja nicht irgendein Anonymer, sondern wir zahlen es ja wieder selber; früher, da hat man das sozusagen für die Gemeinschaft erbracht. Und ich glaube, da muss man wieder stärker dazu kommen, dass man sich überlegt, was kann ich für die Gemeinschaft erbringen, also nach dem berühmten Satz von Kennedy: „Frage nicht, was Dein Land für Dich tun kann, sondern frage Dich, was Du für Deine Mitbürgerinnen und Mitbürger tun kannst". Und wenn wir zu dieser Einstellung nicht kommen – und da ist das beste, mit gutem Beispiel voranzugehen – dann sehe ich schwarz für unsere Gesellschaft. Es geht auch vieles Ideelles und vieles Geistige verloren und eine nur auf Materiellem aufgebaute Gesellschaft, das ist mit Sicherheit viel zu wenig.

(ef) Sie kommen viel herum im Land, und in manchen Orten ist es, ich will nicht sagen „tote Hose", aber es ging vieles verloren, und in manchen Orten gibt es diesen neuen Aufbruch und dieses bürgerschaftliche Engagement. Wovon hängt das ab? Was kommt da wie zustande? Ist es nur ein Bürgermeister, der „Halli galli" macht, und der Selbstvermarkter und Darsteller ist? Woran liegt denn das?

Wicker: Ich glaube schon, dass es manchmal an einzelnen Personen liegt, das was ich vorhin gesagt habe: Einer oder mehrere müssen mit gutem Beispiel vorangehen. In manchen Gemeinden gibt es ein paar aktive Leute, die die anderen mitreißen; und wenn es diese Leute, die vorangehen, nicht gibt, dann liegt halt vieles im Argen. Aber ich glaube, da gibt es auch kein Patentrezept, dass man so etwas verordnen könnte von oben oder dass man jemand zwingen könnte. Es muss aus sich heraus wachsen, und ich glaube auch, wenn eine Gemeinde plötzlich bei der Nachbargemeinde sieht, da läuft doch viel mehr als bei uns, dass das dann auch ein Ansporn ist. Konkurrenz belebt das Geschäft.

(ef) Es ist also nicht so, dass man irgendein Modellprojekt macht? Die Bürger von Heudorf zum Beispiel – das ist ein Teilort von Dürmentingen – haben in sehr, sehr vielen Arbeitsstunden eine historische Ortsanalyse gemacht. Und dieses Dürmentingen, das muss man im Internet sich mal anschauen, hat 2 DIN-A4-Seiten von Projekten, wo überall rumgewuselt und wo überall rumgemacht wird. Also, kann man da nicht irgendwas unterstützen, so modellhaft? Das Regierungspräsidium Tübingen könnte doch zum Beispiel sagen, dieses Börstingen ist für uns so beeindruckend, wir machen dort ein Modellprojekt.

Wicker: Also, im Prinzip können wir gerne darüber nachdenken, und das bei einem Gespräch intensivieren. Aber es gibt natürlich viele solcher Beispiele schon. So ist das Regierungspräsidium Tübingen auch Geschäftstelle für „Interreg". Und „Interreg", das sind die Staaten um den Bodensee herum, vor über 10 Jahren wurde das gegründet, da gibt es dann auch Zuschüsse von der Europäischen Union, um das Zusammenwachsen im Bodenseeraum zu begünstigen. Ich will da nicht zu sehr ins Detail gehen – und nun gehört Börstingen nicht zur Bodenseeregion, bedauerlicherweise – aber da gibt es jetzt schon über 20 Gemeinden aus der Schweiz, aus Österreich, aus Bayern und aus Baden-Württemberg, und in all diesen Gemeinden gibt es ein besonderes gesellschaftliches Engagement. Und die arbeiten jetzt zusammen und bilden Netzwerke, um sich gegenseitig zu befruchten. In der einen Gemeinde gibt es einen ganz tollen Bauernmarkt, wo regionale Produkte vermarktet werden. In einer anderen Gemeinde gibt es beispielhafte Modelle des Zusammenwirkens von Alt und Jung, von Nachbarschaftshilfe, von Initiativen zur Stärkung des ÖPNV (Öffentlicher Personennahverkehr) und des Radfahrverkehrs. Und diese Gemeinden schließen sich in so einem Netzwerk zusammen und kriegen dann sozusagen zur Begleitung und zur Auswertung dieser Projekte, aber auch für einzelne Projekte Zuschüsse aus dem „Interreg". Also, wie gesagt, das ist jetzt auf die Bodenseeregion begrenzt. Es gibt auch im Rahmen der Lokalen Agenda-Prozesse solche Netzwerke. Da müsste man halt für Börstingen mal schauen, ob es da nicht sogar Partner gibt, wo es ähnliche Initiativen gibt. Da sind wir gerne bereit, Aktivitäten zu unterstützen.

(ef) Sehen Sie auch eine Möglichkeit, Kulturaktivitäten durch Sponsoren oder durch Stiftungen zu fördern? Und wie kommt man an Geld heran?

Wicker: Das ist eine gute Frage, wie kommt man an Geld heran.

(ef) Also, Sie müssen jetzt nicht gleich heute Abend Geld stiften, so wie der Herr Oettinger: als der in Melchingen beim Theater Lindenhof war, hat er gleich 25.000 € mitgebracht. Soviel, glaube ich, brauchen Sie für Börstingen jetzt nicht gleich heranschaffen – aber ein bisschen könnt' schon sein …

Wicker: Also, wir haben einen, wenn auch bescheidenen Kulturetat, wo wir einzelne, konkrete Veranstaltungen unterstützen können. Das müssen wir halt vorher miteinander besprechen. Das ist das eine. Das andere ist sicherlich, ich habe vorher auf die Stiftungen hingewiesen, wir haben ein Verzeichnis der Stiftungen im Regierungsbezirk, und da gibt es natürlich auch Stiftungen, die kulturelle Veranstaltungen unterstützen. Die sind häufig räumlich bezogen. Also, gerade Dürmentingen hat das Glück, dass es dort einen wohlhabenden Bürger gab, der eine große Stiftung gegründet hat. Aber der hat die natürlich bezogen auf kulturelle und soziale Maßnahmen in Dürmentingen. Aber da gibt es sicherlich Möglichkeiten, ohne dass ich jetzt hier Versprechungen machen könnte, dass man da versucht, an den einen oder anderen Topf eines Sponsors zu kommen.

(ef) Kommen wir zum Ende, zu einem Fazit: Was raten Sie? Stärkeres Bürgerengagement als bisher, Versuch von Kooperationen, die Verwaltung soll insgesamt, nicht die Verwaltung von Starzach, sondern insgesamt im Landkreis, im Regierungspräsidium bürgerfreundlicher sein, Sponsoring …

Wicker: Also, da könnte man jetzt zwei Stunden darüber reden. Ich glaube schon, dass die Verwaltung, und das ist zumindest das Bestreben der Chefs, die ich kenne, dass die Verwaltung viel, viel bürgerfreundlicher geworden ist in den vergangenen Jahren. Und ich meine, ich will jetzt als positives Beispiel, nicht weil ich dahin wechsele, aber das Finanzamt finde ich eine ausgesprochen bürgerfreundliche Behörde. Wenn ich daran denke, wie man manchmal behandelt worden ist, wenn man vor 20 Jahren zum Finanzamt gekommen ist, und wie jetzt der Servicegedanke im Vordergrund steht …

(ef) Weil Sie jetzt mehr Steuern zahlen ...

Wicker: (*lacht*) Es gibt ja Gott sei Dank sehr reiche Leute – dazu zähle ich mich nicht –, die sagen, sie zahlen eigentlich gerne Steuern. Ich verstehe nicht, um mal ein ganz anderes Thema anzusprechen, dass Leute, Unternehmen, die nutzen unsere Straßen, die Kinder gehen in unsere Schulen, es werden sämtliche staatliche Leistungen zu Recht angenommen, und dann wird versucht, den letzten Cent an Steuern noch zu verkürzen. Auch solche, die es sich leisten können, versuchen es. Das ist genauso ein unehrenhaftes Verhalten, nach meiner Auffassung, wie derjenige, der sagt, ich entziehe mich jeglichem ehrenamtlichen Engagement, weil ich nur sozusagen egoistisch mich selbst ausleben will. Klar, es gibt Menschen, die aufgrund ihrer beruflichen und sonstigen Belastung keine Zeit haben für ein ehrenamtliches Engagement. Aber es gibt welche, die das ablehnen; und wenn alle so denken würden, dann geht die Gesellschaft zu Grunde. Gott sei Dank denken nicht alle so. Aufgabe derer, die im öffentlichen Bereich Verantwortung tragen, aber eigentlich aller, die Verantwortung tragen und da sind eben auch Wirtschaftsführer gefragt, deren Aufgabe ist es, ehrenamtliches Engagement ideell und materiell zu unterstützen. Und ich glaube, das tun die öffentlichen Verwaltungen. Und auf diesem Weg wollen wir auch weitergehen.

Quellen und Anmerkungen:

Abb. 3.1 Abdruck des Fotos mit frdl. Genehmigung Anne Faden.
Abb. 3.2 Abdruck des Fotos mit frdl. Genehmigung Rolf Schorp.
Info 3.3 „Gewachsene Kulturlandschaften": §2 Abs. 2 Nr. 13 ROG – Raumordnungsgesetz (Stand: 25.6.2005).
Info 3.4 Bürgerengagement in Baden-Württemberg. Text der Stabsstelle für Bürgerengagement und Freiwilligendienste im Ministerium für Arbeit und Soziales Baden-Württemberg.
http://www.sozialministerium.de/de/Buergerengagement_in_Baden_Wuerttemberg vom 31.05.2006.

Info 3.5 „Einheitlichkeit der Lebensverhältnisse": Art. 106 Abs. 3 Nr. 2 GG – Grundgesetz (Stand: 26.7.2002).
„Einheitlichkeit der Lebensverhältnisse": §2 Abs. 2 Nr. 1 Satz 3 ROG – Raumordnungsgesetz (Stand: 25.6.2005).

Info 3.6 „Das Dürmentinger Modell. Bürgerschaftliches Engagement in einer kleinen oberschwäbischen Gemeinde" (Auszug aus der Gemeindesatzung).
http://www.duermentingen.de/webs/verwaltung
vom 31.05.2006. – Mit frdl. Genehmigung der Gemeinde Dürmentingen.

4. Das Röcheln der Albvulkane: Mineralwasser im Neckartal

Gespräch mit Walter Jäger

Im zukünftigen Dorfmuseum Börstingen, der „Kulturtankstelle", soll die frühere örtliche Mineralwasserproduktion ein Schwerpunkt der Ausstellung sein. Was aber weiß der normale Bürger eigentlich über das Wasser, das er trinkt, mit dem er wäscht und seinen Garten wässert? Wo kommt das Wasser her, wie wird es gespeichert, aufbereitet, enthärtet? Gibt es „Wunderwasser"? Um diese Themen und Fragen im Zusammenhang mit diesem lebenswichtigen Element geht es im folgenden Gespräch mit dem Chemiker Prof. Walter Jäger. Der hierzulande herausragende Sachverständige (u.a. für Wasser und Abwasserreinhaltung) wird dabei auch eine historische und eine aktuelle Analyse einer Börstinger Mineralwasserprobe vorstellen.

Eckart Frahm: Ich bin auf Walter Jäger aus zwei Gründen gestoßen: Ich schätze ihn als jemanden, der zu diesem Thema, das die Börstinger offensichtlich beschäftigt, eine hohe Kompetenz hat. Er ist 1946 geboren, hat 1975 in Tübingen promoviert mit dem Thema, das Ihnen wahrscheinlich mehr sagt als mir: „Selektive Anreicherung von Metallen aus wässrigen Lösungen durch synthetische lösliche makromolekulare Komplexbildner und Ultrafiltration". Er hat dann, und das ist das Faszinierende für mich, 1977 ein chemisches Institut für Umweltanalytik gegründet. Das ist eine richtige Garagensache – man spricht ja immer gerne von amerikanischen Computerbauleuten, die heute weltweit tätig sind und einmal in einer Garage angefangen haben. Auch Walter Jäger hat angefangen in einer Garage mit zwei Mitarbeitern. Er hat dann 1988 in Derendingen ein tolles, auch architektonisch tolles Institut gegründet in der Ernst-Simon-Straße. Und als das Institut 25jähriges Jubiläum hatte, hat er 60 Mitarbeiter beschäftigt. Das ist das eine. Ein Mann von hoher, fachlicher Kompetenz.

Das zweite ist: Ich kenne kaum jemanden, außer mir natürlich, der von einer solch erfrischenden Neugierde ist. Rolf Schorp und Richard Lohmiller haben aus den Börstinger Kohlensäurequellen eine Flasche Wasser abgefüllt, und ich habe sie ihm in der vergangenen Woche gebracht. Und er war so was von begeistert, wollte sofort hin zu dieser Quelle. Also, so was habe ich noch kaum erlebt, dass jemand so wunderbar neugierig ist und der Ihnen das heute vermittelt.

Und das dritte ist natürlich, dass er hierher gekommen ist, um den Börstingern einmal zu sagen, was für ein besonderes Mineralwasser sie haben. So, damit habe ich alles gesagt. Herr Professor Jäger, was ist das Besondere an diesem Börstinger Wasser und an der Katharinenquelle? Was hat Sie fasziniert an dieser Probe?

Walter Jäger: Wenn Sie bedenken, dass ich etwa in der Woche hundert verschiedene Wasserproben untersuche und beurteile, dann kann ich mir meistens schon von der geographischen Herkunft ausmalen, wie die Untersuchungsergebnisse aussehen werden. Nicht so bei dieser Probe von

Abb. 4.1 Kohlensäurereiche Quelle im Gewann „Im Winkel" südöstlich von Börstingen.

Börstingen; da ist mein ganzes Wissen über Wasser über den Haufen geschmissen worden, da hat nichts miteinander zusammengestimmt. So bin ich gestern mit meinem Mitarbeiter, der heute dabei ist, Urban Mayer, zu dieser Quelle gefahren. Ich wollte sie mir mal anschauen, um mir ein Bild zu machen. Und dann hat sich da so viel Verschiedenes ergeben, dass ich sagen muss, bei diesen vielen Hunderten von Proben, die ich schon untersucht habe, gehört dieses Börstinger Wasser zu einer ganz seltenen Spezies. Das hat mich dann bewogen, heute mit mindestens vier verschiedenen Geologen zu sprechen. Und ich sehe den heutigen Abend als einen Beginn für weitere Forschungen, was dieses Börstinger Wasser, aber auch die Kohlensäure betrifft. Also, dieses Börstingen hat mir's angetan aufgrund dieser geologischen Besonderheiten.

(ef) Das heißt, wir Laien, das ist ja das Tolle, wir Laien stellen irgendwelche Fragen, und auf einmal fasziniert das die Experten. Das ist ja bei den Archäologen auch genau so gewesen, die Archäologen – ich übertreibe natürlich ein wenig – wissen nichts, wenn sie nicht den Kontakt mit dem Land haben. Hier gibt es ein Steinbeil, da gibt es römische Funde, da gibt es alamannische Funde; zum Teil wussten das Landesmuseum und die Archäologen das gar nicht so richtig. Das heißt, ein Gespräch, ein Börstinger Gespräch ist wichtig, damit man zueinander kommt, damit man sich austauscht.

Jäger: Ja, ich finde es insbesondere so elektrisierend, dass ausgerechnet ein wirklich hochkarätiger Laie, der von nichts eine Ahnung hat, mich auf dieses sicher hochkarätige Thema gebracht hat. Da gebührt Ihnen besten Dank.

(ef) Ich war heute bei meinem Kaufladen und habe einige Mineralwässer gekauft, ein „Apollinaris", ein „Teinacher Medium" und ein „Obernauer Medium". Lassen Sie uns doch mal über solche verschiedenen Wässer sprechen. Wie definiert man das? Wie unterscheiden sich Wässer?

Jäger: Da würde ich jetzt einen anderen Vorschlag machen. Weil ich in meinem nachfolgenden Vortrag auf diese Sachen noch im Detail eingehen werde, so dass wir vielleicht als kleines Bonbon am Schluss mit dem Wissen, das ich Ihnen vermitteln möchte, dann anschließend diese Wässer beurteilen könnten. Dann gehen Ihnen vielleicht ein paar Augen mehr auf, wenn Sie die Vorgeschichte kennen.

Mein Vortrag gliedert sich in zwei Teile. Der erste Teil ist ein allgemeines Wissen, Wissenswertes über Mineralwasser ganz allgemein. Und Sie würden sich die Frage stellen wollen, ja warum haben wir in Obernau ein Wasser, ein anerkanntes Wasser, und in Mühringen, in Bad Imnau, aber in Börstingen nicht? Die Frage ist ja beachtlich und interessant, und vielleicht sollten wir diese Fragestellung nachher im zweiten Teil minutiös besprechen und dann nach links schauen zu den Ergebnissen, diesen Mineralwasserflaschen, die schon auf dem Tisch stehen. Soll man es so machen?

(ef) Da würde ich sagen: Sie breiten zunächst in Ihrem Vortrag mit Grafiken und Bildern, die wir dann alle an der Wand sehen können, das Wissen aus. Und wir notieren uns mögliche Fragen, die wir dann im Anschluss an Sie stellen können.

Jäger: Das wäre nicht schlecht. So habe ich mir das vorgestellt, wenn Sie einverstanden sind.

(ef) Die Börstinger nehmen alles …

Jäger: Der Anfang wird vielleicht einfach und primitiv sein, aber ich werde mit der Zeit richtig zum Thema kommen. Und zwar habe ich mich auf die Schnelle – seit gestern, durch diesen Besuch bei dem artesischen Brunnen, ich erkläre gleich, was das ist – seit heute morgen um acht Uhr sachkundig gemacht, um Ihnen auch von Ihrer Neugierde her ein Stück weit gerecht zu werden. Und so habe ich auch den Titel umformuliert. Ich habe deswegen jetzt ein Fragezeichen gemacht: Mineralwasser aus Börstingen? Und zwar habe ich hingeschrieben: Wissenswertes zur chemischen Zusammensetzung dieses Wassers. Herr Frahm hat von einer Katharinenquelle gesprochen, ich würde das heute weniger tun. Obwohl meine Ergebnisse genau mit diesen Ergebnissen korrelieren.

Aber zweitens: Zur natürlichen Reinheit von Mineralwasser. Ich will Sie ja neugierig machen und die Frage nachher beantworten: Warum hat Börstingen nicht selber so ein Mineralwasser auf den Weg gebracht? Das wirklich Interessante ist diese stürmische Entwicklung, was den Pro-Kopf-

Verbrauch von Mineralwasser im Jahr angeht. Anfang des 20. Jahrhunderts lag der Pro-Kopf-Verbrauch bei sage und schreibe 2 Litern im Jahr. Heute trinken wir etwa am Tag 2 Liter. Dann der Anstieg, in den siebziger Jahren lag er bereits bei 12,5 Litern im Jahr. Also ist es mit der Zeit nicht nur ein geologisches, chemisches Event, sondern auch ein wirtschaftliches, weil Mineralwasser ja auch Geld kostet.

Was ist der Unterschied zwischen Mineralwasser und Trinkwasser? Ich habe die Definition so formuliert: Natürliches Mineralwasser ist auch ein Wasser, wie vieles andere Wasser auch, das die Stadtwerke Rottenburg, Stadtwerke Tübingen, Stadtwerke Horb liefern. Aber weil Mineralwasser einen ursprünglichen Reinheitsgrad hat – man spricht von einem unterirdischen, vor Verunreinigung geschützten Untergrund – hat es auch eine besondere Schützenswertigkeit. Und deswegen ist dieses Mineralwasser ein besonderes Wasser, weil es zunächst, qua Definition, naturrein ist. Wie kommt man dazu? In aller Regel ist es deswegen so rein und geschützt, weil es aus großer Tiefe kommt. Man spricht im allgemeinen Fall nicht von Oberflächenwässern oder vielleicht von oberflächennahen Wässern, sondern von Wässern aus dem zweiten und dritten geologischen Stockwerk. Es kommt also aus großer Tiefe. Und es wurde früher gekennzeichnet, heute übrigens auch noch, aber nicht ausschließlich, durch den ausschließlichen Gehalt an Mineralien. Das heißt: Das frühere Definitions-Merkmal (bis 1984) war allein der Salzgehalt. Mineralwasser war dann gegeben, wenn es einen Mineraliengehalt hat von 1,00 Gramm = 1.000 mg (Milligramm) pro Liter Mineralien. Und die meisten Mineralwässer sind natürlich stärker mineralisiert, die haben bis zu 2.000 und 3.000 Milligramm. In unseren Gebieten und Breiten ist das Wasser deutlich über 1.000 mg mineralisiert. Und so wäre sozusagen die einzige Spur, an der wir uns hangeln können, der Mineraliengehalt.

Ich mache jetzt einen Einschub. Zwischenzeitlich gibt es auch Wässer – seit wir der europäischen Gemeinschaft angehören –, wo der Mineraliengehalt nicht mehr ausschließlich für die Definition von Mineralwasser allein zuständig ist, sondern die natürliche Reinheit. So gibt es also heute, aus dem Schwarzwald besonders, Mineralwässer, die haben einen Mineraliengehalt von 0. Da können Sie praktisch das Bügeleisen damit füllen oder die Autobatterie wegen des geringen Salzgehaltes. Und trotzdem ist das ein Mineralwasser, weil die Definition nicht mehr an dem Wort Mineraliengehalt hängt, sondern allein an der natürlichen Reinheit und gegebenenfalls – das ist strittig – von der sogenannten ernährungsphysiologischen Wirkung abhängt. Also, wenn der Natrium-, Kalium-, Kalzium- oder Magnesiumgehalt hoch ist, könnte das behelfsmäßig auch aushelfen, zu einem Mineralwasser zu kommen.

Jetzt kommt ein weiterer, ich finde wichtiger Punkt, den wir beachten müssen, das ist die natürliche Reinheit. Man darf im Gegensatz zu Trinkwasser, wo Sie alles tun dürfen, es soll nur ordentlich in den Hochbehälter kommen, hier lediglich drei Sachen tun: Sie dürfen lediglich enteisen, das Wasser ist dann enteist, oder entmanganen, dann ist es entmangant, oder Sie dürfen den Schwefel herausnehmen. Alles andere dürfen Sie nicht. Das ist interessant. Also, diese Forderung, dass es naturrein belassen sein muss, spielt hier eine ganz große Rolle. Sie dürfen nur Kohlensäure hinzufügen. Kohlensäurearme Wässer dürfen angereichert werden mit Kohlensäure, auch mit synthetischer Kohlensäure. Kohlensäurereiche Wässer sind ja sowieso schon kohlesäurehaltig, man spricht dann von Sprudel, „Mühringer Sprudel" zum Beispiel.

Dann drittens, etwas ganz, ganz Wichtiges: Das Wasser muss direkt bei der Quelle abgefüllt werden. Das heißt, bisher hätte man ein Sprudelwerk oder einen Mineralwasserabfüllungsbetrieb im Winkel in Börstingen anbringen müssen. Seit etwa 10 Jahren gibt es die Möglichkeit, über eine sogenannte Pipeline das Wasser von einem Ort A nach B zu bringen, um es dort abzufüllen. Die berühmtesten zwei Pipelines, die mir in Baden-Württemberg geläufig sind, ist die eine von Mühringen nach Bad Imnau – der „Mühringer Sprudel" wird heute nicht mehr in Mühringen abgefüllt, sondern in Bad Imnau – und die zweite Pipeline, momentan geplant, ist von Bad Rippoldsau nach Bad Peterstal über 14 km, nach beiden Richtungen, wohlgemerkt. Das ist heute ausnahmsweise erlaubt, aber sonst streng verboten.

Und schauen Sie, der Gesetzgeber schreibt auf dem Etikett der Mineralwasser-Flaschen die Veröffentlichung folgender Daten vor: Name der Quelle, Ort und die Datierung der Analysenwerte, also Institut Sowieso. Jetzt sind wir schon am Hauptpunkt, jetzt geht es um die Besonderheiten. Wenn also das Wasser besonders geeignet ist für eine besondere Nahrungs-

Mineralwasser, eine kurze Einführung

Natürliches Mineralwasser ist Wasser, welches seinen Ursprung in unterirdischen, vor Verunreinigungen geschützten Wasservorkommen hat. Es wird gekennzeichnet durch seinen Gehalt an Mineralien, Spurenelementen oder sonstigen Bestandteilen und gegebenenfalls durch seine ernährungsphysiologische Wirkung. Weil Mineralwasser aus tief liegenden Erdschichten (bis zu 1000 Meter) gefördert wird, ist es bislang noch von trinkwassergefährdenden Chemikalien wie Pestiziden oder Chlorverbindungen verschont geblieben.

Erlaubt ist das Entfernen von Eisen (optische Gründe), Mangan und Schwefel (geruchs- und geschmacksverändernd). Um als natürliches Mineralwasser verkauft werden zu dürfen, ist eine amtliche Anerkennung nötig. Das Wasser muss direkt bei der Quelle abgefüllt werden und zwar direkt in Flaschen oder Dosen. Andere Gefäße sind verboten. Der Gesetzgeber schreibt auf dem Etikett die Veröffentlichung folgender Daten vor: Name der Quelle, Ort und die Datierung der Analysenwerte.

Einem Mineralwasser darf Kohlensäure entzogen bzw. hinzugefügt werden. Zudem erlaubt ist das Entfernen von Eisen und Schwefel (enteisentes bzw. entschwefeltes Mineralwasser). Eine weitere Behandlung ist nicht zulässig.

Enthält das Wasser Mineralien und Spurenelemente in einer Zusammensetzung, die dem Wasser eine heilende, lindernde und Krankheit vorbeugende Wirkung verleihen, spricht man von einem natürlichen Heilwasser. Die Wirkung muss wissenschaftlich nachgewiesen sein.

Als einziges deutsches Lebensmittel bedarf Mineralwasser einer amtlichen Anerkennung. Dafür wird es in mehr als 200 Untersuchungen geprüft. In der Mineral- und Tafelwasserverordnung (MTV) ist genau festgelegt, was ein natürliches Mineralwasser ausmacht, was auf dem Etikett stehen muss, wie es verpackt sein muss etc. Die Einhaltung der gesetzlichen Anforderungen wird durch ständige Überwachung garantiert. In der Säuglingsernährung werden an das Wasser besondere Anforderungen gestellt. Die Mineral- und Tafelwasserverordnung hat dafür folgende Grenzwerte festgeschrieben: Nitrat 10 mg/l, Nitrit 0,02 mg/l, Natrium 20 mg/l, Fluorid 1,5 mg/l, Sulfat 240 mg/l. Geeignetes Wasser ist meist mit einem Hinweis gekennzeichnet.

Definition von Mineralwasser

– bis 1984: Kriterium ist die Mineralisierung (mind. 1000 mg/l)
– ab 1984: neue Mineral- und Tafelwasserverordnung (MTV) gemäß EG-Recht
– entstammt aus unterirdischen Wasservorkommen
– ist von ursprüngliche Reinheit, unabhängig von der Mineralisierung, hat ggf. ernährungsphysiologische Wirkungen, enthält lebensnotwendige Mineralstoffe und Spurenelemente
– wird direkt am Quell-Ort abgefüllt
– ist amtlich anerkannt
– garantiert kontrollierte Qualität

In der Gastronomie müssen Mineral- und Heilwasser, im Gegensatz zu Quell- oder Tafelwasser, stets in der Flasche serviert werden.

Info 4.2 Was ist „Mineralwasser"?

möglichkeit, zum Beispiel als Säuglingsnahrung geeignet, dann könnte man dieses Wasser, Mineralwasser wohlgemerkt, auch prädikatisieren. Und Sie könnten schreiben: Zur Säuglingsnahrung geeignet, wenn es zum Beispiel den Nitratgehalt von 10 mg nicht überschreitet. Ich sage Ihnen gleich, das Börstinger Wasser ist nitratärmer, also schon mal ein Pluspunkt. Nitritgehalt kleiner als 0,2 mg, trifft auf das Börstinger Wasser zu. Natrium 20 mg, auch hier unterschreitet es lässig die zulässige Gehaltsmarkierung. Sulfat 240 mg, ist nicht so wichtig, weil es hier, geologisch bedingt, auch überschritten werden könnte. So dass jetzt – und jetzt kommt der Hammer – das Börstinger Wasser sogar ein Prädikat verdient hätte. Es wäre für die Säuglingsnahrung geeignet, wenn man es nur abfüllen würde. Dazu braucht man aber ein Werk, das müsste man erst bauen. Die Frage ist, warum man das nicht gemacht hat, da gibt es auch eine Antwort. Oder könnte man das jetzt noch tun, ab morgen, wenn man viel Geld hat? Also, aber ich will Ihnen nicht gleich alles verraten.

Man kann einem Mineralwasser Kohlensäure entziehen oder auch hinzufügen. Das habe ich am Anfang schon gesagt. Und man darf Eisen, Mangan und Schwefel wegnehmen. Schauen Sie, eine weitere Behandlung ist nicht zulässig. Das ist doch schön, dass wir so ein ursprünglich normales Wasser hier in unseren Breitengraden haben – Mühringen, Bad Imnau, Obernau und auch die Römerquelle in Bad Niedernau, die ja jetzt auch noch ein Heilwasser ist. Das ist noch einmal ein anderes Thema, über das Sie vielleicht heute nicht sprechen. Sie würden mich vielleicht danach fragen, da würde ich Ihnen auch da eine Antwort geben. So, und jetzt kommt's, nun muss also ein solches Wasser amtlich zugelassen sein. Das ist nicht so einfach. Da ist ein Gutachten eines Chemikers, von meinem Institut zum Beispiel, eines Mediziners und eines Geologen notwendig. Und wenn das dann so weit ist, gibt es die zugelassenen Mineralwässer oder gar sogar die zugelassenen Heilwässer. Mineral- und Heilwasser benötigen als einziges Lebensmittel in Deutschland also eine amtliche Zulassung.

Und jetzt noch ein vierter Punkt: In der Gastronomie müssen Mineral- und Heilwässer im Gegensatz zu Quell- und Tafelwasser stets in der Flasche angeboten werden. Also nicht aus einem Container, auf billig gemacht, sondern nur aus der Flasche, sonst hat's die Definition von Mineralwasser verloren. Glatt und sauber, dann müssen sie Tafelwasser dazu sagen. Also, Sie kriegen schon mal das erste Kompliment von mir: Die erste Prüfung haben Sie schon bestanden. Und jetzt kommt eine Geschichte, die ich eigentlich lieber ausgespart hätte. Aber das kann ich in Börstingen nicht machen. Weil, überall wo ich hinkomme, fragen die Leute: Ach, Sie sind der Herr Jäger, sagen Sie doch mal: Was ist denn besser, Mineralwasser oder Trinkwasser? Und da, spätestens da, muss ich sagen: Sind Sie lieber katholisch oder lieber evangelisch? Möchten Sie lieber ein frisches Wasser, frisch auf den Tisch, von gestern gefördert, oder lieber eines aus dem Regal mit einer Zertifizierung usw.?

Ich sage immer, das ist Geschmacksache. Beides ist richtig. Die Frage ist, wo lege ich den Schwerpunkt hin? Wenn ich zum Beispiel im Büro bin und ich möchte schnell Wasser haben, dann ist es mir recht, es abgefüllt vor mir stehend zu haben, weil der Wasserhahn vielleicht weit weg ist. Aber wenn ich zu Hause bin und der Wasserhahn in der Nähe ist, kann ich auch durchaus in unseren Breitengraden ungeniert Trinkwasser trinken. Das wäre ja furchtbar, wenn wir ein Lebensmittel – Wasser ist das wichtigste Lebensmittel der Welt – zur Verfügung stellen würden, welches eben nicht trinkbar wäre. Also, es ist eine Frage der Geschmacksache. Und wenn man dann das mit den Mineralien erzählt, da hätte ich auch eine Antwort: Ich bin durchaus für die Aufnahme von vielen Mineralien, aber wir müssen ehrlich sein zu uns selber, wenn ich die Mineralienaufnahme durch die Nahrung, durch den Rostbraten und den Salat und die Suppe und und und, richtig würdige, dann nehme ich die meisten Mineralien durch die Nahrung sowieso auf. Dazu bräuchte ich nicht unbedingt auch noch Mineralwasser trinken. Aber, ich gebe es zu, wenn ich viel schwitze und viel Wasser verliere in einem heißen Sommer, dann kann es nicht schaden, wenn ich die Mineralien, die ich durch das Schwitzen verliere, möglichst gleich egalisiere. Also, es kommt immer auf den Standpunkt drauf an. Wenn ich ein Mineralwasserunternehmen hätte, würde ich nur das Mineralwasser loben. Wenn ich der Direktor der Stadtwerke Rottenburg wäre, würde ich es umgekehrt machen und das Trinkwasser loben. Es ist halt auch viel Geld im Spiel. Aber Sie haben es gut, Sie können trinken, was Sie möchten, Sie trinken wirklich immer das Richtige. Es ist eine Frage des Geschmackes und vielleicht auch zielgerichtet, was will ich lieber haben.

Wenn Sie möchten, können wir das in der Diskussion noch breit besprechen. Aber wir werden uns nicht in jedem Fall einig werden, das kann ich Ihnen versprechen. Schauen Sie, ich habe mal aus einem Prospekt hier abgeschrieben, natürlich provozierend, absichtlich, schauen Sie sich den Prospekt, den Text an: Die Sonne scheint, das Thermometer steigt usw. Also, Sie sehen schon, schönes Wetter, wunderbar, Temperatur um die 30 Grad Marke, die Freibäder, die Badeseen haben Hochkonjunktur – Sie merken schon, jetzt wird das Mineralwasser angepriesen. Und nun wird auch der tägliche Wasserbedarf dargestellt: 1,5 bis 2 Liter pro Tag soll man aufnehmen bei Hitze und körperlichen Anstrengungen. Wenn ich mit dem Fahrrad unterwegs bin, wenn ich Volleyball spiele, dann steigt der Flüssigkeitsbedarf rasch auf ein Vielfaches an, und als Durstlöscher kommen Wasser und Mineralwasser in Frage. Ich bin ehrlich, und ich sage Ihnen, ich kann diesen Prospekt so nicht aushalten. Ich habe dann dieses Wort Wasser eingefügt, im Prospekt stand: Als Durstlöscher kommen ausschließlich Mineralwasser in Frage. Das wollte ich Ihnen nicht antun, also habe ich den Prospekt gleich gefälscht, da steht: Als Durstlöscher kommen Wasser und Mineralwasser in Frage.

Jetzt kommt wieder ein wahrer Satz: Mineralwasser enthält nicht nur das lebensnotwendige Element Wasser, sondern zusätzlich genau die Mineralstoffe und Spurenelemente – und das stimmt wirklich – die der Körper über den Schweiß verliert. Aber jetzt sehen Sie schon – da habe ich sozusagen hier schon selber eine Antwort gegeben – beides ist richtig; die Frage ist nur, wie man's würdigt. Und nun habe ich noch eine Pressemitteilung Ihnen unterlegt hier: Wie viel soll man trinken? Schauen Sie, das sollte ich Ihnen schon sagen. Wenn wir heute Abend extra den Abend geopfert haben, wichtig ist eine optimale Flüssigkeitszufuhr. Und das sollte man auch den Schülern in der Schule sagen; die Lehrerinnen und die Lehrer sollten den Kindern erlauben, dass sie Wasser mitbringen. Denn man muss – und das gilt auch für Sie als Erwachsene – ständig trinken, weil das Gehirn eines der wasserreichsten Organe ist und daher ständig Flüssigkeitsnachschub benötigt, um arbeiten zu können. Ich will nicht sagen, dass ich ein Vorbild bin für Sie, aber eine Sprudelflasche habe ich ständig neben dem Schreibtisch stehen.

Trinken ist für Sie wichtig, wirklich sehr wichtig. Als Faustregel sollte daher gelten: Jede Stunde mindestens 0,1 l Wasser, also so ein Glas Wasser. Das ist dann eine Flasche am Vormittag, mindestens, und eine Flasche am Nachmittag, mindestens. Das wäre sogar zu wenig. Weil Mineralwasser (immer griffbereit) neben der notwendigen Flüssigkeit auch wichtige Mineralstoffe liefert, ist es tatsächlich ideal für's Büro. Es ist frisch, nicht abgestanden, ich kühle es sogar, und dann leben Sie von der Situation leicht und richtig. Aber wenn Sie – wie gesagt – kühles Wasser parallel trinken, wenn es aus dem Hahn kommt, tun Sie genau das Gleiche, das Richtige, das ist gleichwertig.

Jetzt komme ich aber doch zu den interessanten Daten, sonst wäre der Abend nicht komplett. Wie viel trinken wir denn als Bürger? Und zwar sind wir momentan, und das habe ich schon am Anfang gesagt, in einer richtigen Steigerungsentwicklung, in einem Trinkrausch, sozusagen. Der Mineralwasserabsatz entwickelt sich langfristig im Vergleich zu allen anderen Getränken durchaus stabil nach oben. Also, wir haben in Deutschland 230 Mineralbrunnen, der Börstinger wäre dann der 231ste. Der Verbrauch lag 2004 bei 125 Litern Mineral- und Heilwasser pro Person. Mineralwasser ist das beliebteste alkoholfreie Getränk der Deutschen. Ich habe auch Vergleichszahlen für's Ausland, da sind wir Nummer drei in Europa. Und von der finanziellen Situation her: Die Brunnen setzten im vergangenen Jahr 12,3 Milliarden Liter ab. Es sind sehr große Mengen, und deshalb spielt der Preis nachher auch eine ganz große Rolle. Sehen Sie, wenn ich das Jahr 2003 nehme, da hatten wir die Rekordmenge von 126 Litern pro Mensch, dann wieder ein bisschen weniger; das hängt auch ein wenig davon ab, ob der Sommer heiß ist oder ob er eher kühl ist. Aber im Prinzip ist es ein eindeutiger Anstieg zu beobachten.

Jetzt geht es auch um die Untersuchung und um die Verpackung. Auf diesen Flaschen stehen ja oft Analysen: Untersucht im Jahre dazumal, vielleicht 1986. Dann wundern Sie sich, ja Menschenskind, wird nur alle 10 Jahre untersucht? Fakt ist, dass auf der Flasche immer die amtliche Untersuchung dargestellt ist. Nur alle 10 Jahre wird amtlich untersucht. Das hat nur so einen Sinn zwischen Zunahme oder Abnahme der Mineralisierung. Die generelle Untersuchung ist alle 10 Jahre, aber die meisten Betriebe untersuchen ihr Wasser mindestens vierwöchig, und manche untersuchen das Wasser wöchentlich. Selber untersuchen sie das Wasser so gut wie täglich, selber intern, und durch ein externes Institut, wie meines eines ist, fast immer wöchentlich bis vierwöchentlich. Also, man kann ruhig sagen, Mineralwasser ist ein sehr, sehr gut untersuchtes Wasser. Und auf dem Etikett steht auch, wie es verpackt sein muss. Momentan werden die Flaschen ja immer noch aus Glas hergestellt, aber dieser Trend ist im Abnehmen begriffen. Zunehmend ist die Plastikverpackung. Aber da gibt es nun wiederum verschiedene Arten.

Bis 1984 galt, das habe ich Ihnen auch schon gesagt, die Mineralisierung soll 1.000 Milligramm sein, das ist heute nicht mehr der Fall. Ab 1984 gehören wir zur Europäischen Gemeinschaft (EG), und da haben die Franzosen und die Belgier uns überrollt; das Evian-Wasser zum Beispiel, das berühmteste dieser Wässer, ist mineralarm, hat nur etwa so viel wie unser Leitungswasser aus Rottenburg, also etwa 500 Milligramm. So konnten wir gar nicht anders, als diesem Trend zu folgen, so dass die Mineralisierung als Kriterium zur Anerkennung herausgenommen worden ist, und nur noch – das Wort „nur noch" in Anführungszeichen – die ursprüngliche Reinheit eine Rolle spielt. Wobei natürlich ein Pluspunkt noch dazukommt: Wenn die sogenannte ernährungsphysiologische Wirkung – also

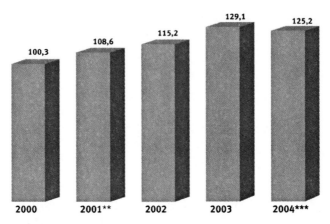

* inkl. Mineralwasser mit Aromen
** Zuwachs z. T. durch Importerfassung des Stat. Bundesamtes begründet
*** vorläufiger Wert
Quelle: VDM

Info 4.3 Entwicklung des Pro-Kopf-Verbrauchs von Mineral- und Heilwasser* (in Litern).

viel Magnesium, viel Kalzium – auch eine Rolle spielt. In der Werbung lesen Sie ja bei „Enzinger Sprudel": Enthält viel Magnesium. Und bei „Teusser Sprudel" aus Löwenstein, heißt es: Viele Salze wie Natrium, Kalium, Kalzium und Magnesium. Das ist also auch ein Moment für die Werbung. Wird direkt am Quellort abgefüllt – das wäre in Börstingen momentan nicht der Fall, könnte nicht sein – ist amtlich anerkannt und kontrolliert, stets. Das will ich jetzt nicht weiter ausführen, weil das nur Marginalien sind. Reinheit ist ein ganz wichtiger Punkt.

Wenn Sie aufpassen, und diese Etiketten auf den Mineralwasserflaschen genau studieren, dann könnte es sein, Sie erleben eine komplette Überraschung. Haben Sie schon häufig auf diesen Etiketten gelesen, was draufsteht? Ich gehe mal davon aus, ja. Es ist hochinteressant, und da sind unglaubliche Unterschiede. Der Laie denkt, das Wasser ist immer das gleiche. Stimmt aber nicht. Nehmen Sie mal verschiedene Wässer – ich hab schon solche Verkostungen gemacht bei meinen Vorträgen – wenn Sie sehen, das Wasser 1 ist mit dem Wasser 2 völlig unvergleichbar. Ich habe vor ein paar Jahren für Stiftung Warentest in Berlin, für deren Testheft, eine Beprobung und Verkostung gemacht, und da haben wir am

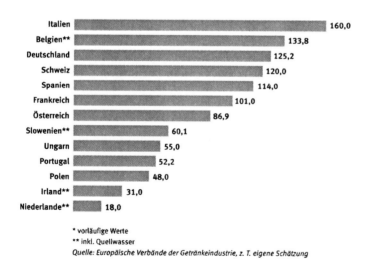

Info 4.4 Der Pro-Kopf-Verbrauch von Mineralwasser in Europa 2004 (in Litern).

Schluss anonym verkosten müssen, ohne das Etikett gesehen zu haben. Beim Wein ist das ja üblich, aber auch beim Wasser ist das ab und zu gemacht worden.

Es gibt Wässer, wo Sie gleich sehen, aha, das ist das Göppinger Wasser. Ich schmecke das sofort. Das hat eine andere Salzzusammensetzung. Oder nehmen Sie mal das Bad Überkinger Wasser, das hat eher diese Art von Salzen. Chloridwässer sind momentan nicht so sehr im Schwange, leider. Es gibt auf der anderen Seite auch andere Wassertypen, zum Beispiel in unseren Breitengraden, das sind vorwiegend sulfathaltige Wässer; denn die kommen vom Muschelkalk, von der obersten Schicht bis zu dieser undurchlässigen Schicht weiter unten, bis zum Buntsandstein. Die meisten Wässer bei uns sind also in der obersten Schicht, sulfathaltig, und weiter unten, das wäre dann das Thema für die Diskussion, das Börstinger Wasser gehört weiter unten hin, das ist hydrogenkarbonathaltig, unglaublich hydrogenkarbonathaltig, enthält also Soda. Und das schmecken Sie, wenn Sie's trinken. Ich habe das Glas Börstinger Mineralwasser heute ganz getrunken, das schmeckt unglaublich erfrischend und unglaublich anders als all die anderen Wässer.

Eckart Frahm: So, meine Damen und Herren, wir sollten die Möglichkeit nutzen, die beiden Experten, Professor Walter Jäger und Urban Mayer, hier zu löchern, denn sie sind ja informative Springquellen erster Güte, sie sind im Wortsinne artesische Informationsquellen. (Ein artesischer Brunnen bezeichnet übrigens ein durch Druck zutage tretendes Grundwasser; das ist also eine Springquelle, benannt nach der Grafschaft Artois in Frankreich, wo Wissenschaftler das offensichtlich entdeckt haben.)

Die Frage, die sich nun stellt, wie haben Sie das jetzt alles rausgekriegt? Ich weiß nur, weil mir Richard Lohmiller das gerade gesagt hat, es gab einen „Kohlensäurekrieg" hier zwischen den verschiedenen Firmen, die hier nach Mineralwasser gebohrt und es abgefüllt haben. Soweit ich Sie verstanden habe, war es so: Die einen wollten die Kohlensäure ausbeuten und haben mit dem Wasser dann nichts mehr im Sinn gehabt, und die anderen haben Mineralwasser produziert.

[*Zwischenruf* **Richard Lohmiller:** Nee, ganz anders. Das war der Krieg zwischen Buse und Agefko. Jeder hat ein Grundstück gewollt von den

Bauern; die haben es auch gekauft, und dann haben sie da einen richtigen Krieg angefangen.]

(ef) Also, das war eine Wettbewerbssituation. Und sie haben beide nur Kohlensäure ausgebeutet?

Walter Jäger: Herr Lohmiller, das ist fast richtig. Aber es gibt verschiedene Kohlensäurekriege. Das wäre zu einfach gesprungen, wenn man das nur so zurückführen dürfte. Zu dieser Situation, die Sie jetzt angesprochen haben, hatte ich ein Gespräch mit Baron von Rassler heute Mittag. Es war ein erster Krieg, als der Baron diese Grundstücke verkaufte, denn sie haben ursprünglich alle ihm gehört. Er hat sie an verschiedene Leute verkauft – nicht alle an einen, sondern an verschiedene. Und nun kam dieser aufkommende Boom, dass man damit auch Geld verdienen kann. Und das war aber auch eine Konfliktsituation innerhalb des Hauses Rassler, dem Großvater gegenüber. Man hat ihm Vorwürfe gemacht, ja, warum hat der gute Mann diese Grundstücke verkaufen können, hat der nicht voraussehen können, dass man damit auch Geld machen kann? Und dadurch, dass er sie an verschiedene Leute verkauft hat, hat dann der eine dem anderen Besitzer die Sache madig gemacht, indem sie die Steine zum Beispiel in diese Brunnen geschmissen haben. Also, sie haben diese Gewinnungsmethode torpediert, sozusagen.

Das war der erste Kohlensäurekrieg, Herr Lohmiller, also nicht nur Eisen und Steine und Beton haben sie hineingeschmissen, auch Quecksilber. Das höre ich heute zum ersten Mal. Und dann gab's einen weiteren Kohlensäurekrieg, den Sie genannt haben. Es gab ja nun die Firma Buse und die Firma Agefko, die haben sozusagen verschiedene Kriege geführt miteinander. Obwohl sie sehr früh nach dem Krieg ein Konsortium gegründet haben, das heißt, man vermarktet die Sache gemeinsam. Aber da gab's nun zum Beispiel ein Vorkommen von Herrn Dehner von Mühringen her kommend, diesen Kohlensäurebrunnen hat Dehner verkauft an Buse und ans Konsortium, zu einem Drittel und zu zwei Dritteln. Und dann hat einer immer wieder an dem Ventil am Bahnhof in Eyach, an dem Ventil der Förderrohre rumgedreht, so dass die Firma Buse immer weniger Kohlensäure bekommen hat, bis auf Null. Und die Agefko hat sozusagen alles gekriegt. Und da gab's natürlich viele Anzeigen.

Das ist einer von verschiedenen „Kriegen". Da könnte ich wahrscheinlich noch fünf andere erzählen, die es auch gegeben hat. Und da gab es natürlich auch das Problem mit den Sprudelfirmen, die gesagt haben, wenn ihr uns die Kohlensäure nehmt, leidet unser Wasser. Dazu ist aber zu sagen, die Kohlensäure kommt in der Regel erst im zweiten Stockwerk in der Erde vor. Deswegen ist dieses Börstinger Wasser ja ein anderes Wasser als die oberflächennäheren Wasser wie zum Beispiel Obernauer oder Bad Niederauer. Und diese oberen Wässer, die sind zunächst unabhängig von diesen Buntsandsteinwässern aus Börstingen, so dass dieser Krieg „eigentlich" ein Stück weit ungerechtfertigt war, um es mit Anführungszeichen zu sagen, weil der Eine hat mit dem Anderen nichts am Hut gehabt. Deswegen haben sie sich auch gescheiterweise mal geeinigt, dass man sich nicht gegenseitig ins Handwerk pfuscht. Die einen kümmern sich ums Wasser, und die anderen ums Gas. Deswegen wollten die Obernauer wahrscheinlich dieses Quellwasser von Börstingen, diese Katharinenquelle, gar nicht haben. Denen hat man sie angeboten, und sie wollten sie nicht. Wahrscheinlich, sagt mein Mitarbeiter Urban Mayer, haben sie genug eigenes Wasser gehabt, wahrscheinlich. Oder es war ihnen zu teuer, dieses Wasser aufzubereiten, und deswegen haben sie es nicht genommen.

(ef) Kann man dieses Börstinger Wasser, was da jetzt so aus der Erde kommt, trinken? Könnte man es also abfüllen und trinken? Oder müsste man dem etwa vorher das Eisen entziehen oder sonst irgendwie aufbereiten?

Jäger: Also, es ist nicht giftig, deswegen kann man es trinken. Sie sollten das nicht mitschreiben oder überbewerten, das Wort „giftig" ist hier falsch am Platz. Es werden natürlich die zitierten Grenzwerte überschritten. Es gibt einen Grenzwert für Eisen, der ist bei 0,05 mg, und im Börstinger Wasser sind 0,26 mg drin. Wenn man das trinkt, dieser bittere Geschmack, das ist vom Eisen. Das Wasser müsste man also enteisen. Das ist heute aber kein Problem, das könnte man ja tun. In diesem Zusammenhang sollte man auch das Wasser entmanganen. Mangan ist auch ziemlich viel drin, auch pfundweise. Hier ist der Grenzwert nur 0,02 mg, und tatsächlich sind 0,39 mg drin, also praktisch das 20fache vom Grenzwert. Technologisch ist die Entsorgung kein Problem. Aber zurück zur Frage: Kann man das

INSTITUT PROF.DR.JÄGER

Institut Prof. Dr. Jäger GmbH · Ernst-Simon-Str. 2-4 · 72072 Tübingen

Analytische Chemie
Wasser, Boden, Luft
Balneologie, Mineralwasser
Abfall, Altlasten, Klärschlamm

Mess-Stelle nach §§ 26, 28
Bundes-Immissions-Schutzgesetz

DAP-PA-2635.99

PRÜFBERICHT

Tübingen, 06.06.2006 / th

Art des Auftrages: Konventionelle Chemische Untersuchung
Auftragsnummer: 106-03166
Kundennummer: 07582
Tagebuchnummer: P106-07641
Wasserkörper: Börstingen Quellwasser
Entnahmestelle: Kohlensäurequellen / (siehe Ortsplan)
Probenahme / -nehmer: 30.05.2006   Herr Frahm
Probeneingang: 31.05.2006
Untersuchungsbeginn: 31.05.2006   **Untersuchungsende:** 06.06.2006

ERGEBNISSE

Parameter	Einheit	Prüfergebnis	Prüfverfahren
Aussehen		trüb mit braun grünen Flöckchen	sensorisch
Farbe		farblos	sensorisch
Geruch		ohne	sensorisch
Trübung	NTU	10,1	DIN EN ISO 7027 (C 2)
Wassertemperatur	°C	10,0	DIN 38404-4 (C 4)
pH-Wert (bei °C)		6,27 (10 °C)	DIN 38404-5 (C 5)
pH-Wert nach CaCO3-Sättigung (bei °C)		6,38 (10 °C)	berechnet
Delta pH-Wert (Sättigungsindex)		-0,11	berechnet
Calcitlösekapazität	mg/l	139,4	berechnet
Säurekapazität bis pH 4,3 (bei 20 °C)	mmol/l	13,32	DIN 38409-7 (H 7)
- nach CaCO3-Sättigung (bei °C)	mmol/l	16,44 (10 °C)	berechnet
Basekapazität bis pH 8,2 (bei °C)	mmol/l	18,23 (10 °C)	DIN 38409-7 (H 7)
Freie Kohlensäure	mg/l	802	berechnet
Gleichgewichtskohlensäure	mg/l	405	DEV D 8
Pufferungsintensität	mmol/l	17,59	berechnet
Ionenstärke	mmol/l	21,54	berechnet
Gesamthärte	°dH	42,2	DIN 38409-6 (H 6)
Carbonathärte	°dH	36,6	berechnet
Sauerstoff	mg/l	4,0	DIN EN 25814 (G 22)
Oxidierbarkeit	mgO2/l	3,0	DIN 38409-4 (H 4)
Elektrische Leitfähigkeit (bei 20°C)	µS/cm	1150	DIN EN 27888 (C 8)

Info 4.5 Prüfbericht der chemischen Untersuchung des Böstinger Quellwassers (Seite 1).

Seite 2 von 2

INSTITUT PROF.DR.JÄGER

Parameter	Einheit	Prüfergebnis	Prüfverfahren
Kationen			
Calcium	mg/l	236	DIN 38406-3 (E 3)
Magnesium	mg/l	39,4	DIN 38406-3 (E 3)
Natrium	mg/l	2,6	DIN EN ISO 14911 (E 34)
Kalium	mg/l	0,9	DIN EN ISO 14911 (E 34)
Eisen, gesamt	mg/l	0,26	DIN 38406-1 (E 1)
Mangan	mg/l	0,39	DIN 38406-2 (E 2)
Ammonium (NH4)	mg/l	0,01	DIN 38406-5 (E 5)
Anionen			
Hydrogencarbonat	mg/l	809	berechnet
Chlorid	mg/l	19,1	DIN EN ISO 10304-1 (D 19)
Sulfat (SO4)	mg/l	46	DIN EN ISO 10304-1 (D 19)
Nitrat (NO3)	mg/l	4,5	DIN EN ISO 10304-1 (D 19)
Nitrit (NO2)	mg/l	< 0,01	DIN 26777 (D 10)
Phosphat (PO4), gesamt	mg/l	n.b.	DIN EN ISO 6878 (D 11)
ortho-Phosphat	mg/l	0,02	DIN EN ISO 6878 (D 11)

n.b. = nicht bestimmt
Jedes Messergebnis unterliegt der Messunsicherheit. Informationen erhalten Sie durch das Qualitätsmanagement unseres Institutes.

Prof. Dr. Walter Jäger

Die Prüfergebnisse beziehen sich ausschließlich auf die o.g. Prüfgegenstände. Ohne Genehmigung darf dieser Bericht nicht auszugsweise veröffentlicht oder vervielfältigt werden.

Info 4.5 Prüfbericht der chemischen Untersuchung des Böstinger Quellwassers (Seite 2).

trinken? Einfache Antwort: Momentan noch nicht, mindestens nicht nachhaltig. Wenn man mal einen Schluck trinkt, ist das nicht schlimm. Aber der Mangan-Anteil ist grenzwertig überschritten.

(ef) Haben die Römer anhand solcher Verunreinigungen, zum Beispiel rote Flecken im Gras oder dass Tiere gestorben sind, gemerkt, aha, da ist eine ganz besondere Quelle?

Jäger: Das ist ein neuer Aspekt. Der wurde bisher nicht beachtet, und zwar das mit den Tieren. Es ist auffallend, dass man tote Mäuse gefunden hat, tote Hasen, sogar einen toten Menschen. Das war kurz vor dem Krieg, als ein Eisenbahner beim Signal, das auf Halt gestellt war, ausgestiegen ist, und der hat gedacht, wenn ich schon warten muss, dann trinke ich das erfrischende Wasser. Er ging über die Bahngleise hinüber, wahrscheinlich an die Eyach, und hat sich dort gebückt und aus dem sprudelnden Wasser getrunken und ist erstickt. Er kam also zu Tode; das hat man nur nicht bekannt gemacht, das hat man verheimlicht und erklärt, der Tod sei unter einem anderen Vorwand eingetreten. So meine heutigen Informationen. Aber es war eindeutig ein Kohlensäuretod. Das heißt, die Geschichte, dass das ausströmende Gas aus den Mineralquellen auch tödlich enden kann, sollte man auch in den Zeitungen bekannt machen. Das haben wir jetzt nicht bedacht. Als Urban Mayer und ich die Probe genommen haben, waren wir vielleicht ein Stück weit leichtsinnig.

[Zwischenfrage aus dem Publikum zur Gefährlichkeit der Gase-Ausdünstung.]

(ef) Also, man sollte nur Ergenzinger dort trinken lassen …
Es gibt viele Touristen, die sind neugierig, und es spricht sich natürlich auch irgendwie rum, dass hier etwas Interessantes zu sehen ist. Und das heißt doch, der Staat oder wer auch immer, muss dafür sorgen, dass die öffentliche Sicherheit auch der Wanderer gewährleistet ist. Und deshalb die Frage an Herrn Jäger und Herrn Mayer: Wir hatten ja mal die Idee, diese „Kulturtankstelle" Dorfmuseum rüstet auf, versorgt die Besucher mit Wissen. Und dann gehen diese nach draußen und können im Gelände sehen und suchen. Das würde aber bedeuten, man sollte das Gelände im Gebiet der Kohlensäurequellen einzäunen, und man sollte vielleicht einen abgegrenzten Lehrpfad machen, damit all das, was Herr Jäger heute vorgetragen hat, machbar und erkennbar wäre. Wäre das eine Lösung?

Jäger: Also, ich bin ja ein Mensch, der nie gern spekuliert. Was Herr Eith vorher gesagt hat, das ist ganz wichtig; aber vor lauter Angst-haben, sollte man die Grundidee nicht verderben. Deswegen, ich habe grad noch einmal mit Mayer gesprochen, er ist bei mir im Institut ja Leiter der Luftanalytik, machen wir mal – natürlich kostenlos – ein paar punktuelle Luftmessungen, aus reiner Neugierde. Wir haben die Geräte, da fahren wir hin, und machen so eine Art Aufnahme, eine Rasteraufnahme, insbesondere an diesen Arteserbrunnen und an diesen „Glubberdingern", die mir so gefallen haben, ob das vielleicht übertrieben ist, was Sie sagen, oder ob das genau richtig ist. Ich weiß es nicht. Spekulieren gibt's nicht – messen! Aber man darf sich deswegen die Freude und die Begeisterung nicht nehmen lassen, dass wir vor lauter Angst nicht hingehen. Das wäre falsch.

(ef) Ja, aber das ist doch jetzt das Problem. Wie geht man damit um?

Jäger: Man kann einen Lehrpfad auf ein Gerüst nehmen, einen halben Meter hoch, damit man nur dort laufen kann. Dann ist man einen halben Meter drüber, und dann ist es hundertprozentig sicher vor dem Kohlensäuregas am Boden.

(ef) Wir sind ja nicht die einzigen, die so was entdecken. Da gehen Leute vorbei und die sagen dann: Ja, da sprudelt was. Und dann gucken sie vielleicht nach, und dann kommen Sie vielleicht auf die Idee, das ist ein artesischer Brunnen und sie wollen direkt nachsehen ...

Jäger: Aber wir sind doch schon ein Stück weit weiter. Lehrpfad heißt: Nur auf den Wegen gehen, die vorgeschrieben sind, und nicht durchs Gelände wie d'Sau. Also praktisch, dann gibt es so ein Geländer und eine erhöhte Situation, und das darf man nicht verlassen. Da haben wir's doch schon, anders geht's nicht.

(ef) Noch eine Frage an Herrn Mayer und Herrn Jäger. Also, ich bin mir etwas unsicher, weil ich so was noch nicht kenne. Gibt es so einen Lehrpfad, wo ich naturwissenschaftliche Grundkenntnisse, die ja in der Schule vielleicht nicht hinreichend vermittelt werden und die man hier in Börstingen über Lehrtafeln vermitteln könnte? Aus der Anschauung heraus, dass man informiert, hier kommt aus dem Boden Wasser, es wird eine Querschnitt durch die Erdschichten gezeigt, so sieht der Boden aus, denn man muss ja auch wissen, wie das Wasser da irgendwie zusammenläuft. Und warum läuft das hier in Börstingen zusammen und nicht in Ergenzingen?

Jäger: Wir haben hier einen Dreiklang, ach was, einen Fünfklang. Wir haben die Natur, Flora, Fauna, unglaublich. Dann haben wir Geologie, eine Geologie des Wassers und Geologie des Gases. Das heißt, die Chance, unsere Kinder gescheit zu machen, halte ich für mehrfach ideal. Das gibt es

Abb. 4.6 Relikt der ehemaligen industriellen Gewinnung von Kohlendioxid.

im Kreis Tübingen nicht mehr, so eine Massierung von Informationsmöglichkeiten der jungen Generation gegenüber. Die Alten wissen es grad noch, dann weiß es niemand mehr. Und da kann man viel bieten.

(ef) Ich denke, das ist auch eine neue Art des Tourismus. Man will Landschaft „lesen" können, man will sozusagen in den Boden gucken können. Und da könnte eine Initiative Ihres Instituts, unseres Instituts und natürlich der Börstinger doch ein Modell entwickeln für eine neue Art der Aufklärung, sage ich jetzt mal ganz grob. Eine interessante Form, die Touristen wollen vielleicht auch zugreifen oder das Wasser über die Hand laufen lassen oder mal nippen oder mal einen Schluck trinken. Das ist doch eine tolle Möglichkeit der Natur-Erfahrung und der Wissensansammlung.

Nun erklären Sie mir mal bitte, wie eine Firma, nachdem sie mit der Mineralwasserförderung aufgehört hat, den ganzen Schrott in den 90er

Jahren in der Gegend liegen lassen kann, wenn es schon so gefährlich ist mit der Kohlensäure, dass man da sogar auch umkommen kann, möglicherweise. Wie kann der Staat einer Firma erlauben, den ganzen Schrott hier liegen zu lassen?

Jäger: Auf der anderen Seite sollte man es natürlich nicht aufräumen. Also, wenn man so verfährt, wie wir das im Kopf, insbesondere die beiden Herren im Publikum das vorhaben, dann muss das bleiben, so wie es war. Es ist nämlich erst interessant, wenn es bleibt. Das ist ja die Chance sogar für Touristen und für Heimatinteressierte.

(ef) Wie tief haben die eigentlich damals nach Wasser gebohrt?

Jäger: Nach dem Krieg 50, und später 500 Meter tief.

(ef) Also, wenn das so eine einmalige Gelegenheit ist, wie Herr Jäger das gesagt hat, sollten die Börstinger dieses Quellgebiet als ein Schaufeld nutzen. Und interessant ist an diesem Schaufeld ja, wie mit dieser Natur in einer ganz besonderen Situation umgegangen wurde.

Jäger: Ich möchte dazu folgende Situation noch geschwind vertiefen. Es wird im Handbuch der Bodenschätze von Baden-Württemberg nur auf fünf Vorkommen mit Kohlendioxid hingewiesen. Das ist das Filstal, das ist bekannt, und zwar in Bad Boll gibt's ein paar, in Beuron, Göppingen, dann insbesondere in Urach, aber nicht so viel wie hier, etwas mehr, wird aber noch gefördert, in Bad Peterstal, ein kleines Vorkommen in Kleinengstingen und dann insbesondere im oberen Neckartal, in Bad Cannstatt, die Mineralbäder – dann hat sich's, mehr gibt's nicht. Also, insgesamt fünf gibt es in Baden-Württemberg. Ich bin vielleicht nicht so gescheit, aber nach meinem Dafürhalten gibt es so eine Art Industriedenkmal nicht ein zweites Mal hierzulande. Da habe ich jetzt grad den Herrn Mayer schon angespitzt. Wir möchten das auch aufarbeiten. Ich habe von zwei Geologen heute schon Zusagen erhalten, die das einmal aufarbeiten werden. Das ist der Herr Professor Ernst, der wohnt in Kilchberg, im Ruhestand, der ist ganz aufgeblüht heute. Und der andere ist der Herr Landesgeologiedirektor Schloz, der ist auch im Ruhestand, in Stuttgart wohnt der, der schickt mir auch viele Sachen.

Das war also heute ein mehrfaches Aha-Erlebnis und unser Gespräch mit dem Herrn Noll heute Mittag hat Herrn Mayer und mir bei einer Tasse Kaffee und einem schönen Mineralwasser aus Obernau die Augen und die Ohren geöffnet. Auch er wird das alles aufarbeiten. Da gibt es so viele verschiedene Aspekte und Komponenten und Einblicksmöglichkeiten, da haben wir noch gar keine Ahnung. Aber das alles zusammengefasst, vielleicht als Buch mit Bildern usw., das wird eine einmalige Geschichte. Da gibt es kein zweites Beispiel in Baden-Württemberg, so einen Lehrpfad. Das ist eine großartige Idee, das ist toll.

Der Herr Noll kennt jeden Vorgang hier in der Börstinger Mineralwasser-Geschichte, der hat gesagt, ja was, läuft das wieder? Der wusste das gar nicht, dass diese Quelle wieder sprudelt. Der hat gemeint, das ist alles tot, da das alles zugestopft war. Jetzt kommt das aber wieder, das muss alles wieder raus. Die Erde geht ja weiter. Herr Noll hat übrigens auch über Zeiträume was gesagt; er spricht vom sogenannten „Albvulkanismus". Und zwar sind diese Vulkane unterirdisch, die sind nicht nach oben hin ausgetreten. Im Hegau sind die Vulkane da unten geblieben. Und da gibt es also – so sagt Walter Carlé, ein geologischer Experte – ein Nachröcheln von diesen Vulkanen. Die waren aktiv im Jahre 15 Millionen vor unserer Zeitrechnung. Das ist also alles bekannt und da gibt noch viel zu berichten vom Albvulkanismus in Börstingen.

(ef) Bevor Ihnen eine neue Frage einfällt, möchte ich schnell noch eine wunderbare Geschichte erzählen. Ein Professor, das kann vielleicht auch der erwähnte Experte gewesen sein, ist mit einem Flugzeug einmal über die Alb geflogen, um diese Vulkane, diese eisenhaltigen Vulkane aufzuspüren. Und die Studenten haben ihm vor dem Abflug unten am Flugzeug einen Magneten eingebaut. Und der Experte kam ganz erstaunt wieder und hat außergewöhnlich viele eisenhaltige Vulkane gefunden. Die Studenten haben nachher ihren „Trick" zugegeben, und der Professor hat's dann auch mit Humor genommen und seine Forschungsergebnisse korrigiert.

Ich habe noch eine Frage an Herrn Jäger. Ich habe heute sehr viel erfahren und nehme aus Börstingen eine Menge mit. Eines nehme ich vor allem mit: Da gab es also diese „raffgierigen Kohlesäureräuber", die haben hier die Kohlensäure aus dem Börstinger Boden herausgeholt. Und dann haben die den Laden dichtgemacht. Wie entwickelt sich denn Kohlensäure, und wie findet die den Weg nach Börstingen? Also, für uns Auswärtige ist es ja schon schwierig, den richtigen oder schnellsten Weg nach Börstingen zu finden. Wie kommt denn die Kohlensäure von unten hoch ausgerechnet nach Börstingen? Und wie lange dauert das?

Jäger: Nachdem ich das heute verschiedene Geologen auch gefragt habe, habe ich jetzt eine Antwort. Es gibt zwei verschiedene Theorien. Es gibt natürlich noch viele andere Theorien. Sie kennen ja den Unterschied zwischen einem Theologen und einem Geologen, wissen Sie das? Der Theologe war noch nie oben und der Geologe noch nie unten. Also, die Geologen nehmen an, das Wasser kommt entweder aus 40 bis 50 km aus der unteren Erdkruste, oder es kommt aus dem oberen Mantel der Erdkruste. Das ist noch nicht so bekannt. Da sind Verwerfungen und Vulkane, was dazu geführt hat, dass da im Boden was losgelassen wurde. Und man konnte damit aus diesem Bodenschatz „Kohlensäure" ein Geschäft machen. Man muss sich das so vorstellen: Da war immer Wasser im Spiel, und das Wasser musste immer abgepumpt werden. Und die Kohlensäure musste dann gewonnen werden. Und das Abpumpen war sozusagen der Beginn vom Tod dieser Industrie. Das Abpumpen hat dazu geführt, dass man den Neckar belastet hat mit diesem mineralisch stark belasteten Wasser. Das Eisen färbte den Boden und die Pflanzen usw. Deswegen hat man eines Tages dann verlangt, dass man das Wasser, das man abpumpt, vor der Eingabe in den Neckar aufbereitet. Das hätte 3 Millionen an Investitionen gekostet, die man sich nicht leisten konnte oder wollte.

Aber darum geht es jetzt gar nicht. Es geht darum, man hat immer wieder abgepumpt, und da war das Angebot von Kohlensäure wieder frisch, jungfräulich, und man konnte wieder gewinnen. Und mit der Zeit ist Wasser wieder nachgeströmt, und man musste wieder abpumpen. Und das immer wieder. Und jetzt kommt es: Bei jedem dieser periodisch anfallenden Abpumpvorgängen war das Angebot von jungfräulicher Kohlensäure immer abnehmend. Am Schluss war es immer weniger, immer weniger. Und dann hat sich die Förderung von Mineralwasser nicht mehr richtig gelohnt. Abgesehen davon, dass dieses Einleiten-Dürfen in den Neckar von diesem abgepumpten Wasser untersagt worden ist. Das ging Hand in Hand.

Jetzt ist der Druck wieder so angestiegen, und der Zugang von diesen Stopfen wäre jetzt wieder höher. Jetzt würde es sich vielleicht wieder lohnen, hier Kohlensäure abzupumpen, aber die Leute leben nicht mehr. Und wir haben nur noch eine verrostete Einrichtung, die man jetzt sozusagen in diesen Lehrpfad einbringen könnte oder möchte. Sie sehen, das ist ein abendfüllendes Thema. Und morgen früh könnten wir noch weitermachen. Was macht ihr morgen Abend?

[Zwischenfrage nach den Möglichkeiten eines Thermalbades in Börstingen.]

Jäger: Das ist natürlich eine gescheite Frage. Dem sind wir auch nachgegangen. Ein normales Wasser hat 5,6 Grad (Celsius). Das Börstinger Wasser hat etwa 10 Grad, das ist auffallend viel. Was macht man mit Thermalwasser? Man bohrt runter, in Bad Wurzach, in Bad Waldsee, in Bad Buchau, in Tuttlingen und in Saulgau, da geht man 600 m runter, und dann kommt man auf 40 Grad. Es ist logisch, und es ist ein Leichtes: Gehen Sie hier 400 m runter, dann haben Sie die gleiche Temperatur. Also, das ist keine Kunst – wenn man das will. Aber das kostet gleich 100.000 € oder 200.000 € oder mehr. Wobei das mit der Temperatur nicht der richtige Ansatzpunkt ist. Der richtige Ansatzpunkt ist hier diese Kohlensäure.

(ef) Also warme Quellen heißt: Das wärmere Wasser kommt von noch tiefer unten?

Jäger: Ihr werdet denken, die Kohlensäure wurde – laut Plan heute vom Herrn Noll – bei 45 m gefördert. Und dann ist man runter bis auf 500 und in Wachendorf bis auf 600. Und da hat man natürlich nicht auf die Temperatur geschaut, sondern nach der Kohlensäure hat man geschaut. Das ist bei der Förderung und beim Abpumpen eine andere Zielrichtung. Wenn man warmes Wasser will, muss man da mal schauen.

(ef) Jetzt noch mal eine Frage. Ich begreife eines nicht. Wenn Börstingen so eine wunderbare, herausragende und aus heutiger Sicht interessante Industriegeschichte hat, warum gibt es so wenig Zeugnisse darüber? Es gibt keine Chronik von Börstingen, es gibt auch wenig Informations-

Material. Wir haben große Schwierigkeiten, Material über die Kohlensäureproduktion zu bekommen und tasten uns jetzt langsam an Leute ran, die noch was wissen könnten.

Das Material ist ja nicht einfach weggeschmissen worden, sondern das Material ist möglicherweise in einem Archiv oder sonst wo gelandet. Nachdem Herr Reim hier war und gesagt hat, als Anfang des 20. Jahrhunderts diese römischen Ausgrabungen im Gutshof unterhalb der Weitenburg gemacht wurden, ist eine Säule ins Landesmuseum gekommen, und es sind noch ein paar andere Dinge ins Landesmuseum gekommen. Nach dem Gespräch mit Herrn Reim habe ich im Landesmuseum in Stuttgart nachgefragt. Und dort hat man sehr genau alles überprüft und festgestellt, dass die Funde aus Börstingen im Zweiten Weltkrieg zerstört worden sind. Aber es gibt ja noch Säulen, die jetzt bei Odol in der Eingangshalle stehen sollen, Börstinger Säulen. Und da muss man eben nach Düsseldorf reisen mit einer kleinen kampferprobten „Kohlensäurebande" und die Säulen holen …

So, wir sollten die Gelegenheit nutzen, bevor wir Herrn Professor Jäger und Herrn Mayer verpflichten, weiter an diesem wichtigen Thema dran zu bleiben, noch mal eine Frage zu stellen. Also, ich finde es hochinteressant, dass man hier über Dinge, über die man nicht Bescheid weiß oder über die man verschiedener Meinung ist, eine höchst fachkompetente Auskunft kriegt. Wer möchte noch eine Frage stellen?

[*Zwischenfrage nach den Folgen der Kohlesäuregewinnung.*]

(ef) Ja gut, die Lohmiller-These ist doch, es sind möglicherweise in den letzten Jahrzehnten neue Pflanzen im Quellgebiet gewachsen. Wo kommen die her?

Jäger: Ich habe mich heute ja den ganzen Tag damit beschäftigt. Es ist wirklich so, in vielen Gärtnereien wird mit kohlensäurehaltiger Luft gedüngt. Das heißt, das hat was, was wir nicht verstehen, aber in Fachkreisen sicherlich bekannt ist; es gibt diese Wirkung von Kohlensäure auf die Pflanzen. Und Herr Lohmiller, Sie haben völlig Recht, auch Herrn Mayer und mir ist bei der Besichtigung des Börstinger Quellgebiets gestern aufgefallen, da hat es unglaublich schöne Pflanzen, die wir vorher gar nicht gekannt haben. Also es ist paradiesisch, da hinten. Das sollte man aber nicht in der Zeitung bringen, sonst gehen morgen schon die Leute hin. Aber das ist wirklich eine ganz andere Flora, als wir sie gewohnt sind. Aber da müssen wir fachkundige Hilfe uns beschaffen. Das müssen Geologen sein, ich kenne mich da zu wenig aus, die uns da einen Schritt weiterhelfen. Aber ich hab das beobachtet, der Pflanzenbewuchs ist hier anders als sonst im Gelände.

[*Einwand und Zwischenfrage nach dem Unterschied von Mineral- und Heilwasser.*]

Jäger: Jetzt haben Sie was überhört. Ich sprach von Mineralwasser, Sie sprechen von Heilwasser. In Bad Niedernau wird Heilwasser gefördert, in Tanklastzügen verpackt und in Jebenhausen (bei Göppingen) abgefüllt. Das ist das ganze Geheimnis. Aber wissen Sie, Heilwasser darf man auch in der Apotheke verkaufen, wenn man so will. Das ist rechtlich sehr problematisch – Frage: Kann man auch ein Heilwasser verpacken und irgendwo anders abfüllen? Oder muss das jeweils am Ort der Entstehung und Förderung abgefüllt werden? Bei Heilwasser, nein. Das ist wie ein Arzneimittel, und unterliegt dem Arzneimittelgesetz und nicht der Mineralwasserverordnung. Und dort gelten andere Gesetze als beim „Mühringer Sprudel".

Quellen und Anmerkungen:

- **Abb. 4.1** Foto Monika Laufenberg.
- **Info 4.2** Abdruck der Information mit frdl. Genehmigung Prof. Jäger.
- **Info 4.3** Abdruck der Infografik mit frdl. Genehmigung Prof. Jäger.
- **Info 4.4** Abdruck der Infografik mit frdl. Genehmigung Prof. Jäger.
- **Info 4.5** Abdruck des Prüfberichts Börstinger Quellwasser mit frdl. Genehmigung Prof. Jäger.
- **Abb. 4.6** Abdruck des Fotos mit frdl. Genehmigung Prof. Jäger.

Literatur:

Handbuch der Bodenschätze von Baden-Württemberg (= in der Reihe: Handbuch der Geologie und Bodenschätze Deutschlands, hrsg. Von Erich Krenkel – Edwin Hennig, Geologie von Württemberg nebst Hohenzollern. Berlin 1923).

Carlé, W. (1975): Die Mineral- und Thermalwässer von Mitteleuropa: Geologie, Chemismus, Genese (Bd. 1: Text, Bd. 2: Erläuterungen zu den Karten). Stuttgart.

Jäger, W. (Hrsg.)(2006): Mineralwasser. Tübingen. (Darin vor allem: Walter Jäger, Mineralwasser: Ursprünglich rein, unterirdisch geschützt, natürlich, amtlich anerkannt und abgefüllt. Historie, Wissenschaft und Qualität von Mineralwasser, S. 9–24. Urban Mayer, Kohlendioxyd und Mineralwasser im oberen Neckartal um Börstingen. Geschichten einer fast vergessenen Industrie, S. 51–62).

5. Sanfter Tourismus:
Börstingen im Neckar-Erlebnis-Tal

Gespräch mit Klaus Bormann

Das Neckar-Erlebnis-Tal (N.E.T.) will „Kulturhighlights, Freizeitmöglichkeiten und Events im romantischen Neckartal zwischen Sulz und Rottenburg" vernetzen. Welche Möglichkeiten bieten sich dabei für Starzach und insbesondere für Börstingen? Wie können die organisatorischen Rahmenbedingungen touristische Anstöße geben? Etwa mit einem durchgängigen Radweg? Wie kann sich „unten" etwas regen, damit „von oben" Unterstützung kommt? Um diese Themen und Fragen geht es im folgenden Gespräch mit dem N.E.T.-Geschäftsführer Klaus Bormann, der zugleich die Geschicke der Rottenburger Wirtschaftsförderungs- und Tourismusgesellschaft (WTG) leitet.

Eckart Frahm: Klaus Bormann sieht natürlich den Tourismus nicht in erster Linie als ein Kulturereignis, sondern aus der Wirtschaftsperspektive. Das sind ganz interessante ergänzende Perspektiven, über die wir auch streiten können. Und außerdem: Er blickt über den Neckartalrand hinaus, er beobachtet die Tourismuskonkurrenz und muss für das „Neckar-Erlebnis-Tal" (N.E.T.) natürlich auch attraktive Konzepte, die sich auf dem Markt behaupten können, entwickeln. Also, wie gesagt, für mich ein vielversprechender Gast heute Abend. Aber es gibt natürlich auch Zeitgenossen, die kritisch eingestellt sind gegen den geballten Sachverstand, konzentriert in Rottenburg. Und diese Kritiker fordern: Wenn Starzach im Jahr schon 1.000 € für das N.E.T. berappen muss, dann sollte auch, zum Beispiel in der „Erlebniszeitung", dem N.E.T.-Presse- und Werbeorgan, ein bisschen mehr für Börstingen herauskommen. Aber – und das hat der Abend mit Regierungspräsident Hubert Wicker vor 14 Tagen gezeigt – es geht nicht ohne Initiative von unten, damit der Segen auch von oben kommt.

Bisher, meine Damen und Herren, war von Siedlungsgeschichte die Rede. Von Römern, Alamannen, von Mittelalter, Steinzeit, und von der Wirtschaftsgeschichte und der Kohlensäureproduktion. Heute wollen wir gemeinsam darüber sprechen, ob es attraktive Seh-Erlebnisse in Börstingen geben kann, ob jemand hier attraktiven Tourismus macht und wer dieses finanzieren kann. Herr Bormann, vielleicht die erste Frage: Seit wann und warum gibt es das „Neckar-Erlebnis-Tal" (N.E.T.)? Das tut so ganz gewaltig. Wer sind die Initiatoren und Träger, wie läuft die Finanzierung? Sie sind der Geschäftsführer von „Neckar-Erlebnis-Tal" (N.E.T.).

Klaus Bormann: Ich freue mich, dass ich mich heute anlässlich unserer Talkrunde genauer mit dem Thema Börstingen beschäftigen konnte; das, ich muss es gestehen, habe ich vorher nicht gemacht. Dies hängt aber mit der Struktur zusammen, bei der in jeder Mitgliedskommune ein Verantwortlicher im Vorstand ist. Bei Ihnen ist es Udo Haug. Das ist ja auch die Frage, die Sie gestellt haben. Die Struktur des Neckar-Erlebnis-Tals ist die: der Verein setzt sich zusammen aus acht Mitgliedern. Diese acht Mitglieder sind die fünf Kommunen, durch die der Neckar fließt, das sind Sulz, Horb, Eutingen, Starzach und Rottenburg plus drei touristische Organisationen. Das ist einmal die WTG, die „Wirtschaftsförderungsgesellschaft-Rottenburg" ist in dem Fall Doppelmitglied, sowohl in der Stadt als auch in dem Tourismus. Dazu kommt der Ritterverein in Horb und der Tourismusverein in Sulz. Damit haben wir also eine kleine Gruppe von acht Mitgliedern. Um diese acht Mitglieder herum sind 40 Fördermitglieder, die in einem Förderbeirat zusammengefasst sind. Das sind hauptsächlich Mitglieder aus der Wirtschaft, auch zum Teil aus Vereinen. Der Leiter dieses Förderbeirates ist Max Freiherr von Rassler. Er setzt sich da sehr für die Belange gerade der Gastronomie im Tal und der Wirtschaftsunternehmen ein.

Lassen Sie mich aber mal bitte einen Schritt zurückgehen. Warum eigentlich „Neckar-Erlebnis-Tal"? Das ist eigentlich die zentrale Frage. Wenn wir uns die Region anschauen, dann befinden wir uns zwischen drei beziehungsweise zwischen vier touristischen Gebieten. Das ist einmal der Schwarzwald, sehr dominant, auch im Ausland sehr bekannt. Dann ist es die Schwäbische Alb, die kämpft um Anerkennung, war vorher in einem anderen Verbund drin, hat sich aber jetzt seit einigen Jahren selbständig gemacht. Dann ist es die Region Stuttgart und die Bodensee-Region Richtung Süden. Also unser Spruch in Rottenburg – „mitten drin" – ist in

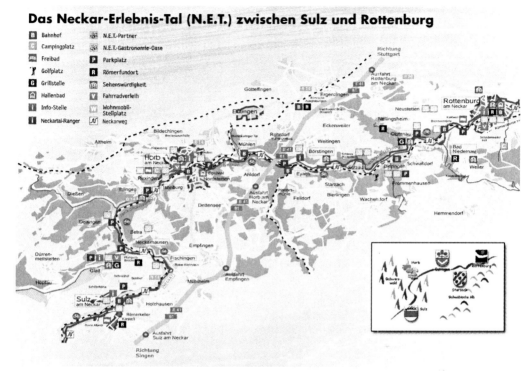

Abb. 5.1 Das Neckar-Erlebnis-Tal (N.E.T.) zwischen Sulz und Rottenburg.

diesem Fall negativ, weil wir von der Region her immer außen vor gewesen waren. Man spricht zwar davon: Sulz, ein Tor zum Schwarzwald, Horb, ein Tor zum Schwarzwald; beide sind auch Mitglied im Schwarzwaldverband, so wie wir in Rottenburg und Starzach bei der Schwäbischen Alb. Aber Tore gibt's viele, und im Tor kann man rein und kann man raus. Jetzt haben wir uns gesagt, wir wollen aus dieser Randposition raus. Wir wollen für uns selber etwas machen, wir wollen uns selber in den Mittelpunkt stellen, denn wir haben eine schöne Region hier, und nicht anhängen als einen Zipfel von einer anderen Region. Das war der Grund, weshalb wir hier das „Neckar-Erlebnis-Tal" (N.E.T.) gegründet haben.

(ef) Seit wann gibt es das?

Bormann: Gegründet wurde es 2001. Wie gesagt von diesen fünf beziehungsweise acht Mitgliedern. Wenn ich gleich was zu den Kosten sagen darf, Sie sprachen's auch an. Der Jahresetat ist relativ gering, die 1.000 € von Starzach, die Sie angesprochen haben, stimmen nur indirekt: Wir haben für 2006 einen Haushalt von insgesamt 38.000 € Ausgaben. Dem stehen Einnahmen gegenüber von ungefähr 29.000 €. Das heißt, wir haben eine Deckungslücke von 9.000 €. Die Städte, Kommunen, sagen dazu immer gerne „Abmangel". Mangel ist immer irgend was Schreckliches. Es ist aber ganz bewusst so, dass wir gesagt haben, wir wollen nicht unbedingt darauf aus sein, dass wir jetzt eine volle Kostendeckung haben; die Restkosten, in diesem Jahr also von 9.627 €, werden nach einem bestimmten Schlüssel von den Kommunen gedeckt: Rottenburg und Horb zahlen jeweils 35 %, Sulz 20 %, Starzach 6 % und Eutingen 4 %. Also, sehr differenziert, je nach Größe, je nach touristischer Intensität.

(ef) Das mit dem Abmangel finde ich ganz gut, ich werde das meiner Frau auch sagen. Sie verhalten sich ja wie die Politiker, die immer mehr ausgeben als sie einnehmen. Wofür geben Sie's eigentlich aus?

Bormann: Wir geben's hauptsächlich aus für „Mobil ohne Auto". Das ist der größte Posten. Wir machen jedes Jahr diese Veranstaltung. Letztes Jahr mußte sie leider ausfallen wegen der Bundestagswahl. Diese Veranstaltung kostet ungefähr 40–50.000 €. Davon werden 10.000 € vom „Neckar-Erlebnis-Tal" übernommen; das sind die Werbekosten, die Logistikkosten, die Kosten für Personal zum Beispiel. Wir haben bei „Mobil ohne Auto" eine sehr enge Kooperation mit der Bahn; die Bahn verlangt von uns aber, dass wir Personal stellen, um ihre Fahrkarten verkaufen zu können und die Fahrradlogistik zu regeln. Die restlichen 30.000 € sind Kosten, die die Kommunen tragen, allein für Absperrung und für Sicherheitsdienste, die wir ja benötigen.

(ef) Also, das ist ja eine ganz schöne Angelegenheit, wenn man mal einen autofreien Tag hat. Und man denkt ja immer, das läuft von ganz alleine. Der EnBW-Chef weist immer darauf hin, dass viele Kulturdinge gar nicht passieren würden, wenn nicht EnBW, die Energieversorgung Baden-Württemberg, kräftig dazugibt. Das heißt, man muss wohl betonen, dass

Abb. 5.2 Börstingen im Neckar-Erlebnis-Tal (N.E.T.).

diese an und für sich doch grüne, politische Aktion nicht vom Himmel fällt, sondern dass man da kräftig nachhelfen muss, um das zu organisieren und auch zu bezahlen.

Bormann: Ja, man muss auch kräftig nachhelfen, da Sponsoren zu finden. In dem Fall – die EnBW sponsert leider nicht – unser größter Sponsor ist die Bahn, durch die Kooperation, die wir mit der Bahn haben. Wir haben ja sowohl im Bereich Rottenburg bis Horb als auch im Bereich Horb bis Sulz zusätzliche Züge, Züge im Pendelverkehr, im verstärkten Zugtakt eingesetzt. Das sind also enorme Logistikkosten, die dort auf die Bahn zukommen.

(ef) Wie kommt das bei den Leuten an? Genießen die das oder sagen die: Das ist mal ganz schön, wir können dieses Neckar-Erlebnis-Tal dann besser wahrnehmen, wir steigen aus, wir gehen etwas, wir fahren mit dem Rad. Hat das positive Ergebnisse, die auch über diesen Tag hinausführen?

Bormann: Wir sind bei diesem Tag bisher immer etwas vorsichtig. Also, wir gehen nicht so intensiv in die Werbung, einfach aus dem Grund, weil wir 2003 einen Super-Sommer hatten, mit hervorragendem Wetter, und wir hatten ungefähr 40 bis 50.000 Leute zwischen Sulz und Rottenburg. Und dieses war bereits grenzwertig. Es war so viel los, dass es für viele, gerade auch Familien, die da gewesen sind, keine Freude mehr gewesen ist. Wir haben dann die Werbung etwas reduziert, haben auch dafür gesorgt, dass das Wetter nicht ganz so gut ist, im Folgejahr (na ja, Römer- und Bischofstadt ...), soweit das ging, es war leicht nieselig, es wurde dann besser gegen Mittag. Es waren nach wie vor 30.000 Leute unterwegs. Und das haben viele, die ich gesprochen habe, als Einstieg gesehen. Sie sind oft aus dem Stuttgarter Raum gekommen, unserem Hauptquellgebiet. Wir sind ja ein Naherholungsgebiet, sehr nahe an Stuttgart, bei dem man also sehr leicht von Stuttgart aus mit der Bahn oder auch mit dem Wagen runterfahren kann hier ins Neckartal und da einen Tag verbringen kann. Viele haben gesagt, das ist so idyllisch hier, gerade wenn keine Autos fahren, ich komme gerne wieder.

(ef) Gibt es solche Aktionen quer durch die Bundesrepublik in steigender Zahl oder ist das Neckar-Erlebnis-Tal da eine Ausnahme?

Bormann: Das Neckar-Erlebnis-Tal im Herbst ist eine Ausnahme. Es gibt „Mobil ohne Auto" in steigender Zahl, das ist richtig. Aber unter etwas anderen Voraussetzungen, und meistens im Juni. In vielen Orten oder in vielen Gebieten wird es nächstes Wochenende stattfinden. Und Sie wissen, was nächstes Wochenende hier in der nächsten Umgebung los sein wird: Da sind die Ritterspiele in Horb. Wir können keine zwei Großveranstaltungen parallel machen. Deshalb scheren wir hier aus und führen es im Herbst durch. Im Herbst sind wir die einzige Organisation, die diese Veranstaltung durchführt.

(ef) Sie müssen ja für dieses Neckar-Erlebnis-Tal auch ein wenig Werbung treiben. Ich denke, dass Sie versuchen, Touristen, wie Sie am Anfang gesagt haben, Touristen herzuziehen, ihnen zu zeigen, dass es eine wunderbare, eine sehenswerte Landschaft ist, dass man hier auch möglicherweise etwas erleben kann, das verspricht ja dieses Neckar-Erlebnis-Tal. Wie werben Sie? Wo werben Sie? Welche Zielgruppe haben Sie so im Auge? Familien mit Kleinkindern vor allem?

Bormann: Wir haben drei Zielgruppen ausgemacht. Die eine Zielgruppe sind die sportlich Interessierten, recht jung; das sind die, die immer mit dem Pulszähler mit 50 km/h auf der Straße fahren. Also viele Rennradfahrer und Kanufahrer. Diese sind zwischen 20 und 45 Jahren alt. Diese Klientel kann man nur schwer begeistern. Es stört in manchen Bereichen, z. B. Rennradfahrer. Wenn Sie hier vorher auf der Straße gestanden haben, kam grade wieder eine Gruppe vorbei, alle mit Sport-Trikots, mit einem Wahnsinnszahn. Ich glaube, da traut sich nicht jeder, über die Straße zu gehen.

Die zweite Gruppe, das sind die Gemütlichen. Die fangen so an, so bei 30, 35, so bis 60 Jahren. Das sind die, die eigentlich schon sich was leisten können, was leisten wollen, aber auch die Natur lieben, sehr viele Tourenfahrradfahrer. Und wir haben

Abb. 5.3 Schloß Weitenburg: Hotel und Restaurant im Neckar-Erlebnis-Tal (N.E.T.).

ja hier im Neckartalradweg einen der beliebtesten Radwege in Deutschland und entsprechend sehr viele Fahrradfahrer, die oft in Gruppen fahren. Die nehmen sich auch Zeit, die nehmen sich Muße, die kehren auch ein, die haben auch Geld. Allein das Equipment kommt auf mehrere tausend Euro. Diese Besucher gehen auch in die Städte rein, gehen in die gastronomischen Betriebe, sehen sich kulturelle Dinge an. Grad da könnte es auch das Dorfmuseum in Börstingen sein, da sind die schon sehr aufgeschlossen.

Und dann haben wir im Neckar-Erlebnis-Tal eine dritte Gruppe, das sind die Kulturinteressierten, Kultur- und Stadtinteressierten. Für die haben wir hauptsächlich die größeren Kommunen. Rottenburg ist klar, weil Rottenburg ja die größte Kommune von den fünf N.E.T.-Mitglieder-Kommunen ist, da haben wir sehr viel zu tun mit Stadtführungen, mit Konzerten. Kulturell Interessierte besuchen z. B. Sommernachtsklassik oder Ähnliches, was ja auch in Horb oder in Sulz stattfindet. Also das sind so die drei Zielgruppen.

(ef) Wie erreicht man diese Zielgruppen? Sie können ja nicht zu jedem hinfahren und sagen, komm mit, sondern das muss man ja irgendwie organisieren, Werbung machen, Messen machen. Wie erreicht man solche Zielgruppen? Oder spricht sich das rum?

Bormann: Neben intensiver Pressearbeit spricht es sich sehr stark rum. Man erreicht die Besucher sehr stark über Messen. Wir besuchen im Jahr vom Erlebnis-Tal aus ca. vier bis fünf Messen. Die wichtigste ist die CMT (die Internationale Ausstellung für Caravan, Motor, Touristik in Stuttgart). Bei der CMT ist es wieder ganz deutlich, was ich eben gesagt habe: Wir haben auf der einen Seite Leute, Besucher, die sich für Kultur interessieren; die nehmen jeden Kulturprospekt mit und lassen alles andere liegen. Aber genau so viel auch die sich jetzt für sanften Tourismus interessieren, die sich für die Natur interessieren, die sich für einen Tagesausflug interessieren, die dann eben die anderen Produkte, die wir herausgebracht haben, mitnehmen.

Und die Produkte habe ich schon angesprochen: Wir haben einmal die „Erlebnis-Zeitung" – auch Sie hatten sie angesprochen. Wir haben einen Image-Prospekt, wir haben einen Fahrradführer für kleine Rundtouren. Wir haben für die mehr Kulturinteressierten einen Prospekt gemacht: Kultur-iositäten im Neckar-Erlebnis-Tal. Das ist so eine Art Rätsel, Rätsel über Mythen und Sagen hier im Tal – auch Starzach ist vertreten mit einer Sage, das ist Felldorf. „Im 19. Jahrhundert waren in Starzach-Felldorf wie in vielen anderen Dörfern viele Menschen gezwungen, aufgrund von Arbeitslosigkeit und Armut ihr Heil im Auswandern zu suchen. Wer nicht auf seinem eigenen Hof arbeiten konnte, suchte sein Auskommen oft in der Fremde, so etwa auch die Zimmerleute. Die hatten ein spezielles Werkzeug, den sogenannten Klammhocker. Ein Verein in Felldorf hat sich diesen Spitznamen zu eigen gemacht. Welcher Verein ist das?" Sie wissen es, Sie kommen aus Starzach, aber die Gäste, die wir anziehen wollen, für die ist es eigentlich ein sehr ungewöhnliches Rätsel. Denn normalerweise gibt es nur zwei Möglichkeiten. Das eine ist, das Rätsel ist so einfach gemacht, man muss sich das nur anschauen, dann weiß man sofort die Lösung. Und das zweite ist, im Text ist die Lösung erklärt. Bei uns ist es ganz bewusst nicht so. Und so sind wir eigentlich jedes Jahr überrascht, dass ungefähr 400 bis 500 Rückläufe aus der ganzen Bundesrepublik kommen. Dies sind Leute, die das Tal auch abgefahren haben. Und das ist ja der Wunsch von uns, dass wir auf die Besonderheiten hinweisen. Und damit erreichen wir dieses Klientel der mehr Kulturinteressierten, dass sie herkommen

Abb. 5.4 Titelseite der „Erlebnis-Zeitung".

müssen und dass sie sich das anschauen müssen. Z.B. gab ich ein Exemplar druckfrisch an die Haushälterin eines Rottenburgers, der ist ein Motorradfahrer. Und er ist sofort nächstes Wochenende rumgefahren und hat alles abgesucht, alle Orte. Und sie kam dann in seinem Auftrag am nächsten Montag her, ganz strahlend und hat gesagt: Wir haben es gelöst, wir haben es gelöst. Da haben wir einen motiviert, dass er einmal durchs Tal mit offenen Augen durchfährt.

(ef) Also, beim ersten Lesen habe ich das als mittelschweren Schwachsinn empfunden, aber …

Bormann: … ja, dann sind Sie vielleicht nicht die Zielgruppe …

(ef) Nee, nee, ich dachte, was soll das? Aber der Sinn besteht ja darin, dass Sie eine positive Rückmeldung kriegen, und das finde ich ja ganz gut, weil

– das muss ich auf der einen Seite auch sagen – das ist ungewöhnlich. Ich habe so was noch kaum erlebt; ich habe ja viel zu tun in Bayern oder in Hessen oder in Mecklenburg-Vorpommern, Schleswig-Holstein – also, so was habe ich, wenn ich das recht sehe, noch nicht erlebt.

Bormann: Das ist auch sehr ungewöhnlich. Wir haben das Rätsel in Kurzform in der Erlebnis-Zeitung, und auch hier bekommen wir viele Rückläufe.

(ef) Wenn Sie jetzt mal – das Neckar-Erlebnis-Tal ist jetzt fünf Jahre alt – wenn Sie sagen, da hätte ich gerne ein bisschen mehr gemacht, und da habe ich große Erfolge gehabt – was würden Sie sagen?

Bormann: Also, fangen wir mal so mit Ihrer Reihenfolge an. Da hätte ich gern ein bisschen mehr gemacht. Der zentrale Punkt bei uns im Neckartal ist der Radweg. Der Radweg ist nach wie vor nicht durchgängig. Da fehlt ein Lückenschluss im Starzacher Bereich, es fehlt im Rottenburger Bereich ein Lückenschluss. Das ist der Punkt, bei dem ich sagen würde, da hätte ich gerne mehr gemacht. Nur, das sind sehr stark kommunalpolitische Fragen. Es geht im Starzacher Bereich um verschiedene Trassenführungen, es geht um die Interessen vom Golfclub, ob jetzt der Radweg über das Golfgelände gehen darf, zwischen zwei Bahnen durch, oder gar nicht. Auf der anderen Seite des Neckars ist ein FFH-Biotop (Flora-Fauna-Habitat), es wird eng, es wird teuer, wenn eine Brücke gebaut werden muss, so dass es hier in Starzach noch nicht weiter ging. In Rottenburg ist die Situation die, dass wir zwei Ortsteile haben, die unterschiedliche Vorstellungen über den Streckenverlauf haben. Der eine möchte es links vom Neckar, der andere möchte es rechts vom Neckar. Und das heißt, mit einem legt man sich immer an, egal wie man sich entscheidet. Wir hatten in Rottenburg im Gemeinderat vor gut einem Jahr eine Entscheidung über die Trassenführung von dem Radweg, wobei naturgemäß der Ort, dessen Interessen jetzt nicht so berücksichtigt waren, nicht sehr glücklich ist. Und dann werden die Landschaftsaufkäufe auch nicht ganz einfach. Das ist ein Bereich, bei dem ich sagen muss, da haben wir etwas noch nicht erreicht.

(ef) Und dann sagen die Gemeinden einfach so, kümmert ihr euch darum. Denn ich meine, wenn dieser Radweg geschickter wäre, würden die Dörfer und die Orte ja auch profitieren.

Bormann: Ja, natürlich. Aber das ist nicht ein Bereich, bei dem wir viel einrichten können. Wir können Vorschläge machen, wir können vermitteln, wir können über Ausschilderungen versuchen, Lösungen zu finden. Das Gute bei uns ist, dass wir im Neckar-Erlebnis-Tal diese fünf Kommunen – obwohl wir unterschiedliche Zahlungen oder Zahlungshöhen haben, sowohl im Vorstand als auch im Bürgermeisterbeirat, das ist das zweite Gremium, das wir haben – absolut gleichberechtigt sind. Und dass wir über diese Punkte auch diskutieren können. Und auch einem Herrn Bürgermeister XY von den anderen Bürgermeistern auch mal gesagt werden kann: „Du, bitte, beeil Dich, denn das wird gefährlich". Denn wir haben ja immer jedes Jahr ungefähr 20 % mehr Fahrradfahrer. Genau so wie wir jedes Jahr ungefähr 20 % mehr Kanuten haben. Und die Straßenführungen sind nicht immer gerade und übersichtlich, sondern sind auch zum Teil sehr kurvig, sehr eng.

(ef) Neulich, an einem Samstag, als ich hier war, kamen drei Touristen von Horb mit dem Fahrrad, die kamen aus Nordrhein-Westfalen. Und haben sich also sehr gefreut, wollten im Dorfmuseum Maultaschen essen, weil hier in dieser Gaststätte dicht war. Also, es gibt offensichtlich, wenn Leute von außerhalb kommen, wenig Verständnis dafür, dass der Radweg nicht so ist. Meine Rottenburger Nachbarin ist beschäftigt bei einer Ärztin in Bieringen, die sagt immer: „Um Gottes Willen, wie viele Radfahrer fahren da auf der Straße". Und es ist auch so, wenn man hier auf der Straße nach Börstingen fährt oder von Börstingen weg, es sind vergleichsweise sehr, sehr viele Radfahrer hier auf der Straße unterwegs; und da frage ich mich auch, warum. Also, nicht nur diese Sportflitzer, sondern auch andere, gemächlich fahrende, also die zweite Gruppe, die Sie da genannt haben. Aber es wäre besser, wenn es da eine neckarnahe Lösung für einen Radweg gäbe.

Bormann: Das wäre besser, wenn es eine neckarnahe, aber verkehrsferne Lösung gäbe. Nun sind natürlich auch Interessen da, die man manchmal nicht so ganz – Sie sagten ja am Anfang bei der Einführung, ich komme vom Wirtschaftssektor – die wir akzeptieren müssen, aber nur schwer nachvollziehen können. Es gibt einen Ort an der Strecke zwischen Horb und Rottenburg, dem wir bestimmte Kompensationen angeboten und gesagt haben, seid damit einverstanden, dass es da langgeht, wir finanzieren Euch über den Verein gemeinsam mit den Forstämtern einen Rastplatz, einen Spielplatz oder auch einen Feuerplatz. Dieses war aber nicht im Interesse dieser Gemeinde, die gesagt hat, nein, wir möchten lieber unsere Ruhe haben, da wir ja in der Tallage sind, wird der Schall uns belästigen. Es kam nicht das Thema Vandalismus, vielleicht steckt das ja im Hintergrund, das müssen wir ja immer auch beachten. Aber es war dieses Ruhebedürfnis, dass sich dieser Ortsteil gestört sah, dadurch dass da verstärkt irgendwo ein Spielplatz angelegt wird. Dies müssen wir natürlich beachten.

(ef) Aber das ist ein Problem, das es quer durch die Bundesrepublik gibt. Auf der einen Seite wollen wir alle im Urlaub irgendwo uns ein bisschen erfreuen, mit dem Fahrrad durch die Landschaft fahren, aber zu Hause wollen wir nicht, dass einer bei uns vorbeifährt. Was kann man dagegen tun?

Bormann: Man kann Gespräche führen, so wie dieses hier. Das finde ich ganz wichtig, dass wir miteinander reden, wo die Interessen sind und sehen, wie kann man das gemeinschaftlich regeln. Der Tourismus, gerade der Fahrradtourismus, bietet eigentlich eine sehr starke Chance etwas zu machen. Und wenn ich mir das anschaue, „Mobil ohne Auto", Sie haben es angesprochen, dass es Stimmen gibt, die sagen, wenn wir schon 1.000 € zahlen für das Neckar-Erlebnis-Tal, was soll das? Ich gehe aber davon aus, dass diese vier Vereine, die in diesem einen Ort, von dem Sie sprechen, Stände gehabt haben, bei „Mobil ohne Auto", ein Vielfaches von dem umgesetzt haben, was diese Gemeinde – von der Sie reden – bezahlt hat im Jahr. Also haben wir auch eine gute Unterstützung der Vereine.

(ef) Was ich so toll finde, aber ich bin ja auch ein „Ausländer" hier, ist, dass man ins Gespräch kommt mit Leuten, die auch interessante Geschichten erzählen können, die von außerhalb kamen, also die da aus Nordrhein-

Westfalen kamen und die fanden die Landschaft ganz interessant. Reicht das oder muss man noch irgendwelche Showelemente machen? Zum Beispiel so: In Börstingen kann man Gold waschen, dafür werden hier alle Goldzähne ausgeschlagen, die werden im Neckar vergraben und dann können die Touristen die auswaschen. Oder man kann hier Steine klopfen, was ja am Albaufstieg eine Attraktion ist. Oder man kann im Rhönrad auf dem Neckar fahren, oder so was? Ich denke, es gibt auch ein Bedürfnis nach Stille, dass man nicht immer ständig angequatscht wird, dass man mal ganz langsam durch die Landschaft gehen möchte, die Landschaft lesen möchte, und dann wieder wegfährt. Oder muss man immer auch ein paar Highlights machen, oder zum Beispiel sagen, im Dorfmuseum wird gezaubert oder sonst was?

Bormann: Ein Highlight wäre, wenn es im Dorfmuseum Schwäbische Maultaschen gäbe. Das würde schon die Leute anziehen. Also, man braucht jetzt kein Rhönrad oder so. Das ist auch nicht das, was wir hier haben wollen. Wir haben im Jahr in Börstingen 70.000 Leute, die durchfahren, auf dem Neckar oder auf dem Fahrradweg oder bei „Mobil ohne Auto". Das heißt, wir müssen jetzt so eine Attraktion wie Gold waschen nicht haben, um Leute herzubekommen. Viele Kommunen im ländlichen Raum machen so etwas, weil sie feststellen, sie sind irgendwo am Rand der Welt und sie es schaffen müssen, durch irgendwelche Attraktionen Besucher zu gewinnen. Ein neues Thema sind diese Westerndörfer, die gebaut werden. Ich weiß nicht, ob Sie's gelesen haben, die werden von der EU gefördert. 50 Millionen wird in das eine Dorf im bayerischen Bereich reingesteckt. Da würde sonst kein Tourist hinfahren. Und die Objekte gehen hinterher oft auch Pleite. Das brauchen wir nicht, denn wir haben die Gäste bereits hier. Wir müssen nur was draus machen, damit sie in Börstingen, in Starzach, in Eutingen, in allen anderen Orten auch bleiben. Das heißt, irgendetwas schaffen, was eine Aufenthaltsqualität bietet. Und da muss man sich fragen, was wollen die Leute? Welche Wünsche haben die? Der eine Wunsch ist bestimmt: Essen und Trinken. Das ist immer ein Wunsch. Wobei ich – den möchte ich ein bisschen eingrenzen –, ohne jetzt einem Wirt bzw. einer Wirtin zu nahe zu treten, bemerken möchte, was gewünscht wird, ist lokale Küche, ist regionale Küche, also ein süddeutsches, schwäbisches Essen. Ich fahre nicht ins Neckartal, um hier mein Döner oder mein Gyros zu essen oder meine Pizza. Da sind alle Städte, alle Restaurants austauschbar. Sondern ich möchte landestypische Speisen und Getränke haben. Also, warum nicht Maultaschen?

Das zweite: Ich möchte etwas zum Sehen haben. Also Museum. Irgendwelche künstlerische Dinge: Skulpturen, Parks oder Ähnliches bzw. spannende Events wie Ritterspiele oder Römerfest. Das sind also, denke ich mal, die Hauptsachen, mit denen wir eigentlich Leute hierher bringen können. Ich möchte weiterhin übernachten. Wir haben ein Defizit in dem Bereich zwischen Horb und Rottenburg an Übernachtungsmöglichkeiten. Es muss ja nichts Tolles sein. Was ich mir vorstellen könnte ist, dass es auch eine Zusammenarbeit gibt, wie wir sie z.B. mit der Berufsakademie in Ravensburg gemacht haben, ein Tipi-Dorf zum Beispiel als Projekt. Also wie ein Zeltplatz. Aber feste Tipis müssten eingerichtet werden für die Fahrradfahrer bzw. Kanufahrer, für eine Nacht. Nicht teuer, relativ einfach, natürlich mit Anlagen, Sanitäranlagen. Das ist etwas, was die Leute immer machen, die übernachten immer. Und es ist nicht jeder bereit oder in der Lage, dass er jetzt in teure Spitzenhotels geht. Das sind die Anforderungen. Entweder ich will's gut haben und es ist egal was es kostet, oder ich will es einfach haben, ich will's möglichst preiswert haben.

Das andere: Verweilen. Verweilen kann ein Museum sein, verweilen können auch Lehrpfade sein. Wir haben hier das Thema Kohlensäure. Warum denn nicht? Wir hatten vor zwei Jahren das Thema Römer, also auch für das Neckar-Erlebnis-Tal. Warum denn nicht in der Richtung etwas machen? Essen und Trinken und als drittes natürlich Sport.

(ef) Sie haben vergessen, was ich aus Österreich oder Bayern kenne – für einen Städter ist das ja leicht schwachsinnig, offensichtlich spricht das Touristen aber an – Heuhotel.

Bormann: Ja, warum denn nicht?

(ef) Also, das ist schwer im Kommen – Heuhotel.

Bormann: Das ist nicht schwachsinnig.

(ef) Ja gut, ich verstehe. Ich bin auf dem Land groß geworden, und wir haben auf dem Heu auch mal geschlafen. Aber jetzt freut man sich, wenn man in der Stadt ein Bett hat, das man alleine mit sich teilen kann, und wo kein Heu drin ist …

Bormann: Warum nicht? Ein Heuhotel einzurichten, das reicht bestimmt bei vielen Bedürfnissen gerade von Fahrradfahrern und von Kanufahrern. Und ich glaube, dass die Infrastrukturkosten, um das zu bauen und einzurichten, um einiges geringer sind, als wenn man jetzt eine Ferienwohnung ausmacht. Also auch von der Anbieterseite aus gesehen. Das ist eben auch eine der Möglichkeiten, die in den kleineren Ortsteilen da gegeben sind. Warum denn nicht?

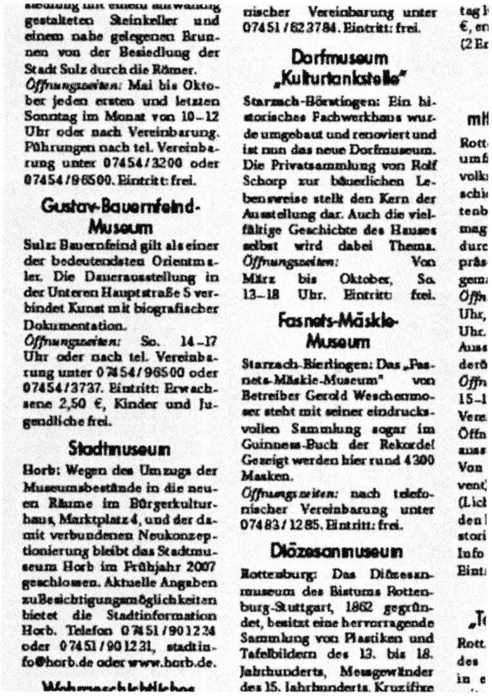

gestalteten Steinkeller und einem nahe gelegenen Brunnen von der Besiedlung der Stadt Sulz durch die Römer.
Öffnungszeiten: Mai bis Oktober jeden ersten und letzten Sonntag im Monat von 10–12 Uhr oder nach Vereinbarung. Führungen nach tel. Vereinbarung unter 07454/3200 oder 07454/96500. Eintritt: frei.

Gustav-Bauernfeind-Museum

Sulz: Bauernfeind gilt als einer der bedeutendsten Orientmaler. Die Dauerausstellung in der Unteren Hauptstraße 5 verbindet Kunst mit biografischer Dokumentation.
Öffnungszeiten: So. 14–17 Uhr oder nach tel. Vereinbarung unter 07454/96500 oder 07454/3737. Eintritt: Erwachsene 2,50 €, Kinder und Jugendliche frei.

Stadtmuseum

Horb: Wegen des Umzugs der Museumsbestände in die neuen Räume im Bürgerkulturhaus, Marktplatz 4, und der damit verbundenen Neukonzeptionierung bleibt das Stadtmuseum Horb im Frühjahr 2007 geschlossen. Aktuelle Angaben zu Besichtigungsmöglichkeiten bietet die Stadtinformation Horb. Telefon 07451/901224 oder 07451/901231, stadtinfo@horb.de oder www.horb.de.

nischer Vereinbarung unter 07451/623784. Eintritt: frei.

Dorfmuseum „Kulturtankstelle"

Starzach-Börstingen: Ein historisches Fachwerkhaus wurde umgebaut und renoviert und ist nun das neue Dorfmuseum. Die Privatsammlung von Rolf Schorp zur bäuerlichen Lebensweise stellt den Kern der Ausstellung dar. Auch die vielfältige Geschichte des Hauses selbst wird dabei Thema.
Öffnungszeiten: Von März bis Oktober, So. 13–18 Uhr. Eintritt: frei.

Fasnets-Mäskle-Museum

Starzach-Bierlingen: Das „Fasnets-Mäskle-Museum" von Betreiber Gerold Weschenmoser steht mit seiner eindrucksvollen Sammlung sogar im Guinness-Buch der Rekorde! Gezeigt werden hier rund 4300 Masken.
Öffnungszeiten: nach telefonischer Vereinbarung unter 07483/1285. Eintritt: frei.

Diözesanmuseum

Rottenburg: Das Diözesanmuseum des Bistums Rottenburg-Stuttgart, 1862 gegründet, besitzt eine herausragende Sammlung von Plastiken und Tafelbildern des 13. bis 18. Jahrhunderts, Messgewänder des 15. Jahrhunderts. Kruzifixe

Abb. 5.5 Angebote Museen im Neckar-Erlebnis-Tal.

(ef) Sie haben diesen Radweg angesprochen. Der müsste ein bisschen besser werden. Na gut, da müsste man vielleicht mal mit dem Bürgermeister mit dem Fahrrad rumfahren. Aber es gibt noch Kanufahren. Neulich, als ich auf dem Weg hierher war am Sonntag, in Bieringen, da stand ein Bus und da stiegen sehr viele Leute aus Kanus raus usw. Und das soll jetzt geregelt werden?

Bormann: Das soll jetzt geregelt werden. Gerade wegen dieser Busse, die in Bieringen oder an anderen Orten stehen. Wenn Sie auf die Kennzeichen achten, da ist viel Karlsruher, da ist viel Esslinger, Stuttgarter Raum dabei. Bis aus dem Frankfurter Raum kommen die Busse. Sie haben einen Anhänger und ungefähr 20 Kanus. Sie klappen z.T. ihren Stauraum aus, Sie kennen das aus dem Reisebus, wo Sie Ihre Koffer reinschieben. Aber wenn Sie hier die Klappe aufmachen, kommen keine Koffer raus, sondern dann kommen die Bierbänke, dann haben sie einen Generator, dann haben sie eine Gulaschkanone, dann haben sie Bier und andere Getränke. Sie sind somit autark und geben nichts vor Ort aus. Dann fahren die Besucher Kanu – ohne ausgebildete Führer. Und dann steigen sie irgendwo aus, wo es schön ist. Manchmal machen sie auf die Wiese. Und jeder, der irgendwo landwirtschaftlich tätig ist, der weiß, was es für Probleme gibt, wenn Sie hinterher die Fäkalien im Gras drin haben, dann ist es nämlich Sondermüll.

Es gibt ein Problem mit den Anliegern, auch mit den landwirtschaftlich Tätigen in diesem Bereich. Verursacher sind oft die Gruppen, die unkoordiniert aus anderen Bereichen Deutschlands kommen, die vom Neckar selber wenig Ahnung haben, das heißt, auch überhaupt nicht wissen, wie reagiere ich, wenn da ein Schwan kommt. Ein Schwan ist sehr clever und begreift innerhalb kürzester Zeit, wie er ein Kanu zum Kentern bringen kann. Und die Kanuten, die sind natürlich so naturfremd – Entschuldigung, das muss ich deutlich sagen – die rufen: „Oh, guck einmal ein Schwan, da fahr ich hin". Wenn dann links der Papa Schwan ist, rechts die Mama Schwan und Babyschwan, und der Kanufahrer trennt die, dann braucht er sich eigentlich nicht zu wundern, wenn da ein Schwan aggressiv wird. Und das meistens das Ergebnis ist, dass ein paar Minuten später der Kanufahrer im Wasser liegt.

(ef) Also, bei der Gaststätte „Zum Preußischen", nicht wahr?

Bormann: Ja, dort auch.

(ef) Ja gut, dann sollte man vielleicht die Einheimischen „Zum Preußischen" bringen?

Bormann: Nein, ich meine nicht nur beim „Preußischen". Auch beim Wehr in der Nähe des Eyacher Bahnhofs.

(ef) Ach, da oben?

Bormann: Ja, in Weitingen. Also, da ist ein sehr, sehr schlauer Schwan.

(ef) Eine Attraktion auch für Einheimische!

Bormann: Das ist eines der Probleme. Das zweite Problem ist, wir haben jedes Jahr etwa 20 % mehr Kanufahrer auf dem Neckar, 20 %! Da muss man

Abb. 5.6 „Der Fluch des Neckartales – großes Kino mit Fortsetzungsgarantie".

sich fragen, woher kommt das eigentlich? Und das ist ein ganz einfacher Grund. Viele andere Flüsse, die drum rum sind, haben den Kanuverkehr reguliert. An der Donau hat man gesagt, wir machen eine Beschränkung, wir lassen gar nicht mehr zu, dass da zu viele fahren. Andere Bereiche, wie Enz, genauso. Und gerade die kommerziellen Anbieter sagen: „Dann gehe ich mit meiner Gruppe doch auf den Neckar. Dort ist es auch schön". Die kommen also alle hierher. Dadurch haben wir sehr starke Steigerungsraten im Kanubereich. Wir sind lange davon ausgegangen, dass wir das regeln können über die Beschilderung. Über Einstiegstellen. Aber wir sind jetzt letztes Jahr zum Beschluss gekommen, gemeinsam mit den drei Landratsämtern Tübingen, Freudenstadt, Rottweil, die ja für uns zuständig sind, dass wir doch eine Regelung brauchen.

Eine Regelung sowohl nach Wasserstand, nach Tageszeit, nach Jahreszeit, als auch nach Anzahl der Boote, die fahren dürfen. Und auch hinsichtlich der Qualität derjenigen, die gewerblich Boote anbieten. Diese müssen eine Ausbildung haben. Sie müssen Sicherheitswesten ausgeben. Sie müssen, bevor ein Kanu zu Wasser gelassen wird, mit Familien zum Beispiel, sie müssen ein Paddeltraining machen. Das wird noch nicht durchgehend gemacht. Man übergibt einen Schlüssel. Ein Anbieter, der bei uns im Bereich tätig ist, hat eine einfache Methode: Er legt seine Boote an die Brücke, ruft den Kanufahrer an und sagt ihm: Du kannst doch Kanu fahren? Ja, ja, natürlich, ich habe schon jahrelange Erfahrung, jedes Wochenende. Dann legt der Vermieter den Schlüssel von dem Kanu unter das Kanu. Der Besucher kann also hingehen, schließt das Kanu auf, steigt ein und fährt los. Gnade uns allen, es ist mal jemand dabei, der noch nie Kanu gefahren ist. Der kommt beim ersten Wehr in irgendeinen Strudel rein und etwas passiert. Das ist zum Glück noch nicht passiert. Aber das ist eine Riesengefahr. Darum muss diese Qualifizierung der Anbieter da sein.

Der Kanubereich ist mir persönlich ganz, ganz wichtig. Wir werden – wenn die Kommunen dem zustimmen, da sind natürlich auch die Gemeindeparlamente beteiligt, die Anhörung fängt jetzt an – wir werden Anfang nächsten Jahres ungefähr 100.000 € in das Thema investieren. Die 100.000 € sind aufgegliedert: Die Hälfte sind Ausgaben für Ein- und Ausstiegsstellen, denn wir müssen definieren, wo dürfen die Kanus denn rein? Und wo dürfen sie wieder raus? Und nicht irgendwo mal schnell raus, weil eine Sandbank da ist. „Oh Gott, die ist belegt, da sind schon irgendwelche Badenden, da gehen wir mal auf die nächste, weil die so schön leer ist." Und vergessen dabei, dass da irgendwelche laichenden Fische oder Vögel drauf sind. Das ist der Bereich der Infrastruktur. Den gleichen finanziellen Anteil brauchen wir für Information, für die Lenkung. Das heißt, wir müssen sagen können, wo könnt ihr raus steigen, es muss Karten geben, wo könnt ihr wieder einsteigen, es muss auch Beschilderung auf dem Neckar selber geben. Bitte nicht alle 100 Meter ein Schild. Der Neckar muss zugänglich gemacht werden, wo wir es wollen bzw. wo die Kommunen das wollen, und unzugänglich gemacht werden, wo wir oder die Kommunen es nicht wollen. Und das kostet eine Menge

Geld. Hier werden wir – sofern die Kommunen zustimmen – im nächsten Jahr investieren.

(ef) Also, ich finde es ganz interessant, dass wir Sie heute Abend hier haben, weil ich immer gedacht habe, und ich bin sicher nicht der einzige, Kanu fahren sei sanfter Tourismus und es sei wirklich erquickend für alle, auch für die Landschaft. Dieses kann also auch zu einer Ausbeutung der Landschaft führen, und man muss es entsprechend regeln. Also, es ist ganz gut, dass Sie heute Abend hier sind, dass wir mit einem Menschen aus einer anderen Perspektive solche Dinge diskutieren. Was könnte dann die Konsequenz sein? Gut, man muss es regeln. Man muss sagen, es dürfen nicht alle fahren, es muss Qualifikation da sein usw.

Aber wenn wir eine Form des sanften Tourismus durch das Neckar-Erlebnis-Tal haben wollen, was müsste man dann machen? Müsste man

Abb. 5.7 Kanuten auf dem Neckar bei Börstingen.

vielleicht mehr Lehrpfade machen? Müsste man Flyer produzieren? Oder müsste man Führungen machen? Wenn ich denke, die Naturschutzbünde auf der Schwäbischen Alb haben – wie der Schwabe sagt – „Alb-Guides", also, Führer hatte da oben nicht den besten Klang. Und die haben einen ganz großen Zulauf bei diesem Tourismus-Angebot. Die Leute möchten die Landschaft lesen können. Führungen werden gemacht, und es werden ganz bestimmte Themen präsentiert, zum Beispiel Bauernhöfe mit ökologischem Anbau. Ist das das Zukunftsmodell für sanften Tourismus?

Bormann: Ja, es ist eine Facette davon. Wir hatten, eigentlich bevor es die Alb-Guides gab, hier im Neckartal bereits die Neckartal-Ranger gehabt. Die Neckartal-Ranger wurden 2001 ins Leben gerufen. Sie gehen hervor aus dem Angel- und Naturschutzverein in Eutingen und übernehmen genau diese Funktion der Lenkung, der Information, aber genau so auch der Führung. Harald Dold hat zum Beispiel eine Führung gemacht, im Neckartal am 1. Mai, Treffpunkt war beim Bahnhof Eyach. Da ging es mit über 40 Interessierten hauptsächlich um Wasserqualität. Wie kann ich erkennen, ob ein Wasser verschmutzt ist, was kann ich machen, um einer Verschmutzung entgegenzukommen? Und so haben wir im Neckar-Erlebnis-Tal seit dem vorletztem Jahr regelmäßig naturkundliche Führungen zu allen möglichen Themen. Auch hier in Börstingen: wenn ein Thema da ist, und wenn ein Führer da ist, der in der Lage wäre, das zu machen, oder machen zu wollen, herzlich gerne.

Wir haben die Führungen auch seit vielen Jahren in Rottenburg. Herr Schorp ist einer der Spezialisten, die in Rottenburg führen. Wir haben im letzten Jahr die Führungen umgestellt. Es ist so, dass alle die Führungen, die in Ortsteilen stattfinden und die mit Natur zu tun haben, sehr, sehr gut besucht sind. Die haben 50 bis 60 Teilnehmer. Traditionelle Führungen – nach dem Motto: Ich mach mal eine Stadtführung, und zeig mal alles Mögliche, was in der Stadt ist, ohne einen thematischen Schwerpunkt – sind rückläufig. Aber immer dann, wenn's ein neues, interessantes Thema ist, egal ob das die Geschichte der Bäcker ist, die Wurmlinger Kapelle, „Zucker und Geschichten", das im April stattgefunden hat, Obernau: „zu Gast im einzigen Städtlin in Obernau, vom Eselsturm bis zur römischen Wasserleitung", Bad Niedernau wird im August ein Thema sein.

Solche Führungen, die kommen an, die werden genutzt und die bieten auch die Möglichkeit, so als Entrèe, vielleicht auch nach Börstingen zu kommen.

(ef) Das heißt aber, dass die Initiativen aus den Orten, aus der Region kommen müssen, die Sie dann auf einer höheren Ebene bewerben, vermarkten.

Bormann: Na gut, ich will nicht sagen, dass das eine höhere Ebene ist. Das ist eine andere Ebene und es macht Sinn, die Angebote z. B. über das N.E.T. zusammenzufassen.

(ef) Sie haben ja den Überblick, und Sie machen Broschüren, und da kann ich nachschlagen, mich interessiert jetzt Börstingen oder so?

Bormann: Also, meine Erfahrung in den letzten Jahren, die ich im Tourismus tätig bin, ist die: Wenn es keinen Motor für etwas gibt, lass es bleiben. Wenn dir jemand einflüstert, mach doch mal ein Heuhotel, und du sagst: Ja, kannst du dich da drum kümmern? Nö, ich denke, du machst das – vergessen, wirklich ganz schnell die Finger davon lassen. Wenn es so etwas gibt wie Herrn Schorp, der es sich in den Kopf gesetzt hat, in Börstingen ein Dorfmuseum zu machen, dem es auch gelingt, andere Leute zu motivieren, das gemeinsam zu machen, dann wird etwas daraus. Das kann ich gar nicht machen.

Ich möchte von Börstingen noch ein anderes Thema ansprechen: Es gibt einen Angelverein in Börstingen. Eine Idee ist zum Beispiel, warum soll man nicht Fliegenfischen anbieten, das kann man hervorragend hier am Neckar machen. Nur, man braucht einen Angelverein. Man muss jemanden haben, der ausbilden kann. Man muss jemanden haben, der das Thema vorantreibt. Dieser Motor muss da sein. Wenn da jemand mit einer Idee kommt, ganz egal wie verrückt die auf den ersten Blick klingen mag, dann ist es Gelegenheit, sich zu überlegen, wie kann ich's machen. Motorradfahren zum Beispiel, ein ganz anderes Thema. Hat auch nicht nur mit dem Neckar-Erlebnis-Tal zu tun. Wir brauchen jemanden, der passioniert Motorrad fährt, der in der Lage ist, Motorradtouren auszuarbeiten. Dem ich sagen könnte, nun mach doch mal eine Tour durch's Tal und hinterher geht's dann noch auf die Schwäbische Alb oder einen Abstecher in den Schwarzwald rüber, als Tagestour zu machen. Da brauch' ich jemanden, der so ein bisschen Herzblut daran hat und den Willen, so etwas mit unserer Unterstützung umzusetzen.

(ef) Also, mal angenommen, ich habe jetzt eine Idee, und dann können Sie mir sagen, wie weit Sie mich fördern könnten?

Bormann: Ja.

(ef) Ich habe dieser Tage in der Zeitung gelesen, in Eislingen, am Albrand, sind Saurierfunde gemacht worden; und die machen dort jetzt einen Saurier-Lehrpfad. Und was mich sofort elektrisiert hat, war: Dieser Lehrpfad kostet 30.000 €. Davon bekommen sie 13.000 € aus dem EU-Programm „Albaufstieg 2005". Und zwar, weil durch diesen Lehrpfad der Tourismus im Filstal gefördert wird. Also, die Wirtschaftsförderungsregion Stuttgart zahlt, und Ideengeber ist ein Förderverein Eislinger Saurierfunde. Dieses würde bedeuten: Wenn wir – oder wenn die Börstinger hier aufgrund ihrer interessanten Siedlungsgeschichte, aufgrund ihrer interessanten Wirtschaftsgeschichte mit der Mineralbrunnenförderung, Kohlensäureförderung usw. – irgend etwas auf die Reihe kriegen würden, für 30.000 €, dann würden Sie dafür sorgen, dass es die Hälfte als EU-Zuschuss gibt?

Bormann: Nein, ich würde dafür sorgen, dass wir gemeinsam Wege finden, das Projekt zu realisieren. Einen EU-Zuschuss von 50 % werden wir hier im Neckartal nicht bekommen, da wir nicht in der Förderkulisse drin sind. Genau so wenig wie an der Donau, wo Investitionen auch über EU-Leader und -Kulisse im Kanubereich sehr hoch bezuschusst werden. Aber es gibt andere Fördermöglichkeiten. Auch Stiftungen, die sich für diesen Zweck einsetzen. Ich kann Ihnen nicht zusagen, dass – wenn es etwas Interessantes wäre – ich eine Förderung erhalten könnte. Es hängt nicht von mir ab. Ich kann nur dann zusagen, wenn ich selber zahle. Zum Beispiel bei der Industrie- und Handelskammer gibt es einen Arbeitskreis Tourismus, und alle, die im Tourismus tätig sind, haben das gleiche Problem: Was gibt es eigentlich für Förderung? Welche Projekte kann man eigentlich fördern? Worüber kann man eigentlich fördern? Und keiner weiß genau Bescheid. EU-Förderung, Bundesförderung, Landesförderung, auch zum Teil kommunale Förderung, das ist ein Dschungel. Es soll dort eine ganz kleine Arbeitsgruppe gebildet werden, die für alle Touristik-

Abb. 5.8 Das Dorfmuseum „Kulturtankstelle" in Börstingen – ein Anlaufpunkt für zahlreiche Radtouristen.

gebiete jetzt in der Region der IHK, der Industrie- und Handelskammer, das herausarbeitet. Und da war ich einer derjenigen, die zur Verwunderung vieler anderer – ich habe ja sonst nichts zu tun – gleich die Hand gestreckt habe, weil ich gesagt habe, das ist ein ganz, ganz wichtiges Thema. Da müssen wir besser werden, wir müssen einfach wissen, was kann man machen?

Es gibt eine EU-Förderung zum Beispiel – das weiß ich noch aus meiner Zeit in Nordrhein-Westfalen – wenn Sie eine Partnerschaft haben mit einer französischen Stadt zum Beispiel, und machen eine Broschüre, und machen die zweisprachig, dann können Sie sich die bezahlen lassen über die EU. Weil das dem Partnerschaftsgedanken dient. Es geht. Sie können Partnerschaftstreffen machen; Sie können, wenn Sie eine Gruppe aus einer Partnerstadt in Frankreich wählen – wobei, jetzt ist es besser, auch die neuen EU-Mitglieder einzubeziehen, weil die Förderkulisse mehr in diese

Richtung gelegt wurde – wenn Sie mit der etwas zusammen machen, kriegen Sie es gefördert. Und wir hatten überlegt im Neckar-Erlebnis-Tal, ob wir uns vielleicht zusammenschließen könnten mit ähnlichen Organisationen in Spanien oder in der Tschechei oder anderen Ländern, um hier über die EU an Förderungen heranzukommen. Nur, es ist nicht ganz einfach. Es ist wie eine Steuererklärung, nur dreimal so viel Formalismus. Und man muss also unheimlich viel beachten dabei.

Aber ganz kurz zusammengefasst: Förderthema. Wir können bei dem Kanuthema im nächsten Jahr eine 15 prozentige Förderung über's Land erhalten aus der Tourismusförderung. Es gibt auch mehr, aber da müsste man anerkannter Erholungsort sein, und das sind wir alle nicht. Oder man müsste in einer Raumschaft liegen, die sehr wirtschaftsschwach ist, auch das sind wir nicht. Aber wir bekommen diese 15 % Förderung sowohl auf die Beschilderung als auch auf die Infrastruktur, weil wir darstellen konnten, es ist ein gemeinsames Konzept. Und das ist wichtig. Und das hat auch das Regierungspräsidium so erkannt. Und so wird das Land das wahrscheinlich genau so entscheiden.

(ef) Ja, ich wollte mal einfach eine Zahl sagen. Es können auch 45 % sei. Das heißt doch, entweder dieser Förderverein hier in Börstingen spricht mal mit Ihnen über Möglichkeiten. Oder aber, was noch besser wäre, man würde hier vielleicht in Verbindung mit Universitäten oder Fachhochschulen oder wem auch immer sich mal ein Konzept überlegen, was man macht, um dieses Land, das für Außenstehende ja vollkommen unbeschrieben ist, aber eine hochinteressante Geschichte hat, Industriegeschichte, Landschaftsgenese, Siedlungsgeschichte, die man hier in einer interessanten Form präsentieren könnte, aufbereiten könnte. Und wenn man die Vorleistung hätte, dann wäre schon was da. Genügt denn, 20 Seiten zu schreiben? Mit schönen Bildern?

Bormann: Das reicht sicherlich nicht. Es kommt ja nicht auf die 20 Seiten drauf an, es kommt auf den Inhalt drauf an. Und es kommt drauf an, dass dieser Inhalt einzigartig ist. Es kommt nicht drauf an, das 100.000ste Dorfmuseum von Deutschland zu machen und zu sagen, das möchte ich gefördert bekommen, sondern es kommt darauf an, ein Konzept dabei zu erarbeiten, irgendwas Besonderes. Das könnte Kohlensäure sein. Das könnte Flößerei sein. Das könnten diese ganzen Themen, die wir irgendwo hier haben, sein. Aber ein Dorfmuseum, das lediglich eine Sammlung von bäuerlichen Geräten darstellt und von schön gehäkelten Decken, das kann's alleine nicht sein. Ich bekomme nur dann Besucher her, wenn ich denen was Besonderes anbiete. Und was Besonderes muss es dann sein, wenn es das nicht in jedem Ort gibt. Wir haben das Fasnetsmäskle-Museum in Starzach, es gibt das Kutschenmuseum, das leider nicht so ganz zugänglich ist. Das wären Punkte, die in der Art einzigartig sind. Ich finde das gar nicht so dumm mit den Maultaschen. Das klingt zwar banal. Aber warum denn nicht diese schwäbische Kultur, wenn die räumlichen Möglichkeiten da wären? Dass man sagt, jetzt zeigt man das an bestimmten Tagen einfach mal, wie das gemacht wird, lässt das gleichzeitig probieren, warum denn nicht? Dann hat man so einen thematischen Bezug und dann ist es also eher die Möglichkeit, daraus was zu machen.

(ef) Kommen wir vielleicht zu einem ersten Fazit. Sie schlagen zu Recht vor, was dann auch von Ihnen, von der Förderung vom Neckar-Erlebnis-Tal (N.E.T.) aufgegriffen werden könnte, sei, dass die Börstinger sich Gedanken machen über etwas Einzigartiges, was hier die Neugierde der Leute wecken würde.

Bormann: Ja, was aber nicht hier die Neugierde der Einwohner weckt, sondern der Besucher, die ich hier haben möchte. Was ich festgestellt habe, gerade in kleineren Ortschaften, ist, dass viele Bürgerinnen und Bürger vom Ort total überzeugt sind. Aber sie müssen sich auch Gedanken machen, wo haben wir eigentlich Besonderheiten? Was sind die Besonderheiten, die uns von anderen Kommunen oder Museen abheben? Was haben wir, was andere nicht haben? Z.B. in Horb die Ritterspiele, in Rottenburg der Sitz der Diözese Rottenburg-Stuttgart. Das muss interessanter sein, nicht besser, aber interessanter oder interessanter rüberkommen als das, was in anderen Kommunen da ist. Und dann wird es schon eng. Dann muss man schon genauer überlegen, und sich genauer fragen: Was sind Besonderheiten, die andere nicht haben? Der Marketingmensch sagt immer, die USP's (unique selling propositions = im Marketing oder der Verkaufspsychologie wird das als „Alleinstellungsmerkmal" oder als „veritabler Kundenvorteil" bezeichnet) oder so was, also, ein ganz tolles Wort. Die

Einzigartigkeiten, die ein Ort hat. Die muss man entsprechend herausheben.

(ef) Wo geht der Trend eher hin? In den Bereich dieser Führungen, so mit diesen Rangers – um mal ein schwäbisches Wort zu gebrauchen – diesen Neckartal-Rangers? Oder Flyer zu machen? Oder interessante Bücher oder sonst was zu machen? Oder beides zu machen? Wo sind auch die größten Erfolge für den Tourismus, Leute heranzulocken?

Bormann: Also, der größte Erfolg, den wir haben, ist unser „Mobil ohne Auto". Wir brauchen keine Prospekte, wenn eben die Leute, die schon mal hier waren, die Schönheit gesehen haben, die hier ist, dann kommen sie wieder. Dann gehen sie auch in die Seitentäler. Nur, unser Interesse muss sein, die erst einmal herzubekommen. Ich will nicht sagen, egal wie, aber ob's Kulturbahn ist oder ähnliche Angebote, die Interessierten müssen aussteigen. Und wenn sie dann mal ausgestiegen sind, dann haben wir sie schon bei uns im Tal.

Ich möchte noch etwas ganz kurz zum Abschluss sagen. Herr Frahm hatte mich ja vorher schon informiert, dass auch noch das Thema kommen könnte, welche Idee gibt's denn eigentlich. Ich habe einmal die Gedanken zusammengestellt, die diskutiert werden. Ich sage jetzt nicht realistisch oder unrealistisch. Das eine ist ein Mountanbike-Trail. Der zweite Vorschlag ist ein Sessellift zur Weitenburg hoch, und dann die Sommerrodelbahn wieder runter. Das dritte ist eine – ich sage nur mal die Ideen, die wir von Touristen oder Leuten aus der Region bekommen haben – eine Downhillbike-Strecke, das ist auch so eine Trendsportart. Exkursionen und Führungen, immer wieder vorgeschlagen, Lehrpfade, Hochseilgarten, ist auch so ein Thema, das immer wieder in die Diskussion kommt. Hochseilgarten also in ungefähr fünf Metern Höhe in den Bäumen. Wege oder Ähnliches. Das Tipidorf ist vorgeschlagen worden. Es ist auch vorgeschlagen worden, das kam von den Mitgliedern, Musikveranstaltungen zu machen. Zum Beispiel auf der Driving-Range vom Golfclub. Fliegenfischen war ein Vorschlag. Wichtig wäre mir, das habe ich dazugefügt, die Gastronomie, die in Sulzau ist. In Sulzau gibt es auf der einen Seite einen Golfplatz, auf der anderen Seite war ein Italiener. Also das Restaurant reaktivieren.

Der Vorschlag kam, Heißluftballonfestivals anzubieten. Aber auch hier muss der Motor da sein. Ein Heuhotel wurde vorgeschlagen. Und dann noch wieder ein aktueller Vorschlag aus der Zeitung von letzter Woche: Der Starzacher Bahnhof, sich Gedanken darüber zu machen, ob man nicht ein Nutzungskonzept machen könnte, was man eigentlich mit so einem Bahnhof anfangen könnte, bevor er abgerissen wird. Genauso wie man es ja mit dem Dorfmuseum auch gemacht hat. Und dann – jetzt muss ich leider noch so ein englisches Wort sagen – das PPP-Projekt. Das ist eine Public-Private-Partnership, heißt einfach nur auf Deutsch: Kommune muss nicht immer alles zahlen. Man muss einen anderen Interessenten finden, der auch da Nutzen drin sieht und schauen, dass man's gemeinsam entwickelt. Also ein Projekt entwickelt, das nicht automatisch die Kommune zahlt, sondern dass man erst mal überlegt, was kann ich denn daraus machen? Und dann gemeinsam mit Wirtschaftsförderung, Tourismus, mit Betrieben realisiert. Also, das sind so ein paar Ideen, die da gekommen sind. Ich denke, Sie haben bestimmt auch noch weitere Ideen.

(ef) Eines haben Sie noch vergessen. Bei mir in der Nachbarschaft meines Büros wohnt Dieter Baumann. Und der quatscht mich immer an. Wir sollten mit ihm vielleicht einen Pumpelschell-Lauf hier rund um Börstingen organisieren …

Bormann: Einen was?

(ef) Einen Pumpelschell-Lauf, mit der alten Börstinger Glocke als Symbol.

Bormann: Da bin ich dafür. Meine Stimme haben Sie, wäre etwas Besonderes, Dieter Baumann in dem Fall. Was er macht, spielt keine Rolle. Wichtig ist nur, dass Dieter Baumann etwas macht. Und dann haben Sie die Besonderheit in Börstingen. Wenn er dann noch Maultaschen macht, dann passt es!

Quellen und Anmerkungen:

Abb. 5.1 Karte aus: Neckar-Erlebnis-Zeitung, Ausgabe 2007/2008, S. 4. Abdruck mit frdl. Genehmigung N.E.T. e.V.

Abb. 5.2 Foto Monika Laufenberg.

Abb. 5.3 Foto Monika Laufenberg.

Abb. 5.4 Seite aus Neckar-Erlebnis-Zeitung, Ausgabe 2007/2008, S. 1. Abdruck mit frdl. Genehmigung von N.E.T. e.V.

Abb. 5.5 Seite aus Neckar-Erlebnis-Zeitung, Ausgabe 2007/2008, S. 2. Abdruck mit frdl. Genehmigung von N.E.T. e.V.

Abb. 5.6 Karikatur „Der Fluch des Neckartales – großes Kino mit Fortsetzungsgarantie". Abdruck mit frdl. Genehmigung Sepp Buchegger.

Abb. 5.7 Foto Monika Laufenberg.

Abb. 5.8 Foto Monika Laufenberg.

6. Der Müller erhält ein Brett: Flößerei auf dem Neckar

Gespräch mit Helmut Eck

Jahrhunderte lang war der Neckar ein wichtiger Transportweg für das Schwarzwald-Holz. Erst mit dem neuen Transportmittel Eisenbahn ging dieses interessante Wirtschaftsleben zu Ende (im Oktober 1899 fuhr das letzte Floß neckarabwärts an Börstingen vorbei). Über die Besonderheiten der Neckarflößerei (Qualität und Bauweise der Flöße, Anbindestationen zwischen Horb und Rottenburg, Herrschaftsgrenzen, Überwindung von Stauwehren, Erinnerungen und vieles andere mehr) informiert der Geograph Dr. Helmut Eck (Universität Tübingen), der auch ein erfahrener Exkursions-Experte zu diesem Thema ist.

Eckart Frahm: Für mich – und nicht nur für mich – ist die Neckarflößerei ein sehr faszinierendes Thema: Denken Sie an Fragen der Logistik. In letzter Zeit hat man versucht, von der Straße runterzukommen auf die Schiene. Jetzt geht es wieder umgekehrt: von der Schiene auf die Straße. Der Neckar war auch ein Logistikband. Und dieses Thema ist faszinierend, auch wenn Börstingen nicht unmittelbar, nicht direkt daran beteiligt war wie andere Orte. Es wurde Holz aus dem Schwarzwald auf dem Neckar transportiert und auch hier, an Orten entlang des Neckars, verbaut. Fremde, starke Männer steuerten Holzstämme auf dem Neckar. Das war sicher für viele ein interessanter Anblick. Vielleicht hat das auch die Sehnsucht nach der Fremde schon früh geweckt. Die Börstinger waren – natürlich nicht zuletzt wegen der bescheidenen Lebensverhältnisse im Tal im Vergleich zu den Höhenorten – schon früh, sehr früh, Pendler und Auswanderer. Aber – und das behaupte ich jetzt mal – die Neckarflößerei hat vielleicht so etwas wie Reisesehnsucht indirekt in den Genen der Börstinger geprägt – wer weiß? Es gibt hier auch Familiennamen, die sich vielleicht darauf zurückführen lassen, dass Leute von auswärts gekommen sind, etwa der Name Vees, ein möglicherweise holländischer Name. Und man muss auch sagen, dass diese rauen Schwarzwaldburschen, die an Orten entlang des Neckars ja auch übernachtet und gegessen haben, Geschichten erzählt haben, gesungen haben, und sicher auch das eine oder andere Erlebnis gehabt haben. Also, mit anderen Worten: Neckarflößerei war sicherlich im 17., 18. und 19. Jahrhundert eine Bereicherung für das alltägliche Arbeitseinerlei in Börstingen. Und darüber möchte ich mich heute unterhalten mit Dr. Helmut Eck. Er ist Akademischer Oberrat im Geographischen Institut der Universität Tübingen und ein Experte in Sachen Neckarflößerei. Ich habe ihn im Jahr 2000 kennen gelernt, als ich an einer Exkursion auf den Spuren der Schwarzwaldflößerei teilgenommen habe. Und ich werde hinterher noch ein ganz interessantes Geschenk an den Förderverein machen in Bezug auf die Neckarflößerei, wenn Sie genau zuhören.

Meine erste Frage, Herr Eck: Wozu Flößerei auf dem Neckar? Warum brauchte man das Holz aus dem Schwarzwald?

Helmut Eck: Ich glaube, wir müssen uns, um sich das vorstellen zu können, zurückversetzen, wie die Situation in den vergangenen Jahrhunderten war. Also die Situation, einerseits, welche Bedeutung das Holz gehabt hat, und andererseits, wie die Wege- und Straßensituation als Voraussetzung für den Holztransport insgesamt gewesen ist. Und dabei geht es um schwere Lasten, denn Baumstämme waren für jene Zeit immer schwere Lasten.

Zunächst zum ersten Punkt, der Bedeutung des Holzes. Holz, das wissen wir, hat heute noch, und vielleicht vermehrt wieder, Bedeutung als Baustoff. Es vermittelt einfach einen ganz besonderen Reiz am Haus außen und natürlich auch innen in jedweder Weise als zum Beispiel Nut- und Federschalung oder als Rohstoff für die Möbelherstellung. Es gewinnt vermehrt wieder Bedeutung als Energiequelle, Stichwort Häcksel oder Pellets, gerade in Zeiten, wo wie jetzt Heizöl und Gas deutlich im Preis gestiegen sind. Bedeutung als Energiequelle hatte Holz aber auch schon früher. So kann man von der Zeit bis ins das 19. Jahrhundert hinein geradezu von einem Holzzeitalter sprechen. Es gab eigentlich kein Handwerk, wo das Holz nicht Bedeutung gehabt hat, kein Handwerk, das ohne Holz denkbar gewesen ist. Und wenn man an die großen Gebäude denkt in den Dörfern und Städten entlang der Bäche und Flüsse, so kann man sich die Häuser ja gar nicht vorstellen ohne die großen Dachstühle und ohne das Fachwerk, das die Wände aufgebaut hat und welche große Mengen an Holz da verarbeitet wurde. Das ist das eine.

Und dann eben das andere: Viele Haushaltsgegenstände waren aus Holz. Wenn Sie sich in Ihrem Haushalt der Gegenstände vergegenwärtigen, die heute aus Steingut oder Porzellan sind, also Essgeschirr und dergleichen mehr, die waren überwiegend aus Holz. Oder auch viele Handwerksgeräte. Das ist das eine. Man könnte das noch weiter ausführen, etwa im Hinblick darauf, dass man früher das Baumharz noch gewonnen hat. Das war ja mühevoll und eigentlich eine wenig ertragreiche Arbeit. Das hat jetzt mit der Flößerei direkt noch nichts zu tun, war aber zuweilen, wie man gesagt hat, „Oblast", die auf den Flößen mittransportiert wurde. Sie kennen das alle, wenn man einen Nadelbaum hat wie zum Beispiel eine Fichte, Tanne oder Forche, und man ritzt da den Stamm an, dann versucht der Baum diese Wunde durch die Absonderung von Harz zu schließen, damit keine Schädlinge eindringen können oder Fäulnis entsteht. Dies haben die sogenannten Harzer früher ganz gezielt gemacht. Sie haben die Rinde angeritzt und dann kleine Auffanggefäße am Baumstamm aufgehängt, in denen das austretende Harz gesammelt wurde. Und meistens waren es dann Schulkinder oder Frauen, die in gewissen Zeitabständen das Harz gesammelt haben, und das ist dann weiter verarbeitet worden.

Ein anderer Aspekt war die Herstellung von Pottasche. Man hat mitunter sogar die Asche aus den Häusern gesammelt. Ja, was hat man mit der Asche anfangen können? Heute würde man sagen, es ist ein Düngemittel, vielleicht kalireich. Also, bevor man die Asche wegwarf, gab es noch bessere Verwendungsmöglichkeiten. Aber dass man Holz gezielt verbrannt hat, um Asche zu gewinnen, das ist auch eigentlich für uns Heutige ein überwiegend kurioser Gedanke. Dabei ging's in der Regel darum, dass man aus der Asche, die nach dem Brand zurückblieb, eine Lauge hergestellt hat, und diese Lauge wurde dann bei der Herstellung von Glas verwendet. Der Quarzsand hat einen Schmelzpunkt von vielleicht 1.500 Grad Celsius, aber durch Zugabe eines solchen Flussmittels konnte man die Schmelztemperatur heruntersetzen, was eine Energieeinsparung darstellte. Und deshalb ist eben die Pottasche ein wichtiger Hilfsstoff zur Glasherstellung. Die Herstellung von Pottasche aus Holz ist mit der Entdeckung großer Kalilager hinfällig geworden, die seitdem ausgebeutet werden. Also, so kam im 19. Jahrhundert dann das Ende des Holzzeitalters. Aber das war jetzt nur der Versuch zum ersten Aspekt, der Bedeutung des Holzes kurz was zu sagen.

Dann aber die andere Frage: Wie waren die Wege? Ich glaube, wir können uns auch kaum vorstellen, wie schlecht die Wegsituation gewesen ist. Und es kommt ja die Situation der Transportmittel hinzu. Es gab in unserer Gegend bis um 1860 keine Eisenbahn. Der Transport von Baumstämmen mit einem Pferde- oder Ochsengefährt war sehr mühevoll. Aber es wäre völlig ausgeschlossen gewesen, dass man große Holzmengen, hunderte oder gar tausende von Baumstämmen über eine weite Strecke, sagen wir aus dem Schwarzwald, nach Tübingen, nach Stuttgart, nach Esslingen, nach Heilbronn, nach Mannheim oder gar noch weiter hätte transportieren können. Und da gab's im Grunde nur eine Möglichkeit, eben sich des Wassers zu bedienen.

(ef) Hat dieses Holz aus dem Schwarzwald eine besondere Qualität gehabt? Oder warum ist das so weit bis nach Holland verflößt worden?

Eck: Beim Hollandhandel oder dem Handel mit Holländertannen – wie man die auch nannte – ging es um spezielle große Exemplare, bei denen ein Mindestdurchmesser, der Zopfdurchmesser, erfüllt sein musste. Natürlich waren die Leute auch damals schon Spezialisten und haben die Baumstämme in verschiedene Güteklassen je nach der Länge und nach dem Zopfdurchmesser eingestuft. Es gab eben im Schwarzwald noch größere Bestände großer Bäume; und es hat ein bisschen auch damit zu tun, dass es auch zu – wie soll ich sagen – Veränderungen in der weltpolitischen Lage gekommen war. Also, im Hintergrund steht der Aufstieg der Niederlande zur Seemacht, zur Kolonialmacht, im 17. Jahrhundert. Die Niederlande haben ja bis zum 30-jährigen Krieg noch zum Deutschen Reich gehört und seitdem sind sie staatsrechtlich ein eigener Staat. Holland hat sich ja dann zu einer großen Macht im Ostindiengeschäft entwickelt. Und was brauchten die Holländer dazu? Natürlich eine große Zahl von Schiffen. Und die Schiffe waren ja damals Holzschiffe. Es gab damals praktisch keine

Schiffsbauten aus Stahl, so wie das heute üblich ist. Und zur Herstellung dieser Schiffe hat man einerseits vor allem Eichen gebraucht, grad solche, die nicht besonders geradwüchsig waren, wenn es etwa um die Herstellung von Planken für den Schiffsrumpf ging. Aber diese Schiffe, die ja Segelschiffe waren, brauchten auch Masten, und da benötigt man sehr lange, möglichst dicke, starke Stämme. Da war also vor allem das Nadelholz gefragt, eben Tannen und Fichten, und für die Rahen, an denen die Segel aufgezogen wurden, ebenfalls. Die Holländer haben in jener Zeit wohl die Hälfte des Holzes sogar aus Skandinavien bezogen, doch dann ging das zurück. Und so bezogen sie ihr Holz auch aus dem Deutschen Reich Heiliger Römischer Nation, nicht allein aus dem Schwarzwald, auch aus anderen großen Waldgebirgen, aber eben auch aus dem Schwarzwald. Und haben viel Geld dafür bezahlt.

(ef) Aber diese Bauholzangelegenheit war ja auch wichtig, weil in der unmittelbaren Umgebung, wo Menschen früher gelebt haben, das Holz rigoros abgehackt wurde zum Verheizen.

Eck: Das ist in der Tat sogar im Schwarzwald der Fall. Man kann sich kaum vorstellen, dass es im Schwarzwald in früheren Jahrhunderten schon bald Bemühungen durch Forstaufsichtsbeamte gab, um dem Waldfrevel – nicht allein im Schwarzwald, auch zum Beispiel im Schönbuch – entgegenzuwirken. Weil eben sich weite Bevölkerungskreise im Wald versorgt haben oder auf den Wald angewiesen waren. Um es vielleicht mit ein, zwei Beispielen zu erläutern: Der Wald war ja das Gebiet, in das man die Tiere zur Weide hineingetrieben und vielleicht noch einen Viehhirten dazugestellt hat. Und was hat das Vieh gefressen? Ja, die Eicheln, die Bucheckern und nicht nur das. Das Vieh hat sich auch an den Blättern der jungen Bäume gütlich getan. Das hat der natürlichen Verjüngung des Waldes geschadet.

Oder ein anderer Punkt: Es gab natürlich schon auch Taxen, das heißt dass man für eine bestimmte Holzmenge einen bestimmten Obulus an den Waldbesitzer oder an die Herrschaft bezahlen musste. Nur, wenn diese Gebühr nicht mehr dem entsprach, was das Holz wert war, dann ging selbst die ordnungsgemäße Bezahlung des Holzes zu Lasten des Waldes, zumal, wenn die Wagen, was nicht selten war, übervoll beladen wurden.

Also, die Leute waren schon damals einfallsreich. Und es führte Stück für Stück zu einer Übernutzung der Wälder, weil die Forstbeamten und Waldaufseher in der Kontrolle gar nicht nachkamen bei der Vielzahl von Leuten, die damals im Wald unterwegs waren, und zu schauen, ob auch nur das Holz geschlagen wurde, das die Leute bezahlt hatten.

(ef) Jetzt wollen wir mal von vorne anfangen. Also, es werden die Bäume im Schwarzwald geschlagen und dann werden sie irgendwohin transportiert, ins Wasser gelassen. Und es ist ein schwieriger Prozess, bis sie dann in Heilbronn, sagen wir mal, landen. Fangen wir mal so Stufe für Stufe an. Das Holz wird geschlagen. Wie war das organisiert? Wer durfte schlagen? Wie hat er das vorneweg verkauft? Gab's eine Holzbörse? Oder wie ist das Schritt für Schritt organisiert worden, dass es dann am Zielort angekommen ist?

Eck: Also, es gab auch schon im 17., 18. Jahrhundert, früher möglicherweise auch schon, ja man könnte sagen: frühe Unternehmer, die Floßherren, die auf eigene Rechnung Holz haben schlagen lassen, weil sie gewusst haben, sie können das Holz dort oder dort, mit Gewinn natürlich, verkaufen. So hat sich daraus im Laufe der Zeit ein Gewerbe herausgebildet: die Holzhauer. Sie waren in der Lage, die schwere und nicht ungefährliche Arbeit zu verrichten – schließlich gab es noch keine Motorsägen, sondern die Bäume mussten mit Handsägen und Äxten gefällt und entastet werden. Ohne Entastung ist ja ein Baum nicht transportfähig. Das also war in erster Linie die Arbeit der Holzhauer. Im Schwarzwald haben sich im Laufe der Zeit regelrecht kleine Holzhauersiedlungen entwickelt. Wo vorher gar keine Siedlung war, hat man die Leute angesetzt, die dann von dort aus ihrer Arbeit in den umliegenden Waldungen nachgegangen sind. Kälberbronn zum Beispiel, in der Nähe von Freudenstadt, oder auch das nahegelegene Herzogsweiler, sind solche Siedlungen.

Nach dem Schlagen des Holzes musste es vom Schlagplatz zu einem Gewässer, einem Bach oder kleinen Fluss, gebracht werden. Das Herausziehen der Stämme wurde wohl von Ochsen und Pferden besorgt, es gab aber auch so eine Art Halbwagen, auf dem man die Stämme mit einer Seite aufgelegt hat. So war der Transport etwas leichter. Sie haben vor sich so eine Abbildung. Da steht drunter: Bringung der Stämme mit dem Halb-

Abb. 6.1 Bringung der Stämme mit Halbwagen.

wagen. Man sieht vor dem einachsigen Gefährt wohl zwei Kühe oder Ochsen und hintendrauf zwei oder drei lange Baumstämme, die schon entastet sind, und die nun zum Bach gebracht werden. Das war eine Möglichkeit des Transportes (Abb. 6.1).

Dort, wo die Täler der Bäche oder kleinen Schwarzwaldflüsse wie von Kinzig, Nagold, Enz usw. eingetieft und die Hänge dementsprechend steil waren, hat man sich mitunter auch einer anderen Möglichkeit bedient. Man hat sogenannte Holzriesen gebaut. Das sind so eine Art Prügelwege aus Holzbohlen, die dem auf kürzestem Wege von der Höhe herab, dem größten Gefälle folgend, zum Bach hinab führten. Große, schwere Stämme, die oben in die Riese eingeschoben wurden, schossen dann unter Getöse und Gedonner, allein der Schwerkraft folgend, zu Tal. Daraus entwickelt sich ein weiterer alter Holzberuf, der der Rieshirten. Sie besorgten die Anlage der Riesen und das Herunterlassen der Stämme in den Riesen. Das war eine gefährliche Arbeit. Wenn so ein tonnenschwerer Stamm auf den

Abb. 6.2 a) Wiedendrehen, oben links der leicht rauchende Wiedenofen, in dem gerade Stangen „gebäht" werden, vorne rechts der Wiedstock, an dem ein Wiedendreher arbeitet.
Abb. 6.2 b) Drehen der Wiede am Wiedstock.

extra genässten Prügeln, damit es wenig Reibung gibt, den steilen Hang hinunter schießt, dann gibt es kein Halten mehr. Und waren die Riesbegrenzungen nicht sauber gearbeitet, kam es schon auch vor, dass ein Stamm aus der Riese herausschoss. Wer da zufälligerweise im Weg stand, für den sah es nicht gut aus. Gut, das war aber sicher nicht der Regelfall. Und dann waren die Stämme unten an den Bächen angelangt.

(ef) Und dann werden die Stämme mit einer besonderen Technik zusammengebunden und den Neckar hinuntergeschifft. Wir haben Ihnen, verehrte Zuhörende, dazu ein Blatt kopiert. Und wenn Sie, Herr Eck, vielleicht mal anhand dieser Bilder (Abb. 6.2) erläutern können, wie es dann weitergeht.

Eck: Also, zunächst ging es darum, die Baumstämme miteinander zu verbinden, so dass daraus erst ein Floß wird. Wenn man fünf, sechs, sieben oder mehr Baumstämme zusammenbindet, nennt man diese Einheit ein Stör oder Gestör. Die Baumstämme konnten je nach Bedarf acht, zehn, fünfzehn Meter lang sein, auch länger. Wie kann man nun Baumstämme mit zehn, zwanzig, fünfundzwanzig Zentimeter Durchmesser – das frühere Maß war aber das Zoll – miteinander verbinden? Mit Nägeln war das

Abb. 6.2 c) Einbinden der Stämme mit Wieden zu einem Gestör. Die Wieden werden nicht mehr durch Bohrlöcher, sondern durch die Ösen eiserner Schrauben gezogen.
Abb. 6.2 d) Die Gestöre eines „gestückerten" Floßes liegen hintereinander im trockenen Bachbett unterhalb der Wasserstube. Links unten ist der schmälere Vorspitz mit der Steuerung gerade noch zu sehen.

nicht möglich. Die Lösung war das, was der Herr Schorp grad mitgebracht hat. Das ist nicht ein Siegerkranz von einem Kuhhirtenrennen o. ä., das sind sogenannte Wieden. In dem Wort Wieden steckt die Bezeichnung Weiden drin. Sie sind als grünes Holz sehr biegsam (siehe Herstellung von Körben). Aber wenn die Weiden nicht mehr ausgereicht haben? Dann hat man auch junge Fichten dazu verwendet, also dünne kleine Fichtenstämmchen mit einigen Zentimetern Durchmesser. Nur, die kann man ja so nicht biegen. Um sie biegsam zu machen, bedurfte es eines Wiedenofens. So einen sieht man auf dem linken oberen Bild des Blattes (Abb. 6.2a). Und da hat man dann diese Fichten mit drei, vier Metern Länge hineingesteckt. Die Stämmchen sind richtig gekocht und so weich gemacht worden, dass sie biegsam waren. Das sieht man bei der rechten oberen Abbildung (Abb. 6.2b). Sie zeigt einen Baumstamm, in den man die gekochte Wiede hineinsteckt und durch Drehen sie elastisch und biegsam macht. Schließlich hat man, wie man im weiteren Bild (Abb. 6.2c) sieht, die Wieden durch die zuvor mit Löchern versehenen Baumstämme gezogen und wie mit einem Seil sozusagen festgezurrt und zusammengebunden. So entsteht ein Gestör. Das Ergebnis der Arbeit sieht man dann im rechten Bild (Abb. 6.2d), wo also einzelne Gestöre, die dann das Floß bilden werden, schon hintereinander liegen. Man musste nun natürlich noch die Gestöre selber zusammenbinden, damit sie sich nicht verselbständigen konnten. Schließlich wurden die Gestöre ins Wasser gelegt. Für den Transport der Flöße brauchte es aber ausreichend Wasser unterm Holz, damit das Floß, häufig hieß es der Floß, auch schwimmt. Sie haben vor der Haustüre den Neckar, der genügend Wasser führt. Die vor ihnen liegend Bilder stammen von der Enz (Kleine oder Große Enz), und die ist in ihrem Oberlauf nach der Wassermenge kein furchterregender Strom. Ähnlich ist es bei vielen Neckarzuflüssen, wie etwa der Glatt, wo man sich heute kaum vorstellen kann, wie man überhaupt auf dem bisschen Wasser ein Floß bewegen kann.

(ef) Und wie konnte man das?

Eck: Man benötigte viel Wasser dazu. Zu diesem Zweck wurden kleine Floßweiher, das sind kleine Stauseen, angelegt, die das Wasser der verschiedenen Bäche sammelten. Bevor mit der Floßfahrt begonnen werden konnte, und das Floß bestand ja aus mehreren Gestören und konnte so eine Länge von weit mehr als hundert Meter aufweisen, musste der Floßweiher voll sein. Dann wurde das Fallwehr im Weiher geöffnet und dadurch ein künstliches Hochwasser erzeugt. Das Hochwasser musste erst ein gutes Stück talwärts vorangekommen sein, ehe das Floß mit seiner Fahrt beginnen konnte. Denn die Flöße entwickelten eine größere Geschwindigkeit als das Wasser selbst, und wenn nicht genügend Vorschusswasser, wie man das nannte, gegeben war, lief man Gefahr, dass das Floß die Hochwasserspitze einholt und sozusagen auf dem „Trockenen" bzw. zu geringem Wasserstand aufsitzt. Das war eine möglichst zu verhindernde ungute Geschichte.

(ef) Nehmen wir mal so ein Durchschnittsfloß von fünfzig bis hundert Metern Länge. Wie viele Leute haben das steuern müssen? Wie viele Leute waren da drauf und haben das mit Stangen entweder gesteuert oder vom Ufer weggedrückt? Wie viele Leute waren da insgesamt beschäftigt?

Eck: Also, die Flöße waren tatsächlich natürlich länger. Selbst die Flöße, die zum Beispiel auf der Aach von Dornstetten, auf dem Heimbach oder anderen Nebenbäche, die zur Glatt hin und schließlich zum Neckar fließen, waren schon stattliche Flöße. Das kann man sich kaum vorstellen, wenn man die kleinen Bäche heute so sieht. Auf dem Neckar konnten die Flöße eine Länge haben bis an die dreihundert Meter, und eine Breite von gut drei Metern. Und da bestand die Floßmannschaft schon aus vier, fünf, auf größeren Flößen bis zu sieben Männern.

(ef) Wenn die über eine Schwelle rüber, also über ein Stauwehr müssen – wie kommt man mit diesen 200-Meter-Flößen da vorbei? Gut, die sind nur drei Meter breit, sind zwar ein bisschen beweglich vorne, aber wie kommt man da vorbei? Hat man das Wasser auf einmal abgelassen? Wie kommt man vorbei?

Eck: Man muss vorab die Bäche und Flüsse floßbar machen, also für die Flößerei herrichten. Oftmals war der Bachgrund oder das Flussbett ja nicht immer eben, manchmal haben Steine herausgeguckt, an denen sich die Flöße verhaken und aufschwimmen hätten können. Und dann mussten die Bäche bei starken Biegungen auch etwas begradigt werden, damit Flöße, die ja aus mehreren Gestören bestanden, durchkamen. In der Tat, an den Bächen und Flüssen gab es oftmals schon Mühlen, die mithilfe von Wehren das Oberwasser aufstauten und Wasser über kleine künstliche Mühlkanäle auf ihre Mühlräder leiteten. Diese Wehre waren natürlich immer ein Hindernis für die Flößer. Die Mühlenbesitzer bzw. die Herrschaft selber mussten nun dafür sorgen, dass man kleine Durchlässe in den Wehren geschaffen hat, wo man sozusagen ein Türchen hochgezogen oder geöffnet hat, dass, wenn das Floß sich näherte, es ohne Umstände (oder gar Wartezeit) durchfahren konnte. Diese Öffnung musste wenigstens vier bis fünf Meter breit sein. Einer der Flößer in der Floßmannschaft musste dem Floß am Land vorauseilen, Kontakt mit dem nächsten Mühlenbesitzer oder Müller aufnehmen, dass dieser dann den Durchlass rechtzeitig geöffnet hat und das Floß das Wehr passieren konnte.

(ef) Und das hat Maut gekostet.

Eck: Genau. Wer überhaupt nicht begeistert war, waren die Müller. In der Blütezeit der Flößerei kam ja nicht nur ein Floß am Tag den Neckar herunter, sondern mehrere. Dann konnte es passieren, dass nicht mehr genügend Wasser da war und das Mühlrad stillstand. In einer Mitteilung der „Sülchgauer Scholle" in den 1920er Jahren, dem Vorläufer der Mitteilungen des heutigen Sülchgauer Altertumsvereines, heißt es, dass bei der Börstinger Mühle der Baron von Rassler das sehr unbequeme Wehr instand hat bringen lassen, so dass die Flößer es ungehindert passieren konnten und dass nicht länger der Müller tributpflichtig geworden ist. An anderer Stelle heißt es, dass der Müller, ich nehme an, es ist die Neumühle gewesen, für jedes Floß, das er durchgelassen hat, ein Brett erhielt. Und die neue Mühle erhielt seit 15 Jahren – die Daten sind von 1740 – erhielt von jedem Floß drei Bretter und für jedes Zumachen des Floßloches hat der Müller noch zusätzlich 24 bis 30 Kreuzer bekommen. Also, es war nicht so, dass der Müller die Flöße hat entschädigungslos passieren lassen müssen. Und auf diesem einen Bild von den sechs, die Ihnen vorliegen, da sieht man, dass auf manchen Flößen Leute die Gelegenheit genutzt haben um mitzufahren. Aber wichtiger ist, man sieht es auf dem Bild (Abb. 6.4), dass man auf den Flößen auch weitere Materialien transportiert hat. Also, zu dieser sogenannten Oblast haben immer auch Bretter gehört, um auf dem langen Weg die Vielzahl der Mühlen mit dieser Naturalabgabe, einer Art Maut, bedienen zu können.

(ef) Gehen wir mal auf dieses eine Bild (Abb. 6.3) ein mit dem Neckar und den Nebenflüssen und kommen zum Stichwort „Anbindestationen". Was ist das?

Eck: Ja, also zum einen haben wir die Einbindestätten, wo die Flöße zusammengebunden werden. Und andererseits die Anbindestellen, das können auch nur solche Plätze sein, wo man das Floß zum Beispiel über Nacht vor der Weiterfahrt am nächsten Tag festgemacht hat, oder aber auch solche, wo das Floß für den Verkauf einzelner Teile sozusagen „aufgeschnürt" oder einzelne Gestöre abgehängt wurden, ehe man wieder weitergefahren ist. Die Einbindestätten lagen natürlich überwiegend weiter neckaraufwärts. Aber gerade in unserem Bereich hier gibt es doch auch einige. Eine der letzten Einbindestätten lag unten in Bieringen, dann eine weitere etwa auf der Höhe der Einmündung der Eyach. Vielleicht hat es auch hier in Börstingen vereinzelt die Gelegenheit zum Einbinden gegeben. Das wäre vielleicht einmal eine Sache, die man in den Archiven prüfen müsste. Weitere Einbindestätten gab es neckaraufwärts noch in Mühlen, Horb und in Neckarhausen, etwa auf der Höhe der Einmündung der Glatt.

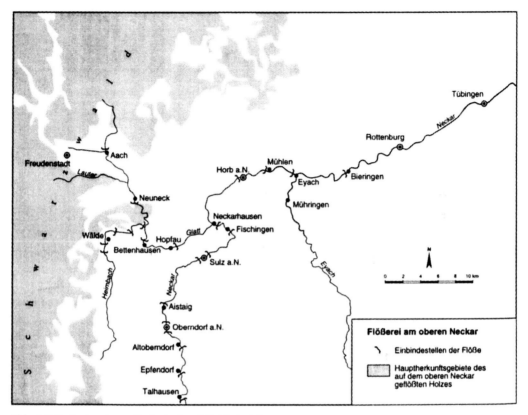

Abb. 6.3 Karte des oberen Neckarlaufs mit Einbindestellen.

(ef) Die Flößer konnten ja nicht Tag und Nacht durchfahren, die mussten ja auch irgendwo übernachten. Dann hat man die Flöße anbinden müssen. Wie ist das passiert? Gab's extra so Möglichkeiten, die Flöße anzubinden?

Eck: Ja, wenn am Ufer irgendwo fester Untergrund (zum Beispiel ein anstehender Fels) anzutreffen war, nutzte man den zum Anbinden der Flöße an eisernen Ringen. Wie weit so ein Floß an einem Tag kam, konnte man nicht immer genau voraussagen; es waren ja verschiedene Umstände, die ein Floß aufhalten konnten. Zu niedrige Wasserstände konnten die Abfahrt verzögern oder im Verlauf einer Fahrt zur Unterbrechung führen, oder wenn ein Floß durch Ungeschick ans Ufer gestoßen ist und sich verhakt hat. Das konnte leicht passieren, denn die größeren, schwereren Stämme befanden sich in den hinteren Gestören, die kürzeren, leichteren Stämme eher vorn.

(ef) Wieso das?

Eck: Das liegt in der Dynamik des Floßes. Wenn die vorderen Gestöre leichter waren als die hinteren ließen sich die Flöße besser und leichter steuern. Und dazu war viel Erfahrung nötig. Sollte das vorderste Gestör durch Uferberührung oder Felsen im Bachbett festfahren, bestand die große Gefahr, dass die hinteren Gestöre auffuhren und sich verhakten. Das konnte dann stundenlange Verwicklungen geben, bis das Floß wieder flott gemacht war. Deshalb kam dem Bremser auf dem vorletzten Gestör, auf dem die Sperrvorrichtung angebracht war, große Bedeutung zu. Wenn von vorne der Ruf „Jockele sperr!" erscholl, versuchte er ein drohendes Missgeschick dieser Art zu verhindern oder auch einen normalen Halt einzuleiten. Ein wichtiges Utensil der Flößer waren ihre Stiefel. Es waren schwere, lederne Stiefel, die man mit Pech wasserdicht gemacht hatte. Kam es zu einem Auflaufen und Verhaken der Gestöre, mussten die Flößer mit ihren Stiefeln ins Wasser und das Floß wieder in Gang bringen. Die Zeit, die sie dabei verloren haben, konnte an diesem Tag oft nicht mehr hereingeholt werden. Und wenn eine Tagesetappe so geplant war, von Neckarhausen oder Sulz bis nach Rottenburg zu kommen, dann war dieser Plan wahrscheinlich nicht mehr einzuhalten und sie mussten vor dem Etappenort ein Nachtquartier suchen. Denn es gab die Regel: Geflößt werden durfte von einer halben Stunde vor Sonnenaufgang bis eine halbe Stunde nach Sonnenuntergang. Und dann mussten die Flöße wieder festgemacht werden. Dann war die Tagesarbeit der Flößer beendet. Vielleicht hat so mal eine Floßmannschaft auch außerplanmäßig in Börstingen übernachtet.

(ef) Also, in Rottenburg gab es an der oberen Neckarbrücke quasi eine Parkstation. Und da gab es ein Gasthaus in der Nähe der oberen Neckarbrücke.

Eck: Man sagt ja, die Flößer waren bei den Wirtsleuten immer gern gesehen. Da sie tagtäglich im nassen Element waren, haben sie einfach ausrei-

Abb. 6.4 Ein ziemlich langes Floß auf der Kleinenz. Als Oblast Forstpersonal und Kinder.

chend Kalorien zu sich nehmen müssen. Und sie standen auch im Ruf, immer einen großen Durst zu haben.

(ef) Also, sie waren gute Gäste. Kommen wir auf eine andere Sache noch mal. Schwarzwaldholz ist ja zum einen über den Neckar bis nach Holland gebracht worden, andererseits aber über den Rhein. Und was ich sehr faszinierend finde, in welchen Dimensionen solche Flöße zusammengebunden waren. Wenn die dreihundert oder fünfhundert Meter lang waren – ich habe mal ein entsprechendes Bild von einem Floß auf dem Rhein gesehen, da stand ein Wagen drauf – was da alles möglich war …

Eck: Schon die kleineren Flöße auf dem Neckar hatten so eine Art kleine, einfache Hütte, in der die Habseligkeiten, die die Flößer für die Reise brauchten, verstaut war. Und die Rheinflöße sind ja oft aus mehreren Neckarflößen zusammengestellt worden. Der Rhein hat natürlich eine viel größere Wassermenge, eine viel größere Tiefe und so konnte man da auch viel größere Gebinde zusammenstellen. Da waren einfache Holzhäuser drauf, in denen die Flößer Unterstand und Unterkunft fanden. Schließlich waren die Flöße nach Holland bis zu drei Wochen unterwegs.

(ef) Und dann kamen die Holländer auch mit den Flößern über den Schwarzwald und sind hier hängengeblieben? Wie kommt eine Familie Vees nach Börstingen?

Eck: Das ist im Einzelfall vielleicht schwer nachzuvollziehen. Ich glaube, dass es bei den Schwarzwaldflößern meistens so war, dass sie kaum weiter als – also die Neckarflößer etwa – bis maximal Mannheim geflößt haben. Die Rheinflößer, das war wieder eine andere Gilde, die mit den Bedingungen auf diesem Strom vertraut war, denn man brauchte auch Kenntnisse der einzelnen Flussabschnitte. Die Aufgabe der Kinzigflößer war es immer, die Flöße bis Willstätt zu fahren, wo die Kinzig in den Rhein mündet. Dann war ihre Aufgabe erledigt. Dort haben dann die Rheinflößer die Flöße übernommen und zu größeren Einheiten zusammengebunden. Und bei den Kinzig- oder Neckarflößern ging es dann heimwärts, in der Zeit vor dem Eisenbahnbau überwiegend auf Schusters Rappen.

(ef) Und die waren richtig so organisiert wie heute die Ärzte, mit Streik und Arbeitskampf?

Eck: Das war nur bedingt so. Im letzten Jahrhundert kam eine gewisse Idealisierung der Flößer auf, woraus angesichts der Gaudiflößerei zum Beispiel auf der Isar fast ein Zerrbild geworden ist. Die Flößer waren keine einheitliche soziale Gruppe. Sie waren praktisch auch nicht sozial abgesichert. Wer sich heraushob, das war eben der Floßherr, der Unternehmer, der das Risiko trug, der den Lohn der Floßknechte – natürlich gab's auch einen Oberflößer usw. – bezahlte und für die Kosten der Unterbringung und dergleichen aufkam. Er musste auch schauen, dass er sowohl die Oblast als auch die Flöße selbst gut verkaufen konnte. Also, das Risiko lag bei ihm. Er konnte natürlich durchaus gutes Geld verdienen. Und man kennt ja grad im Murgtal etwa die reiche Murgschifferschaft – die Flößer haben sich als Schiffer bezeichnet. Und auf der Nagold gab es die Calwer Floßhandlungskompagnie. Sie waren vermögende Leute. Aber das kann man nicht generell auf die Flößer übertragen. Das waren in der Regel arme Leute.

(ef) Na gut, der Chef hat das meiste gekriegt. Es gibt eine interessante These, wonach die Universität Tübingen am Neckar gegründet wurde, obwohl die Herrschaften ja in Urach und Stuttgart verteilt waren, weil man mit Hilfe der Neckarflößerei Bauholz nach Tübingen bekommen hat. Und jetzt hat der Bauforscher Tilmann Marstaller herausgefunden, dass Holz aus dem Schwarzwald verbaut wurde – in der Tübinger Burgsteige?

Eck: In der Münzgasse. Die Alte Aula und das Collegium, große Häuser neben der Stiftskirche, weisen Wiedlöcher auf (Abb. 6.5). Das hätte einem vielleicht schon vor hundert Jahren auffallen können, aber es fiel eben niemand auf. Und er entdeckte, dass also in vielen dieser Balken im Dachstuhl solche Löcher drin sind, in denen er Wiedlöcher erkannte und die eben den Schluß zulassen, dass dieses Holz nicht aus dem Schönbuch oder Rammert stammt, die ja viel näher liegen, sondern über den Neckar geflößt wurden. Und dann haben manche Flöße in Tübingen Halt gemacht, sei es, dass alles Holz in Tübingen gebraucht wurde, sei es, dass ein Rest weiter neckarabwärts ging.

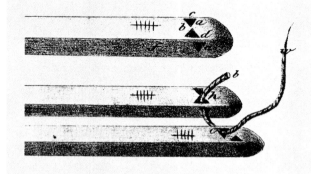

Dreieckige Einkerbungen an den Enden von Bauhölzern mit schräg bzw. übereck geführtem Bohrloch werden *Wiedlöcher* oder *Floßaugen* genannt. Sie dienten als ‚Öse' zum Einbinden von einzelnen Stämmen in Flöße. Die Wiedlöcher an den ab 1513 im Kornhaus verbauten Nadelhölzern belegen, dass man das Bauholz größtenteils über den Floßholzhandel am Neckar aus dem Schwarzwald bezog. Am verhältnismäßig seichten oberen Neckar konnte nur schwimmfähiges Tannen-, Fichten- und Kiefernholz geflößt werden. Eichen sind nicht schwimmfähig und wurden nur in geringen Mengen bei ausreichend Wasser als Oblast mitgeführt.

Mit Wieden eingebundene Stämme (nach Jägerschmidt 1828)

Abb. 6.5 Die Funktionsweise der Wiedlöcher.

(ef) Das heißt, man könnte entlang des Neckars mal so wichtige alte Gebäude untersuchen, ob die diese Wiedlöcher haben, das wäre doch eine Möglichkeit für die Wissenschaft, für die Bauforschung?

Eck: Genau. Und da tut sich noch ein weiterer interessanter Sachverhalt auf. Bei den alten Universitätsgebäuden in Tübingen wie der Alten Aula oder dem Kollegium, die im Zusammenhang mit der Universitätsgründung 1477 gebaut worden waren, hat man nicht nur diese Wiedlöcher entdeckt, sondern man hat auch Holz-Altersuntersuchungen der Balken durchgeführt. Das ist ja eigentlich eine verrückte Sache, dass man feststellen kann, wann ein Baum gefällt wurde, nämlich mithilfe der sogenannten Dendrochronologie. Die erlaubt es heute aufgrund des typischen Verlaufs und des Abstandes der jeweiligen Baumringe – jeder Baum wächst ja abhängig von der Witterung unterschiedlich, in manchen Jahren ist das Dickenwachstum besser, in anderen geringer – das Fälljahr zu bestimmen. Die so entstehende Abfolge ist einmalig. Also die Jahresringe des Dezeniums zwischen 1730 und 1740 unterscheiden sich von der beispielsweise der Jahre 1840 bis 1850. So hat man also feststellen können, dass Baumstämme für das alte Kollegium im Winter 1475/76 gefällt wurden. Das heißt zu einem Zeitpunkt, wo schon offensichtlich klar war, dass die Universität gegründet werden wird. Denn 1476 schlossen die drei Herrschaften am oberen Neckar, die Reichsstadt Esslingen, die Grafschaft Wirtemberg und Österreich einen Vertrag über die Flößerei auf dem Neckar. Und man wird in der Annahme nicht fehl gehen, dass ein wichtiger, vielleicht sogar der ausschlaggebende Impuls für diesen Vertrag und die Aufnahme der Flößerei auf dem oberen Neckar die bevorstehende Universitätgründung in Tübingen war.

(ef) Was mich ein wenig überrascht, ist – ich habe beim Nachgucken, wo hat man sich mit Neckarflößerei beschäftigt, wo gibt's Museen usw. – es gibt welche im Kinzigtal, im Murgtal, in Wildbad, da gibt's Flößereimuseen; hier aber am Neckar, da gibt's nichts. Es gab mal eine Ausstellung über Neckarflößerei in Heilbronn. Woran liegt es, dass Börstingen jetzt vom Ende der Welt zum Mittelpunkt kommt und dann sich mit der Flößerei beschäftigt, aber sonst gibt es hier am Neckar sehr, sehr wenig Erinnerungen an die Flößerei?

Eck. Das gilt insgesamt für die Neckarflößerei. Vielleicht hängt es damit zusammen, dass der Neckar nicht eigentlich ein Schwarzwaldfluss ist, sondern nur ein kleines Stück am Schwarzwaldrand entlang fließt. Die Glatt ist ja fast der einzige Zufluss am oberen Neckar, der Niederschläge führt, die über dem östlichen Schwarzwald oder am Schwarzwaldrand niedergehen. Sonst wäre es auch gar nicht möglich gewesen. Gut, sie mussten die Baumstämme ein bisschen auf dem Landweg transportieren, erst dann konnten sie geflößt werden. Also, es ist einfach ein randliches Gebiet. Denn die größeren Waldteile entwässern doch zur Kinzig, Nagold, Enz und Murg hin. Im südlichen Schwarzwald spielte seltsamerweise die Langholzflößerei wie im mittleren und nördlichen Schwarzwald, auch auf dem Neckar, keine Rolle. Dort ging es eher um die Trift, bei der man Holz für die Kohlenmeiler oder Scheit- bzw. Brennholz für die großen Städte wie Basel und Straßburg geflößt hat. Im 15. Jahrhundert hatte Straßburg schon an die 20.000 Einwohner, während Tübingen 4.000 bis 5.000 Köpfe zählte.

(ef) Aber es gibt auch keine, wie etwa an der Isar, keine Gaudi mit der Neckarflößerei. Das liegt auch daran, dass aufgrund der Stauwehren keine großen Touren möglich sind.

Eck: Ja, obwohl, es gibt ja doch seit zehn bis fünfzehn, maximal vielleicht zwanzig Jahren eine gewisse Rückbesinnung wieder, dass zum Beispiel auf der Kinzig oder Nagold sich wieder Flößerzünfte gebildet haben, die diese kulturelle Tradition wieder aufbereiten, aber eben auch durch Schauflößerei. In Altensteig findet alljährlich so ein Flößerfest statt, bei dem die neuen Flößer, natürlich Freizeitflößer, Flöße zusammenbauen. Nicht mehr in der Länge, wie es früher der Fall war, darum geht es ja auch nicht, aber dass die Leute sehen, wie dieses Transportgewerbe früher funktioniert hat. Im Schwarzwald bildeten die Flößer in einigen Orten einen erheblichen Teil der Erwerbstätigen. Das war aber außerhalb vom Schwarzwald nicht der Fall. Und hier im tief eingeschnittenen Neckartal, was war hier die Erwerbsgrundlage? Einerseits die Landwirtschaft auf der Höhe, die Viehwirtschaft in einem gewissen Umfang, und an manchen Stellen der südexponierten Talhänge natürlich auch der Weinbau, also mindestens ab Rottenburg neckartalabwärts. Hatte Börstingen einmal Weinbau?

(ef) Ja, oben an der Weitenburg. Kommen wir zur letzten Frage, quasi zur Zusammenfassung all dessen. Wäre denn das für Touristen, die hier auch ins Neckartal kommen, ein attraktives Thema, im Dorfmuseum in Börstingen das Thema Neckarflößerei mal anzuschauen? Ist es auch für Touristen interessant, die Geschichte, die hier „vorbeigeflossen" ist, zu behandeln?

Eck: Das denke ich wohl. Man wird wahrscheinlich kaum historische Fotoaufnahmen finden, die etwa das Vorbeifahren eines Floßes zeigen. In der Blütezeit, also sagen wir mal in der Mitte des 19. Jahrhunderts, waren das bis zu 300, 350 Flöße pro Jahr. Und dabei hat man nicht das ganze Jahr geflößt; da gab es die Regel, dass nur von Georgi (23.4.) bis Martini (11.11.) geflößt werden durfte. So mögen an manchen Tagen fünf oder mehr Flöße an Börstingen vorbeigekommen sein. Dieses Bild vorbeiziehender Flöße wird das Alltagsleben in Börstingen geprägt haben. Man wird im Ort wohl kaum einen großen Schwerpunkt sehen können, dass Floßholz angelandet wurde oder dass von hier aus Flöße losfuhren. Die Situation wird schon eher die gewesen sein, dass vielleicht mal das eine oder andere Floß ein Gestör hier zurück ließ, weil man Bauholz im Ort benötigte. Mindestens das Brennholz wird man hier im Hangwald oder sonst wie geholt haben. Und ansonsten, dass eben Flöße hier mal Halt gemacht haben, wenn das Wetter gräuslich war oder sie in Verzug gekommen waren, und die Nacht kam und die Flößer Halt machen mussten und übernachtet haben.

(ef) Das alles wäre natürlich ein interessantes Thema. Und Sie wären der Ansprechpartner für die richtigen Antworten, Herr Eck. Ich fand das ganz interessant; es ist ein Thema, von dem man doch relativ wenig weiß und Sie haben uns das sehr anschaulich dargestellt. Ich darf mich recht herzlich bedanken.

Bevor wir jetzt in die kurze Pause gehen, und weil Sie so konzentriert zugehört haben, habe ich ja gesagt, ich hätte ein Geschenk für Sie, meine Damen und Herren: Herr Eck und ich haben beschlossen – Herr Eck weiß allerdings noch nichts davon … – Herr Eck und ich haben beschlossen, wir schenken dem Förderverein eine Neckarflößerei-Exkursion. Also, bis Sulz, Glatt, ins Glattal usw., wo sehr anschaulich gezeigt werden kann, wie die Bäume an den Schwarzwaldhängen runtergerutscht sind, wie sie zusammengebunden wurden, wie und wo die Anbindestationen sind.

Also das schenken wir Ihnen. Der Förderverein müsste nur einen Bus zur Verfügung stellen, dass wir dann fahren. Herr Eck ist der fachkundige Führer bei dieser Exkursion. Ich mache nur die Tür zu.

Eck: Also, das kann man schon ins Auge fassen, wenn es möglich sein sollte, dass man auch hinüber ins Nagoldtal fahren könnte, wo ich weiß, dass es wieder so einen Bähofen gibt, in dem die Wieden weichgekocht wurden. Und wenn man vielleicht Glück hat, dass man da einen von den Männern findet, die einem zeigen können, wie das funktioniert hat, und wo auch noch so ein Floßweiher vorhanden ist. Das fände ich dann anschaulicher, als wenn man nur die Fantasie bemühen müsste, um zum Beispiel bei Aach an einem Parkplatz zu erläutern, dass sich hier einst ein Floßweiher befunden hat, der irgendwann mal zugeschüttet wurde und zum Parkplatz wurde. Denn an Enz und Nagold haben sich weit mehr Flößereirelikte erhalten oder wurden gar wieder rekonstruiert als an Neckar und Glatt.

Quellen und Anmerkungen:

Abb. 6.1 Zeichnung von Th. Schuler um 1850, aus: Scheifele, M. (1996): Als die Wälder auf Reisen gingen: Wald, Holz, Flösserei in der Wirtschaftsgeschichte des Enz-Nagold-Gebiets. Karlsruhe, S. 167. – Mit frdl. Genehmigung Dr. Dr. h.c. Max Scheifele.

Abb. 6.2 a) Ebd. S. 172.

Abb. 6.2 b) Ebd. S. 173.

Abb. 6.2 c) Ebd. S. 192.

Abb. 6.2 d) Ebd. S. 193. – Mit frdl. Genehmigung Landesmedienzentrum Baden-Württemberg.

Abb. 6.3 Aus: Eck, H. (1998/99): „Jockele, sperr" – Vor 100 Jahren ging die Neckarflösserei in Tübingen zu Ende. – In: Tübinger Blätter (1998/99), S. 54.

Abb. 6.4 Aus: Scheifele, M. (1996): Als die Wälder auf Reisen gingen: Wald, Holz, Flösserei in der Wirtschaftsgeschichte des Enz-Nagold-Gebiets. Karlsruhe, S. 194.

Info 6.5 Jägerschmidt (1827/28), Tab. XXXI, Fig. 2. – Entnommen aus: Marstaller, T. (2006): Spurensuche im Tübinger Kornhaus. – Verein der Freunde des Stadtmuseums Tübingen e.V., S. 16. Abdruck mit frdl. Genehmigung des Stadtmuseums Tübingen.

7. „Auffallend viele Fleischesvergehen": Starzacher und Börstinger Ortsgeschichte

Gespräch mit Wolfgang Sannwald

Adelsherrschaft, frühe Industrialisierung, Kreisreform – Börstingen hat eine interessante Geschichte, die auch die Bewohner geprägt hat. In welcher Form das heute noch spürbar ist, wie sich Börstingen von anderen, gleichstrukturierten Orten im Kreis Tübingen unterscheidet, warum Börstingen immer noch keine Ortschronik hat und wie das zukünftige Dorfmuseum Ortsgeschichte(n) sammeln und ausstellen kann – darüber informiert der Kreisarchivar Dr. Wolfgang Sannwald.

Eckart Frahm: Gesprächspartner heute Abend ist der Kreisarchivar Dr. Wolfgang Sannwald. Man muss ihn nicht groß vorstellen. Er hat ein sehr schönes Buch gemacht, das „Geschichtszüge" heißt und das eine Art Augenöffner für die Geschichte der Orte in diesem Kreis ist. Und da ich im Laufe dieser „Börstinger Gespräche" nur ganz wenig zu Worte gekommen bin, werde ich aus meiner Rezension dieses Buches im „Schwäbischen Tagblatt" aus dem Jahre 2002 einmal vorlesen. Ich habe dieses Buch folgendermaßen kritisiert: „Wer dieses Buch ‚Geschichtszüge' von Wolfgang Sannwald gelesen hat, geht mit offenen Augen durch Landschaft und Orte, entziffert an Kleinigkeiten wie etwa an Hausportalen, Wappen auf Fassaden, Skulpturen an Hausecken, Feldkreuzen oder Grabdenkmälern große Geschichte, entdeckt inmitten des ansonsten unübersichtlichen Alltags auf einmal hilfreiche Orientierungszeichen. Ein schönes, ein nützliches, ein Appetit machendes Buch, von dem man am besten zwei Exemplare sein eigen nennen sollte. Eines fürs Auto, damit man bei aller Hektik gelegentlich anhalten, nachschlagen und sofort entdecken kann, und ein zweites für zu Hause, zum Immer-wieder-Lesen und zur Vorbereitung eigener Entdeckungsgänge durch Orte und Landschaften". Aufgrund dieser wunderbaren Besprechung ist das Buch mittlerweile auch vergriffen …

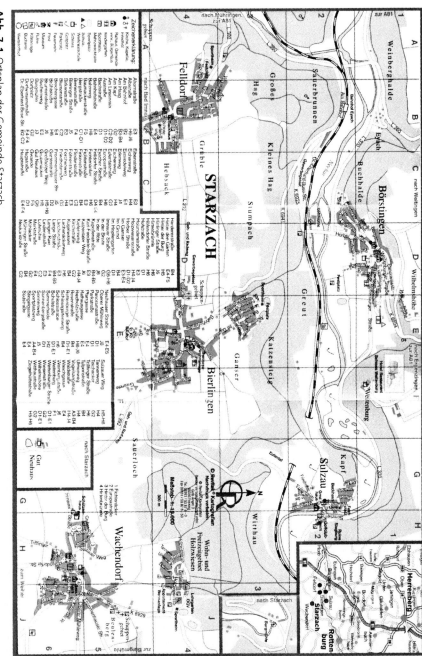

Abb. 7.1 Ortsplan der Gemeinde Starzach.

Wolfgang Sannwald: Es gibt aber immer noch Leute, die keines im Auto liegen haben – habe ich mir sagen lassen.

(ef) Herr Sannwald, habe ich Recht: Wenn man Ihr Buch gelesen hat und mit offenen Augen durch die Landschaft geht, dann kann man Geschichte entziffern?

Sannwald: Die Intention war, dort Geschichte spannend zu machen, zum Vorschein zu bringen, wo sie passiert ist. Das heißt, dort, wo sie einem als Bewohner der Gemeinden im Landkreis Tübingen nahe liegt, im wahrsten Sinne des Wortes nahe liegt. Das ist eigentlich der Grundgedanke dabei. Geschichte ist für uns alle ständig präsent. Aber wann nehmen wir wahr, wie präsent und wie mächtig sie ist? Ich denke, das ist heute Abend ein wesentliches Thema und dieses Buch ist der Versuch, anhand eben solcher alltäglicher Kleinigkeiten, an denen man ständig vorbeifährt oder vorbeigeht, zu zeigen, was da dahinter steckt. Es ist auch für mich beim Schreiben dieses Buches oder sonst bei der Beschäftigung mit der Vergangenheit immer wieder eine frappierende Erkenntnis, wie mächtig und wirksam Geschichte in unserem Leben ist.

(ef) Das ist ein geradezu grandioser Übergang für die nächste Frage – kommen wir also direkt nach Börstingen, das zur Gemeinde Starzach gehört. Wenn man Leute außerhalb Börstingens fragt, wo liegt Börstingen, dann wissen sie es nicht. Und wenn sie fragen: „Gibt es etwas Besonderes in Börstingen?" sagt man schnell hin, ja, die Weitenburg, aber in Börstingen selber nicht. Wenn man jedoch mit Experten redet – und das haben wir ja hier – dann erfährt man sehr, sehr viele interessante geschichtliche Dinge. Fangen wir einmal an mit der Struktur der heutigen Gemeinde: Adelsherrschaft, einheitliche Konfession, Dörfer oben und unten im Neckartal. Was lässt sich da charakteristisch feststellen?

Sannwald: Wir haben es hier zunächst einmal, wenn wir den Blick auf Starzach insgesamt richten, schon mit einer besonderen Gemeinde zu tun: Die westlichste Gemeinde hier im Landkreis Tübingen, die ihre Eigenheiten hat, und eine doch erstaunlich homogene Struktur in einer Hinsicht zumindest aufweist. Diese homogene Struktur ist tatsächlich diejenige, dass wir es hier mit früheren Ritterlanden zu tun haben, den freiherrlichen

Gebieten derer von Ow und derer von Rassler. Ehemals ritterschaftliche Dörfer haben sich hier in der heutigen Gemeinde Starzach zusammengeschlossen. Es ist auch eine Besonderheit, dass die Orte, die die Gemeinde Starzach bilden, es geschafft haben, im Zuge auch der Gemeindereform und des Zusammenschlusses zu Starzach vom früheren Landkreis Horb zum Landkreis Tübingen zu kommen. Das war eine ganz große Ausnahme. Ihnen hier in Börstingen dürfte noch sehr präsent sein, wie der ganze Altkreis Horb darum gekämpft hat, nach Tübingen zu dürfen. Es haben nur wenige geschafft. Sie haben es geschafft. Herzlichen Glückwunsch!

(ef) Kommen wir noch einmal auf die Adelsgeschichte zurück. Es ist ja so, dass der Adel in solchen Dörfern auch eine große Rolle gespielt hat, ein Schloss hatte, auch hier „unten" in Börstingen den Friedhof gestiftet hat, Patronatsherren in diesem Dorf war. Spürt man davon heute noch etwas?

Sannwald: Ich bin überzeugt, dass solche historischen Strukturen bis in die Gegenwart hinein wirksam sind. Viel mehr noch wirksam sind, als etwa die großen Ereignisse, die man im Geschichtsunterricht lernt. Die großen Ereignisse, die gehen – wenn man jetzt mal von Einzelschicksalen absieht – an den einzelnen Dörfern in dem Sinne vorbei, dass es im Dorf vor dem Ereignis nicht viel anders als danach zuging. Denken Sie etwa an die Gründung des Deutschen Reiches. Viel stärker wirken sich historische Grundstrukturen auf die Dörfer aus. Es ist schon ein Unterschied, ob wir's mit einer Gemeinde zu tun haben, die zum Herzogtum Württemberg gehört hat, wo die Herrschaft in der Regel relativ weit weg war und mittelbar erfolgte über irgendwelche Vögte, die dann meinetwegen in Tübingen residiert haben, oder ob wir's mit Dörfern zu tun haben, die in einem freiherrlichen Gebiet, Ort, Territorium sich befunden haben, wo wir eine andere Art der Herrschaftsausübung haben. Häufig auch andere Besitzstrukturen vorfinden, und wo sich im Laufe der Zeit auch entsprechende Verhaltensweisen ausgeprägt haben. Ich bin überzeugt davon, dass das so ist. Man kann es auch festmachen, beispielsweise an der Verteilung von Ackerland, von Wiesenland, den wichtigsten Wirtschaftsgütern in der agrarischen Zeit. In der Zeit, in der die Mehrheit der Menschen von der

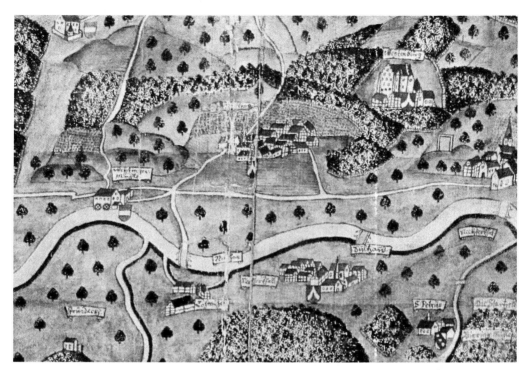

Abb. 7.2 Die Weitenburg (rechts oben) auf einer Karte der Ritterschaftlichen Freien Pirsch in Schwaben und Schwarzwald, gefertigt von Johann Ulrich Stierlin, 1705.

Landwirtschaft leben musste, als es noch keine Fabriken, noch keine Fabrikarbeit gab. Was bleibt, wovon kann man leben? In der Regel von den Erträgen von Grund und Boden. Und da ist natürlich schon wichtig, wie die verteilt sind in einer Gemeinde. Und vielfach dort, wo wir eine Adelsherrschaft im Dorf haben, hat sich im Lauf der Jahrhunderte in manchen Fällen ergeben, dass der überwiegende Teil von Grund und Boden im Besitz der jeweiligen Adelsfamilie war und sich dadurch bestimmte Wirtschaftsstrukturen herausbildeten. Die Leute verdienen dann ihr Geld – sind oft auch froh darüber, Geld verdienen zu können – als Taglöhner im Dienst des jeweiligen Ortsherren. Sie sind also nicht so sehr Bauern, die ihre eigenen Güter bewirtschaften. Das ist ein wesentlicher Unterschied zu bäuerlichen Dörfern, die von eigenem Grund und Boden leben. Solche Besitzstrukturen prägen dauerhaft.

(ef) Also, ich bitte jetzt den heute Abend anwesenden Baron Rassler mal kurz wegzuhören. Ist es heute schwieriger in der Adelsgeschichte zu leben als Adeliger oder ist es schwieriger als Untertan? Prägt also dieses frühere Herrschaftsverhältnis auch noch die heutige Mentalität?

Sannwald: Ich denke schon. Das müssten aber eher Menschen sagen, die hier beispielsweise in Börstingen leben und die einen Vergleich haben. Ich denke, dass viel von dem Ansehen, das sich über Jahrhunderte aufgebaut hat, das adlige Familien genossen haben, noch da ist. Das hängt auch damit zusammen, dass diese adligen Familien beispielsweise Kirchen ausgestattet haben, dort eine Rolle gespielt haben, dass sie oft auch als mildtätige Familien präsent waren, die versucht haben, der Armut etwas entgegenzusetzen. Das auf der einen Seite. Auf der anderen Seite übten sie die wirtschaftliche Vormacht im Dorf aus. Das ist natürlich schon etwas, was sich im Lauf der Zeit tradiert hat. Trotz Lastenablösungen, trotz des ganzen Abbaus von herrschaftlichen Rechten dieser Adelsfamilien seit 1806 sind solche Strukturen immer noch im Bewusstsein verankert. Dazuhin verfügen manche Adelsfamilien in ihren ehemaligen Dörfern noch immer über sehr viel Grundbesitz, so dass auch heute noch ihre wirtschaftliche Stellung eine Rolle spielt.

(ef) Aber wenn man das vergleicht etwa mit der Rolle der Adeligen im Allgäu, sind die Verhältnisse hier etwas demokratischer gesonnen, würde ich fast sagen. Also, ich kenne es aus Österreich, ich kenne es aus Bayern, aus Oberschwaben; dort ist – aufgrund auch der riesigen Ländereien, die sie besaßen – dort ist dieses Verhältnis von „oben" und „unten" doch noch ein bisschen eindeutiger.

Sannwald: Man hat natürlich über die Jahrhunderte hinweg eng zusammen gelebt. Das war schon ein tägliches Sichbegegnen. Sie weisen zu Recht darauf hin: Wenn man große Herrschaften hat, dann ist diese Begegnung nicht mehr so unmittelbar und nicht mehr so auf der menschlichen Ebene, wie das hier sein konnte. Eine große Rolle spielt aber meines Erachtens auch, dass der Adel sich hier bei uns im Gebiet des heutigen Landkreises Tübingen, in einer ganz besonderen Situation befunden hat. Die hiesigen Adelsherrschaften konnten sich festigen und halten in einem Machtvakuum, in einem umkämpften Raum, der herrschaftlich auf der einen Seite von Württemberg begehrt war, auf der anderen Seite von Vorderösterreich. Wenn man sich eine historische Karte anguckt und sieht, dann ist es tatsächlich so, dass sich zwischen den beiden Machtblöcken eine Reihe von ritterschaftlichen Gebieten behaupten konnte. Diese mussten über die Jahrhunderte immer schauen, dass sie diesen anderen Mächten keinen Anlass boten einzugreifen. Ihre Lage war tendenziell bedroht. Beispielsweise in Kilchberg, wo aus Anlass von Religionskonflikten Württemberg sehr schnell dabei war zu versuchen, die herrschaftlichen Rechte der Ortsherren zu beschneiden. Wir haben auch ein Beispiel hier in Wachendorf, wo Hans von Ow 1564 die Reformation eingeführt hatte. Als Hans Dietrich von Ow 1616 mit der Gegenreformation begann, schwebte

„Umgeben von Wassergräben stand hier, etwa an der Stelle, wo sich heute das Schloss befindet, eine Burg. In ihr wohnten die Herren von Börstingen. Die letzten dieses Geschlechts, Eberhard und sein Vetter Konrad von Börstingen sowie des letzteren Ehefrau Ann Böcklin und Tochter, verkauften 1413 an Klaus Has zu Rottenburg noch eine Gült. Am 25. Februar 1420 ging die Burg Börstingen samt aller Zugehör und Gütern von Fritz, Balthasar und Ulrich Brandhoch, Söhnen des Albrecht (Ulrich) Brandhoch, die sie teilweise von ihren Eltern geerbt und teilweise gekauft hatten, kaufweise für 2200 Gulden an Hans von Wehingen und dessen Bruder Konrad, der Rat des Herzogs Friedrich von Österreich war, über.
    1448 besitzen diesen Ort Kadolf und Konrad von Wehingen. Am 27. September 1486 gibt Hans von Wehingen den 4. Teil des Dorfes Sulzau und ein Viertel von Börstingen Erherzog Sigismund von Österreich zu Lehen auf. Kurz danach kam Börstingen in den Besitz der Brüder Hans und Wilhelm von Weitingen und hatte damit bis 1556 dieselben Besitzer wie die Weitenburg. In besagtem Jahr fiel es bei der Teilung des Besitzes unter den Söhnen des Diepold von Ehingen an den gleichnamigen Sohn. Nachdem dieses Geschlecht ausgestorben war, kam es an die Kinder des Kanzler Raßler und blieb fortan im Besitz der Freiherrn von Raßler. Die hohe Gerichtsbarkeit besaß Österreich, das die jeweilige Ortsherrschaft nachweisbar seit Anfang des 16. Jahrhunderts mit diesem Recht als Mannlehen belehnte. Joseph von Raßler baute um 1780 das Schloß. Die alten Zehntscheuern stammen noch teilweise aus dem 14. Jahrhundert."

Info 7.3 Zur Ortsgeschichte von Börstingen.

die Herrschaft ständig in der Gefahr, dass Württemberg eingriff, um die Rechte des protestantischen Wachendorf aufrecht zu erhalten. Diese Funktion Württembergs als Schutzmacht des Protestantismus war für die Freiherren von Ow nicht unproblematisch, sie mussten bei der Gegenreformation dementsprechend lavieren und ihre Selbständigkeit diplomatisch absichern.

(ef) Kommen wir konkret zu Börstingen, zur Besonderheit dieses Dorfes im Tal: Weniger Landwirtschaft als die Dörfer auf dem Berg, frühe Industrialisierung, Rohstoffe, Eisenbahn, Auswanderung. Was würden Sie an der Geschichte Börstingens herausheben?

Sannwald: Also zunächst einmal eine Besonderheit in der Adelsstruktur, die wir haben. Starzach lässt sich eigentlich in zwei Gebiete, zwei Bereiche, untergliedern, die Höhengemeinden und die Talgemeinden. Diese Höhengemeinden, Bierlingen, Felldorf, Wachendorf, befanden sich über lange Zeit überwiegend im Besitz der Familie von Ow. Auf der anderen Seite befanden sich die beiden Talgemeinden Börstingen und Sulzau mit der Weitenburg im Besitz der Familie von Rassler. Dies seit 1698 bis 1720. Das sind die zwei ritterschaftlichen Komponenten Starzachs, die sich übrigens interessanterweise bei der Gemeindereform wieder abzeichnen werden.

Beide Bereiche haben sich aber auch im Lauf des 19. und 20. Jahrhunderts wirtschaftlich etwas unterschiedlich entwickelt. In den Höhengemeinden behielt die Landwirtschaft länger ihren Vorrang als in den Talgemeinden. Für diese unterschiedliche Entwicklung spielte vor allem der Bau der Eisenbahn im Jahr 1864, genauer gesagt deren Weiterführung zwischen Rottenburg und Horb mit dem Bau des Einschnitts und Tunnels bei Sulzau zwischen 1862 und 1864, eine Rolle. Der Bau selbst und anschließend die Beförderungsmöglichkeit brachte insbesondere den Talgemeinden einen gewaltigen Schub.

Wir sind sowohl im 18. Jahrhundert und dann fortgesetzt im 19. Jahrhundert in einer Zeit, in der die Bevölkerung tendenziell ständig zugenommen hat. Das ist das große Problem dieser Zeit. Das Mehr an Menschen konnte von den begrenzten agrarischen Ressourcen auf einer Markung nicht mehr leben. Die Äckerle sind in Realteilungsgebieten

> **Horb.**
>
> # Regelmäßige Postschiffe
> ## zwischen
> # London und New-York.
>
> Die Haupt-Agentur der regelmäßigen Postschifflinie befördert durch ihre 16 großen, schönen, dreimastigen, gekupferten, schnellsegelnden, amerikanischen Postschiffe: Patrick Henry, Ocean Queen, Sir Robert Peel, American Eagle, Prince Albert, Devonshire, Amercian Congress, Northumberland, Yorktown, Southampton, Independence, Victoria, Cornelius Crinnell, London, Hendrik Hudson und Margaret Evans am **6., 13., 21.** und **28. eines jeden Monats** von London absegelnd, Auswanderer zu den billigsten Preisen und vortheilhaftesten Bedingungen.
>
> Jeder Erwachsene hat auf dem Rhein zwei Centner, zur See aber alles bei sich führende Gepäck frei; ferner freien Aufenthalt mit freier Beköstigung von der Ankunft in London bis zur Abfahrt des Schiffes, und wird eine jede Expedition durch einen zuverlässigen Conducteur von Mannheim bis London begleitet.
>
> Zum Abschlusse von Verträgen empfiehlt sich der bevollmächtigte Agent
>
> **G. L. Bohm,** Buchdruckerei-Besitzer,
> in **Horb.**

Info 7.4 Anzeige in der „Horber Chronik" vom 18.6.1851.

immer kleiner geworden. Irgendwann haben die Erträge nicht mehr ausgereicht. Diese Grundtatsache, dass es nicht mehr reicht, die führte zu unterschiedlichen Symptomen. Diese Symptome sind hier in Börstingen wunderbar abzulesen. Beispielsweise die Auswanderung. Mitte des 19. Jahrhunderts gibt es eine Auswanderungswelle hier in Börstingen. Da kommt es vor, dass auf einen Schlag 35 Personen sich zur Auswanderung anmelden, 1854. Das ist bei etwa 500 Börstingern, die es zu der Zeit gab, ein ganz erklecklicher Prozentsatz. Und das sind nicht die Einzigen. Die Auswanderung ist über eine gewisse Zeit zu beobachten, und die Auswanderung ist ein sehr deutliches Symptom für das grundsätzliche Problem der Überbevölkerung. Den Menschen hat es hier nicht mehr gereicht, die mussten irgendwo anders hin, um sich eine neue Zukunftsperspektive aufzubauen.

Es gibt noch andere Symptome für die Probleme, die es hier in Börstingen gab, aber natürlich auch in Sulzau oder in anderen Gemeinden. Ein weiteres Symptom sind Beschreibungen der ärmlichen Verhältnisse. In ihnen wird beispielsweise davon berichtet, dass die Börstinger, jedenfalls viele Familien hier, so arm waren, dass sie dann, wenn sie ihre Steuern bezahlen mussten, sie nichts mehr bezahlen konnten, kein Geld mehr hatten. Die Steuerkommissare – wir sind jetzt übrigens in der Zeit, als Börstingen schon zu Württemberg gehört hat, also nach 1806 – waren jedoch sehr hartnäckig. Sie haben dann noch das letzte Stück Vieh aus dem Stall gepfändet, um Steuerschulden einzutreiben. Da gibt es reihenweise Klagen hier aus Börstingen. Dass man den Leuten auch noch das letzte Stück Vieh aus dem Stall nimmt, und sie dann gar nichts mehr haben, um sich ernähren zu können.

Noch ein Symptom für die verbreitete Armut ist die Wollenstrickerei. Ganz interessant, dass die Börstinger versuchen, wie es ja viele Menschen in Württemberg getan haben, sich weitere Erwerbsquellen zu erschließen, bei all diesen ärmlichen Verhältnissen. Eine Erwerbsquelle haben sie oben auf der Hochfläche gefunden, in Ergenzingen. Dort gab es eine florierende Wollenstrickerei. Wir haben im Lauf des 19. Jahrhunderts mehrfach belegt, dass die Börstinger bei jeder Witterung hochgegangen sind, sich dort oben mit Material versorgt haben, dann wieder runterkamen ins Tal, hier in Heimarbeit die Wollenstrickerei betrieben haben und ihre Produkte dann wieder oben in Ergenzingen abgeliefert haben. Also ein Versuch, den wir in Württemberg und Südwestdeutschland häufig finden, den drängenden Problemen des Bevölkerungswachstums zu begegnen, indem man ein spezielles Gewerbe ergreift.

(ef) Eine kleine Zwischenfrage, aber nur eine Zwischenfrage, weil wir auf das Problem zum Schluss noch mal kommen werden: Nun haben wir ja nicht jeden Tag das Glück, den Kreisarchivar im Haus zu haben. Wo kann man über diese Geschichten etwas finden? Sollten wir mal eine Aufstellung machen, wo Börstinger ihre Geschichte finden können?

Einwohner, Gebäude und Viehstand.

Namen der Gemeinden.	Ortsanwesende Einwohner nach der Bevölkerungsliste pro 3. Decbr. 1861.	Gebäude nach dem Stand auf 1. Januar 1863.					Viehstand nach der Aufnahme vom 2. Januar 1862.												Auf 100 Menschen kommen:		Auf 100 Mrg. Fläche kommen:	
		Zahl der sämtlichen Gebäude.	Haupt- oder Wohngebäude.	Nebengebäude.	Brandversicherungsanschlag.	Auf ein Wohngebäude kommen Menschen.	Pferde und Esel.			Rindvieh.			Schafe.		Schweine.	Ziegen und Böcke.	Bienenstöcke.	Pferde.	Stücke Rindvieh.	Pferde.	Stücke Rindvieh.
							von 3 Jahren und darüber.	unter 3 Jahren.	Maulthiere u. Esel.	Ochsen und Stiere.	Kühe und Kalbeln.	Schmalvieh und Kälber.	spanische Schafe.	Landbastarde Schafe.							
Horb	1761	482	298	184	842,500	6	74	4	—	28	323	109	2	62	448	142	117	72	4,1	29,1	2	13,3
Ahldorf	753	162	144	18	131,250	5,2	5	—	—	29	199	118	—	—	122	86	6	12	0,6	45,0	0,4	18,1
Altheim	912	232	192	40	168,150	4,7	88	2	—	48	271	160	90	—	25	187	29	89	9,8	62,2	2,7	13,9
Bahingen	747	197	142	55	212,700	5,2	63	9	—	30	243	140	220	95	498	128	8	20	9,6	55,0	3,7	18
Bieringen	556	166	109	57	116,075	4,9	24	4	—	55	213	15	—	530	—	114	9	82	5,2	52,6	1,4	13
Bierlingen	732	200	143	57	163,950	5,1	9	1	12	100	306	140	372	60	—	118	11	40	1,2	75,6	0,3	19,2
Bildechingen	687	188	141	47	159,500	4,5	12	2	—	43	225	202	—	116	—	122	2	21	2,2	78,1	0,3	27,1
Bittelbronn	319	66	50	16	75,575	6,3	25	3	—	22	101	92	—	—	360	56	7	27	8,7	67,4	2,4	16,3
Börstingen	482	98	74	24	76,100	5,4	12	2	—	24	115	52	—	—	220	54	16	50	3,7	44,0	1,4	14,7
Eutingen	1026	352	243	109	283,950	4,2	55	10	—	85	437	360	169	—	—	256	—	60	6,3	81,0	1,4	18,5
Felldorf	490	118	103	15	101,725	4,6	12	—	—	38	144	67	—	268	—	68	41	46	2,4	54,0	0,9	19
Göttelfingen	351	90	70	20	87,350	5	10	2	—	11	148	62	—	—	—	81	8	10	3,4	62,0	1	10,6
Grünmettstetten	712	174	141	33	146,000	5	33	4	—	17	205	140	—	54	—	133	29	54	12,5	51,3	3,6	15,2
Gündringen	513	122	94	28	103,950	5,1	34	15	—	23	169	113	…	2	—	68	7	45	9,6	33,1	1,3	14,6
Hochdorf	789	229	141	88	155,100	5,4	11	—	—	34	263	143	—	40	374	206	8	51	1,4	55,0	0,3	18
Ihlingen	128	28	25	3	23,350	5,1	2	—	—	6	28	13	—	—	—	12	15	37	1,5	36,7	0,5	10,5
Isenburg	244	49	41	8	54,225	5,9	5	—	—	12	51	34	—	—	10	21	10	46	2	35,0	0,1	18,1
Lützenhardt	525	79	67	12	29,600	7,8	6	—	—	1	40	15	—	—	10	9	7	1	1,1	11,2	2,1	23,1
Mühlen	568	145	109	36	160,800	5,2	33	8	10	21	124	79	—	142	—	71	28	115	7,2	37,6	3,6	15,4
Mühringen	902	193	150	43	221,275	6	39	13	—	18	115	38	—	200	—	67	41	62	5,7	18,4	3,6	10,1
Nordstetten	1192	267	230	37	253,875	5,1	36	6	—	32	252	179	8	5	411	128	14	39	8,1	38,8	1,4	19
Rexingen	1000	221	171	50	268,025	5,8	65	6	—	36	234	187	—	53	70	109	24	40	7,1	40,0	3,1	19
Rohrdorf	358	134	91	43	96,900	3,9	15	3	—	36	175	188	—	240	—	83	2	35	5	97,5	1,4	20,5
Salzstetten	871	234	192	42	192,500	4,5	29	2	—	77	235	147	—	162	—	143	82	35	8,6	52,5	0,8	11,4
Sulzau	252	77	44	33	66,325	5,7	15	2	7	24	103	50	205	—	—	38	14	67	9,5	55,0	0,1	10,5
Vollmaringen	564	141	110	31	130,125	5,1	16	—	—	29	194	121	1	387	—	134	6	14	3,5	61	1	16,5
Wachendorf	383	177	120	57	114,700	4,7	19	2	—	19	282	151	170	4	150	82	3	30	8,4	77,5	1,7	22,3
Weitingen	1005	242	183	59	198,200	5,5	32	5	15	87	356	244	—	164	—	213	5	37	3,1	68,3	1,7	23,1
Wiesenstetten	519	141	113	28	104,125	4,6	12	3	—	43	190	84	230	19	22	95	2	57	2,5	62	0,9	20
Oberamtsbezirk	19,441	5004	3731	1273	4,712,200	5,2	843	110	44	973	5744	3441	1467	2806	2690	3018	551	1362	4,9	52,2	1,6	17,1

Info 7.5 Auflistung von „Einwohner, Gebäude und Viehstand" der Gemeinden im Oberamtsbezirk Horb 1861–63.

Sannwald: Die Börstinger haben es relativ leicht, ihre Geschichte zu finden. Das, was ich Ihnen gerade vorgestellt habe, sind im Grunde genommen alles Informationen aus dem Ortsarchiv. Das Ortsarchiv ist da sehr reichhaltig, sehr spannend. Wie übrigens jedes Ortsarchiv. Jede Gemeinde hat ihre spannende Geschichte, die vieles von dem erklärt, was man heutzutage finden kann. Das Börstinger Ortsarchiv harrt auch noch einer weitergehenden Auswertung. Veröffentlicht ist noch nicht sehr viel von Börstingen, wie auch von den meisten anderen Starzacher Ortsteilen. Man muss sich einfach klar machen, dass diese ganzen Ortsgeschichtsbücher bei uns im Raum eigentlich ein Phänomen vor allem der letzten zwei, drei

Info 7.6 Auszug aus dem „Findbuch für das Gemeindearchiv Börstingen".

Jahrzehnte sind. Da hat es eine richtige Welle gegeben von Ortsgeschichtsbüchern. Wir haben für Starzach ein bisschen dazu beigetragen, etwa was Wachendorf angeht und einzelne Themen. Aber für Börstingen gibt es tatsächlich außer dem, was in der Oberamtsbeschreibung (1865) mitgeteilt wird und in der amtlichen Kreisbeschreibung der 1970er Jahre, noch sehr wenig.

(ef) Wir werden nachher noch mal draufkommen. Aber es gibt ein Inhaltsverzeichnis dieser Gemeindearchive, die Sie geordnet haben, ein sogenanntes Findbuch (Info 7.6). Wir werden es nachher noch einmal erklären. Kommen wir noch einmal zur Besonderheit Börstingens hier unten im Tal. Als die Eisenbahn da war, war es dann doch leichter, Arbeit zu finden, außerhalb.

Sannwald: Ja, also das ist schon deutlich, dass es in dem Augenblick eigentlich eine deutliche Sonderentwicklung der Talorte gibt, Sulzau, Börstingen, aber natürlich auch Bieringen und andere Orte hier im Neckartal an der Bahnlinie. Die Bahn schafft vor allem Mobilität. Und das muss man sich immer wieder klarmachen, bei dieser Eisenbahnentwicklung in Württemberg, in ganz Süddeutschland. Die Bahn hat nicht in erster Linie in unserem Bereich die Funktion, Rohstoffe zu bringen und sozusagen Fabriken zu proliferieren, zu schaffen, dass also überall jetzt Fabriken entstehen. Sondern zunächst mal ist der entscheidende Impuls, den die Bahn bringt, dass die Menschen mobiler werden, dass die jetzt in den Zug steigen können und zur Arbeit nach Rottenburg in die dort entstehenden Fabriken fahren können, beispielsweise. Das ist so eine Entwicklung, die gerade die beiden an der Bahn liegenden Orte Sulzau und Börstingen betrifft. Eine Entwicklung, die im Lauf der Jahrzehnte dann immer ausgeprägter wird, so dass, wenn man zum Beispiel in die amtlichen Kreisbeschreibungen der 1970er Jahre schaut, schon sehr deutlich wird: Oben auf der Hochfläche, Wachendorf, Felldorf, Bierlingen, agrarische landwirtschaftlich geprägte Gemeinde vorwiegend; die Talgemeinden haben den Charakter von Pendlergemeinden. Im Zuge der Gemeindereform, wo dann diskutiert wird, wo gehört ihr eigentlich hin, wo seid ihr zu verorten, wird mitunter – und zwar auch vom dortigen Bürgermeister – Sulzau im Grunde genommen als Pendlergemeinde der Stadt Rottenburg bezeichnet.

(ef) Kommen wir zur letzten großen politischen Entscheidung, das ist die Kreis- und Gemeindereform 1972. Börstingen gehörte vorher zum Kreis Horb, der dann aufgelöst und zum Kreis Freudenstadt dazu geschlagen wurde, Börstingen kam dann zum Kreis Tübingen. Börstingen war aber immer am Rand, war eine Gemeinde, die immer an der Kreisgrenze lebte. Prägt so was nicht auch die Leute, dass man sagt, also das sind immer die, die ganz weit weg sind?

Sannwald: Grenzen prägen enorm. Das habe ich an verschiedenen Gemeinden hier im Landkreis erforschen und zeigen können. Für mich das eindrücklichste Beispiel ist Bodelshausen, das württembergisch war und unmittelbar an der zollerischen Grenze lag. Das war richtig Grenzdorf, Grenzsituation. Da ging's richtig rund an der Grenze. Und das hat die Menschen enorm geprägt, weil die politische Grenze auch gleichzeitig eine Konfessionsgrenze zwischen Protestanten und Katholiken war. Katholisch war das Fürstentum Hohenzollern, protestantisch das Herzogtum Württemberg. Wenn wir uns Börstingen anschauen, dann meine ich, dass hier diese Grenzerfahrungen nicht ganz so ausgeprägt waren. Wir haben es vor allem mit gleichkonfessionellen Orten zu tun. Ob ritterschaftlich oder hohenbergisch, die Gemeinden waren und blieben in aller Regel – die Ausnahme Wachendorf habe ich angesprochen – katholisch. Auch während der württembergischen Zeit blieb die Grenzlage zwischen Oberamt Horb und Oberamt Rottenburg kaum relevant. Horb und Rottenburg haben während ihrer vorderösterreichischen Zeit ohnehin eine sehr gleichartige Entwicklung genommen. Der paßten sich die dazwischen liegenden ritterschaftlichen Territorien auch immer ein Stück weit an. Insofern sehe ich hier die Grenzsituation Börstingens traditionell weniger ausgeprägt.

Wenn wir uns allerdings die Gemeindereform genauer anschauen, da gewinnt die Grenzlage schon an Bedeutung. Wahrscheinlich erinnern sich einige von Ihnen an die Diskussion im Zuge der Gemeindereform, wo ja im Grunde genommen die erste Forderung der heutigen Starzacher Teilorte war: weg von Horb, hin zu Tübingen. Nachdem nicht erreichbar war, dass der ganze Altkreis Horb nach Tübingen geht, wollten wenigstens die heutigen Starzacher Teilorte nach Tübingen kommen. Das war eine ganz wichtige Prämisse. Die zweite war, sehr frühzeitig schon, das Modell eines wie auch immer beschaffenen Zusammenschlusses der Höhengemeinden Bierlingen, Felldorf und Wachendorf. Zunächst einmal als Verwaltungsgemeinschaft, dann die Bildung einer Einheitsgemeinde. Teilweise hat das Land den engeren Zusammenschluss mit Zwang – der Drohung von gesetzlichen Maßnahmen –, teilweise auch mit dem sogenannten goldenen Zügel – Fusionsprämien – erreicht.

Nachdem sich die Höhenorte so zusammengefunden hatten, ging es um die Gemeinden im oberen Neckartal. Was passiert mit Sulzau? Was passiert mit Börstingen? Was passiert mit Bieringen, das auch noch zu haben war. Auch Weitingen auf der Hochfläche jenseits des Neckartals stand zur Disposition. Da war also einiges im Fluss und Börstingen hatte zusätzlich das Problem, dass es territorialpolitisch von den Sulzauer Entscheidungen sehr abhängig war. Der Weg zu einer Eingemeindung nach Rottenburg, die lange Zeit zur Diskussion stand, war nämlich nur dann offen, wenn sich auch Sulzau Rottenburg zuwandte. In dem Augenblick, wo Sulzau die Entscheidung getroffen hat, das Angebot Rottenburgs auszuschlagen – die Rottenburger sind auch offenbar nicht mehr ganz zu einem ursprünglichen Angebot gestanden –, blieb Börstingen praktisch nichts anderes übrig, als Sulzau zu folgen. Letztlich hat man sich so glücklich in Starzach getroffen.

(ef) Für Historiker ist es ja immer wieder interessant, die Bevölkerung zu charakterisieren und zu sagen, das sind besonders Fleißige oder besonders Faule oder das sind offene oder das sind herzliche oder so. Wenn wir jetzt mal, was Sie erzählt haben, die verschiedenen Herrschaftsverhältnisse nehmen, wenn wir die Industrialisierung ansehen mit der Mineralwasserproduktion, wenn wir die Eisenbahn ansehen, wenn wir die politischen Verhältnisse, Gemeindereform und so ansehen – was zeichnet den Börstinger eigentlich aus? Welche Mentalität hat ihn geprägt? Ich lese jetzt mal aus der Oberamtsbeschreibung von Horb eine Charakterisierung vor. Diese Charakterisierung erschien 1865 und es ist ganz interessant, wie die Wissenschaftler das „einfache Volk" charakterisieren: „Die körperlich minder kräftigen Einwohner, bei denen der Kropf nicht zu den Seltenheiten gehört, sind im allgemeinen in keinen günstigen Vermögensverhältnissen und finden ihre Erwerbsquellen theils durch Feldbau, theils durch Taglohnarbeiten und Strickerei; bei wenig Sinn für Sparsamkeit leben sie gerne von der Hand in den Mund und machen sich äußerlich durch auffallend viele Fleischesvergehen sehr bemerklich". Fleischesvergehen ist nicht Schnitzel essen.

Sannwald: Richtig, ja.

[*Allgemeines Gelächter.*]

(ef) Wie würden Sie die Börstinger charakterisieren, nachdem Sie die ganze Geschichte kennen?

Sannwald: So gut kenne ich die Börstinger nicht. Jedenfalls die von heute. Wenn man sich die Geschichte anschaut, so ist es wirklich immer köstlich, diese Oberamtsbeschreibungen herzunehmen. Wobei man sehen muss, dass die Berichterstatter von damals nicht in erster Linie Wissenschaftler waren, sondern öfters Pfarrer oder Lehrer. Die hat man übers Land geschickt und gebeten, einen Aufsatz zu schreiben. Diese Berichterstatter waren auch nicht so oft in Börstingen, um letzten Endes den Charakter der Hiesigen beurteilen zu können. Häufig griffen die Berichterstatter auch auf Berichte der Ortspfarrer und deren Einschätzungen zurück. In solchen Fällen wird an den Charakterschilderungen schon ein Körnchen Wahrheit dran gewesen sein. Mit einer Beurteilung der Charakterisierungen aus heutiger Sicht tue ich mich einfach insofern ganz schwer, weil ich zu wenig Börstinger von heute kenne, zu wenig Gespräche mit ihnen geführt habe.

Ich denke aber, wenn ich jetzt den Blick auf Starzach, die westlichste Gemeinde im Landkreis Tübingen, werfe, dass es sich hier um eine der

Abb. 7.7 Weitenburger Straße in Börstingen, Anfang der 1940er Jahre.

rührigsten Gemeinden im Landkreis handelt. Hier ist sehr viel passiert. Wenn ich zum Beispiel daran denke, wohin welche Entwicklungsgelder geflossen sind. Da ist Starzach mit seinen Ortsteilen gut gestellt und vorne dran. Wenn man sich auch anguckt, wie die Grundversorgung in der Gemeinde ist, wo jeder Starzacher Ortsteil ein Versammlungsgebäude hat, also da ist schon unglaublich viel passiert.

Von der großen Armut des 19. Jahrhunderts, von den winzigen baufälligen Häusern, in denen die Leute dahinvegetierten, davon ist wenig übrig geblieben. Generell sind viele Unterschiede, die man noch in den Oberamtsbeschreibungen stark herausschälen konnte, sagen wir mal in den Jahren nach dem 2. Weltkrieg, stark nivelliert worden. Übrigens auch, was Verhaltensweisen angeht.

Ich habe mal eine Untersuchung gemacht, sie hat auch einen Niederschlag gefunden in dem Buch „Geschichtszüge", wie das Wahlverhalten der Menschen seit 1918 gewesen ist. Und welche historischen Entwicklungen dahinter stehen. Das ist total spannend. Wir können im Landkreis Tübingen sehr schlüssig aufzeigen, dass die ehemals katholischen Gebiete und die ehemals eher von der Landwirtschaft geprägten Gebiete ein ganz anderes Wahlverhalten aufweisen als die ehemals protestantischen und stärker von Fabrikarbeit geprägten Gebiete. Wenn Sie zum Beispiel einen Blick auf das frühere Oberamt Rottenburg werfen. Zu diesem gehörte auch das Steinlachtal, das so genannte rote Steinlachtal. Dieses war protestantisch, es war auch relativ früher industrialisiert als das Rottenburger Umland. Innerhalb dieser Verwaltungseinheit Oberamt Rottenburg konzentrierten sich im Steinlachtal SPD-Wähler, KPD-Wähler und dann noch relativ viele, die in der Weimarer Republik den Weingärtnerbund gewählt haben. Demgegenüber haben wir in den katholischen Gebieten ein ganz anderes Wahlverhalten. Hier war es die Zentrumspartei, die in der Zeit der Weimarer Republik über 70 bis 80 Prozent der Wähler auf sich gezogen hat. Innerhalb Starzachs läßt sich vor diesem Hintergrund auch wieder ein Unterschied zwischen Höhengemeinden und Talorten ausmachen. In Sulzau und den Talorten waren eher die SPD-Wähler konzentriert, in den Höhenorten die Zentrums- und CDU-Wähler. Noch heute zeichnet sich beim Wahlverhalten dieser traditionelle strukturelle Unterschied ab. Allerdings sind solche strukturellen Unterschiede heute längst nicht mehr so ausgeprägt wie noch vor einem halben Jahrhundert. Sie sind aber noch immer zu beobachten und historisch herzuleiten.

(ef) Das lässt sich auch an so einem Ort wie Hagelloch bei Tübingen zeigen. Im 19. Jahrhundert haben viele Bewohner als Gipser auswärts gearbeitet, die sind montags oder sonntags nach Stuttgart reingelaufen, in 4 Stunden, und kamen dann am Wochenende wieder zurück. Dieses Arbeiter-Bauern-Dorf war ein absolut rotes Hagelloch. Im Laufe der Zeit, nach dem 2. Weltkrieg wurde das politische Rot durch das Schwarz sehr ersetzt. Sollen wir einen kurzen Blick noch wagen auf andere Gemeinden mit vielleicht gleichen Strukturen? Gomaringen, Bodelshausen, Kusterdingen, kann man ja durchaus mit Börstingen vergleichen – was zeichnet die aus, was unterscheidet diese Gemeinden von Börstingen?

Sannwald: Man kann sie vergleichen, aber es sind schon sehr unterschiedliche Entwicklungen. Was Sie da aufgezählt haben, sind württembergische

Gemeinden, die sich durch eine andere Herrschaftsgeschichte von Börstingen stark abheben. In Württemberg waren beispielsweise die Mitwirkungsrechte der Untertanen ein großes Thema in der Geschichte. Diese haben dort eine ganz andere Entwicklung genommen als beispielsweise in den ritterschaftlichen Gebieten. Wirtschaftlich finden sich auch ganz andere Entwicklungen, vielleicht mit der Ausnahme Kusterdingens. Wirtschaftlich haben diese Gemeinden zunächst von der Mobilität durch die Eisenbahn profitiert, dann zusätzlich dadurch, dass auch Fabriken in großer Zahl angesiedelt werden konnten und viele dieser Gemeinden sich zu Industriestandorten entwickelt haben.

In Börstingen haben wir verglichen damit eine Sondersituation, was die Industriearbeit angeht. Hier brachten vor allem die Naturvorkommen an Kohlensäure und an entsprechenden Wässern eine gewisse gewerbliche Struktur mit sich. Allgemein ist es so, dass der Landkreis Tübingen nicht viele Bodenschätze hat. Wir haben Steine, wir haben den Muschelkalk mit dem man Straßen und Bahndämme bauen konnte, wir haben Steine, die als Mühlsteine getaugt haben, aber sonst gibt es so gut wie keine Bodenschätze. Die große Ausnahme ist tatsächlich das, was ich einmal mit

In Eyach seit 100 Jahren Kohlensäure gefördert

Festakt zum Betriebsjubiläum / Produktion wird aufgegeben

Starzach-Bierlingen (bv). Mit einem Festakt im Bierlinger Sportheim ist gestern das 100jährige Bestehen des Eyacher Kohlensäure-Werks gefeiert worden, das seit 1987 zum französischen Konzern Air Liquide gehört. Zum Jahresende wird die Produktion aufgegeben, der Betrieb läuft aber mit der Abfüllung und dem Vertrieb weiter.

Nach einem Stehempfang im Werk selbst, begrüßte der Regionaldirektor für den Bereich Süd von Air Liquide, Werner Lindner, Ehrengäste und Mitarbeiter zum Festakt im Bierlinger Sportheim. Ewald Mast, Koordinator des Werkes Eyach, informierte über die Geschichte der Kohlensäureförderung im Neckartal. Im Jahr 1895 wurde dieses Werk von Dr. Wilhelm Raydt gegründet. Zwei Jahre später wurden bereits 417 Tonnen flüssige Kohlensäure verkauft. Die Produktionszahlen steigerten sich bis zuletzt auf rund 15 000 Tonnen/Jahr.

1898 wurde das Werk erweitert. Weitere Zweigniederlassungen entstanden und es wurde die »Kohlensäure-Industrie Dr. Raydt AG« gegründet, später weitere Firmen (Buse und Rommenhöller). 1904 zog sich Raydt nach Berlin zurück, das Unternehmen wurde zur »Eyacher Kohlensäure-Industrie« umorganisiert. 1920 erfolgte die Übernahme durch die Aktiengesellschaft für Kohlensäure, 1931 firmierte das Unternehmen als AGEFKO. 1950 wurde das Trockeneis-Werk Eyach II fertiggestellt, 1954 die TE-Produktion wieder zur Lohmühle verlagert.

Im Jahr 1966 wurde das Eyacher Werk zu 100 Prozent von der Preussag übernommen; es folgten weitere Um- und Ausbauten, die Lagerkapazität wurde auf 700 Tonnen angehoben. 1987 übernahm Air Liquide das Unternehmen; so daß man sich in Eyach nun nicht mehr nur mit der Kohlensäure, sondern mit der gesamten technischen Gasepalette beschäftigen. Air Liquid ist in über 60 Ländern aktiv, zählt rund 25 000 Mitarbeiter und erwirtschaftet einen Jahresumsatz von fast 10 Milliarden Mark.

Als Wermutstropfen bezeichnete Mast, daß zum Jahresende die Produktion aus Umweltschutzgründen aufgegeben werden müsse. Das Eyacher Werk fungiert dann als Vertriebszentrum für Baden-Württemberg und wird rund 25 Mitarbeiter beschäftigen.

Der Starzacher Bürgermeister Manfred Dunst bedauerte ebenfalls die Produktionseinstellung und die Schließung der Firma Buse. Dies sei für die Gemeinde ein herber Schlag. Der Air Liquide bescheinigte er eine gute Zusammenarbeit mit der Gemeinde und hoffte, daß dies auch künftig so sein werde.

Über den Weltkonzern, der in den vergangenen Jahren allein rund 500 Millionen Mark in den neuen Bundesländern investierte, informierte Herbert Verse, Vorsitzender der Geschäftsführung der Air Liquide in Düsseldorf. Nun wolle man verstärkt in der hiesigen Region bei den technischen Gasen tätig werden.

Abb. 7.8 Artikel aus dem „Schwarzwälder Boten" vom 7.10.1995 zur Aufgabe der Produktion.

dem Begriff „schwäbisches Sauerland" bezeichnet habe. Tatsächlich hat gerade für Börstingen dieses Vorkommen besondere Bedeutung. Ein Vorkommen übrigens, das schon früh als eine denkbare Geldquelle bezeichnet wurde, von der es doch fahrlässig wäre, sie nicht zu erschließen. Seit sich die Fürsten von Fürstenberg 1894 daran gemacht haben, diese Vorkommen am Standort der früheren Lohmühle zu gewinnen, mit Kompressoren zu verdichten und dann über den Bahnhof Eyach zu verfrachten, seitdem hat die Kohlensäureproduktion einen enormen Stellenwert gewonnen, hat sicherlich auch viele Arbeitsplätze geboten. Das ist eine Sonderentwicklung, die einzigartig für Börstingen ist und die im Abschnitt des Neckartals von Sulzau bis Börstingen eine spannende historische Sonderentwicklung darstellt.

(ef) Da kann ich die schönste Kurve des ganzen Gesprächs jetzt ziehen: Warum hat Börstingen dann noch keine interessante Ortschronik, und wie kann man dem vielleicht abhelfen? Welche Modelle gäbe es, wenn man jemand begeistern könnte, vielleicht von der Universität oder sonst was? Woran liegt es oder wie könnte man Börstingen zu einer Ortschronik verhelfen?

Sannwald: Wenn man anschaut, wie Ortschroniken, Dorfgeschichten entstanden sind, dann liegt es unter anderem daran, dass hier das traditionelle Personal von Verfassern – lange Zeit – gefehlt hat. Andernorts waren es klassischerweise Lehrer oder Pfarrer, die Ortschroniken zusammengefasst haben. Daran fehlte es hier in Börstingen, aber auch in den anderen Starzacher Teilorten. Auch andernorts im Horber Umland findet man ältere Heimatbücher relativ selten. In jüngster Zeit, um genauer zu sein in den letzten zwei, drei Jahrzehnten, waren es häufig Anlässe wie Gemeindejubiläen, die genommen wurden, um solche Ortschroniken zu erstellen. Und da stellt sich die Frage, wann solche Jubiläen stattgefunden haben.

1273 war eine der ersten Nennungen für Börstingen. Ein denkbares Jubiläumsjahr 1973 lag sehr nahe an der Gemeindereform dran. Diese Zeit war stärker von anderen Interessen geprägt als dem Willen, nun eine Dorfchronik zu machen. Dieses Interesse war in den 1970er Jahren allgemein noch nicht so weit entwickelt. Das kam erst später, so in den 1980er und 1990er Jahren. Die letzten zwei bis drei Jahrzehnte sind eigentlich die Jahre,

Abb. 7.9 Getreidemühle neben dem „Lamm" an der Rottenburger Straße in Börstingen, Anfang der 1930er Jahre. Auf der Bühne wurde früher Hopfen getrocknet.

in denen fast jedes Jubiläum durch einen entsprechenden Geschichtsband begleitet wird. Jetzt könnte natürlich auch die Beschäftigung mit der eigenen Vergangenheit im Zusammenhang mit der Einrichtung eines Dorfmuseums ein Anlass sein, über die engeren Museumsinhalte hinaus zu gehen und zu schauen, was stecken für weitere Entwicklungen hinter der Ortsgeschichte und Ortsstruktur. Das könnte ein Anlass sein, um auch hier für Börstingen eine Dorfchronik zu erstellen.

(ef) Wenn ich Sie jetzt erpressen würde und würde sagen, Herr Sannwald, wenn Sie keine Ortschronik von Börstingen machen, dann plaudere ich das und das und das aus. Wie würden Sie vorgehen?

Sannwald: Ich würde fragen, was ist das und das und das?

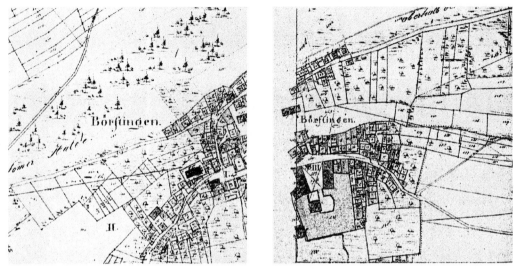

Abb. 7.10a) und b) Flurkarten Börstingen 1829.

(ef) Nein, reden wir mal ernsthaft, konkret. Wie könnte man zu einer Ortschronik kommen? Wen könnte man anstiften? Wie könnte man das organisieren? Wie könnte man jemanden begeistern?

Sannwald: Zunächst einmal ist ausschlaggebend, bei jeder historischen Beschäftigung, die in einer Gemeinde stattfinden soll, dass ein Wille dazu da ist. Wenn in einem Ort der Wille da ist, so etwas zu machen, dann wird auch so etwas gemacht. Wir haben bei unterschiedlichen Gemeinden schon unterschiedliche Modelle gehabt, wie so etwas dann umgesetzt werden kann. Wir haben in manchen Gemeinden im Prinzip jemanden angestellt oder mit Werkverträgen beschäftigt, um solche Ortschroniken zu verfassen oder Teile solcher Ortschroniken zu verfassen. Man kann auch überlegen, ob man den Anspruch zunächst mal zurücknimmt und nicht die gesamte Ortsgeschichte auf einmal, sondern in einzelnen Themenbereichen erforscht. In anderen Gemeinden habe ich Arbeitskreise eingerichtet, die Interessierte so weit geschult haben. Am Ende konnten die Teilnehmer selbst ins Ortsarchiv gehen und mit den Materialien aus dem Ortsarchiv ihre eigene Geschichte erforschen und darstellen. Das stellt aber, das muss ich ganz deutlich sagen, große Anforderungen an das Engagement aller

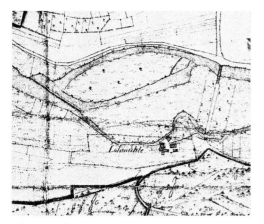 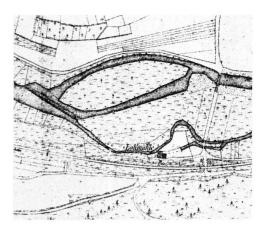

Abb. 7.10c) Flurkarte Lohmühle 1829.
Abb. 7.10d) Flurkarte Lohmühle 1894.

Beteiligten. Es ist zunächst mal ein harter Weg, bis man die alten Schriften lesen kann. Es ist kein Hexenwerk, aber man muss rein finden. Man muss sich viel Zeit nehmen. Bis man dann die Erträge seiner Arbeit wirklich ernten kann, dauert es einfach etwas. Neben solchen Modellen gibt es wohl

> „Die Kartenausschnitte der Lohmühle 1829 und 1894 dokumentieren eine Brandkatastrophe. 1894 brannten alle Gebäude der Mühle nieder. Bis ins 19. Jahrhundert hinein war die Lohmühle mit einem Gerbgang, drei Mahlgängen, Ölmühle und Hanfreibe Eigentum der Bierlinger Ortsherrschaft und seit dem 15. Jahrhundert Erblehen der Familie Lohmüller gewesen. 1820 wurde sie allodifiziert. Die hinter der Mühle nach Bierlingen ansteigende Straße, 1865 ‚noch die steilste in der Gegend' harrte damals ‚noch immer der längst in Aussicht gestellten Korrektion'. Auf dem Ausschnitt von 1894 hat nun bereits die industrielle Revolution ihre Spuren in Börstingen hinterlassen. Sie zeigt den Grundriß des auf dem Mühlengelände 1894/95 errichteten Agefko-Kohlensäurewerks, dem ältesten örtlichen Industriebetrieb. Die Industrieanlage nutzte die 1861 in Betrieb genommene Eisenbahnlinie von Rottenburg nach Horb. Der 1864 entstandene Bahnhof Eyach liegt teilweise auf Börstinger Markung."

Info 7.11 Erläuterungen zu den Flurkarten Abb. 7.10 c) und d): Lohmühle.

auch einzelne Universitätslehrer, die sich vielleicht auch erpressen lassen könnten, ein Seminar einzurichten und sich darin mit der örtlichen Geschichte zu befassen.

(ef) Wenn wir beide jetzt mal einen Anstoß geben würden. Sie würden die Interessierten durch das Börstinger Gemeindearchiv, also das Starzacher Gemeindearchiv führen, was man wie lesen kann, Sie würden ein paar dieser Dokumente zeigen. Wo könnte man noch hingehen? Auf die Weitenburg?

Sannwald: Das wäre natürlich eine erste Quelle. Das Adelsarchiv derer von Rassler ist von seiner historischen Potenz, von dem was enthalten ist an historischen Dokumenten, weitaus weiter zurückreichend und besser bestückt als etwa das Ortsarchiv von Börstingen. Das heißt aber nicht, dass im Börstinger Ortsarchiv nichts stecken würde. Man muss sich einfach klarmachen, je nach Zielrichtung, die man verfolgt mit seiner Fragestellung, wird das eine Archiv oder das andere Archiv das Interessante sein. Wenn man eine Ortsgeschichte insgesamt schreiben will, kommt man nicht umhin, beide Archive und noch das Pfarrarchiv anzuschauen. Und damit ist es noch nicht getan. Sie müssen sich vorstellen, dass Archive ja immer angelehnt an irgendwelche Verwaltungseinheiten entstehen. Also in unserem Fall zunächst angelehnt an die Gemeindeverwaltung oder die Verwaltung derer von Rassler über ihre Gebiete. Wenn wir jetzt überlegen, was passiert eigentlich in so einem Staat, da wird dann ja in wichtigen Fällen immer weiter nach oben berichtet. Und deshalb hört die Forschung eben nicht auf der Gemeindeebene auf, sondern man muss den Blick höher richten. Je spannender die historischen Vorgänge werden in der Gemeinde, desto höher angesiedelt ist das Thema auf der archivischen Ebene. Das heißt, Sie kommen dann übers Gemeindearchiv irgendwann zum Kreisarchiv, als nächste Stufe, da gibt's das Kreisarchiv Tübingen und das Kreisarchiv Freudenstadt, die hier eine Rolle spielen können. Sodann gibt es natürlich übergeordnete Archive für die ritterschaftliche Zeit, während der die Freiherren und Barone sehr enge Beziehungen beispielsweise zu Vorderösterreich unterhielten. Da kann es zum Beispiel interessant sein, entsprechende Archive in Innsbruck zu besuchen, kann es interessant sein, dann für die württembergische Zeit das Hauptstaatsarchiv in Stuttgart oder eines der Staatsarchive zu besuchen. Oder man sucht die Quellen des Ritterkantons Neckar-Schwarzwald auf. Sie sehen, da gibt es eine ganze Reihe von archivischen Entwicklungsmöglichkeiten.

(ef) Also, für die, die anfangen wollen, kann man das in einem Ordner versammeln. Das kann ich auch kopieren aus der Oberamtsbeschreibung Horb von 1865 oder die Informationen zu Börstingen aus der Kreisbeschreibung Tübingen aus den 70er Jahren. Dann gibt es von Ihnen, Herr Sannwald, noch etwas (Das Buch „Schönbuch, Neckar, enge Gassen: Ortspläne und Landkarten aus vier Jahrhunderten"), das man auch in diesen Ordner noch reintun könnte, damit man nachlesen kann. Und dann könnte man eine Aufstellung machen der Archive, wobei es ja sehr merkwürdig ist, das frühere Kreisarchiv Horb hat jetzt seinen Sitz in Freudenstadt. Und wenn ich denke, es gibt ja auch Börstinger Umweltschutzakten, sowohl im Landkreis Tübingen als auch sicher im Landkreis Horb beziehungsweise im Landkreis Freudenstadt, wo man auch über die Mineralwasserproduktion noch einmal etwas nachlesen könnte. Also, da müsste jemand sich finden, der einen Spaß daran hat. Kommen wir zu einem Fazit, Herr Sannwald. Was könnte ein Dorfmuseum für das Geschichtsbewusstsein leisten? Sie haben ja verschiedene Dorfmuseen auch entsprechend begleitet.

Sannwald: Ich bin überzeugt, dass ein Dorfmuseum einen wesentlichen Kristallisationspunkt für das Geschichtsbewusstsein darstellen kann. Wie gesagt, die Erkenntnis, die grundlegende Erkenntnis, ist diejenige: Geschichte prägt uns alle wesentlich stärker als wir das normalerweise wahrnehmen. Sicher dieses und damit einen Teil von sich selbst bewußt zu machen, ist nicht nur in historischer Perspektive wichtig. Man muss die Bezugspunkte offen legen. Was ist denn das für ein Wappen, was für eine Inschrift an dem Gebäude, was steht denn da für ein Brunnen, was hat es mit dem auf sich? Was hat es mit diesem Feldkreuz auf sich, die Straße, die war ja auch nicht immer da. Warum wurde die grad da gebaut? Und unter welchen Umständen, usw. Also wir sind umgeben von solch historischer Dimension, die eine enorme Mächtigkeit für die Gegenwart hat. Sich dieser Mächtigkeit und dieser Strukturen zu vergewissern, die uns heute prägen, kann nur nützlich sein. Man macht sich damit Grundbedingungen bewußt, die für das von Bedeutung sind, womit wir es heute zu tun haben.

Und alles nützt, was ein Kristallisationspunkt sein kann, um sich damit zu befassen, um also bewusst wahrzunehmen. So ein Kristallisationspunkt kann die Arbeit an einer Dorfchronik sein. Ein anderer ist ein Museum, das es im Dorf gibt. Wobei ich bei den Museen, die sie in den Gemeinden machen, immer wieder dafür plädiere: dieses Museum muss leben. Das muss aus dem Ort heraus leben. Mit Verlaub: die Arbeitsgruppe des Ludwig-Uhland-Instituts wird sich irgendwann verabschieden und sie wird nicht mehr zur Verfügung stehen. Also bleibt es an Ihnen hier in Börstingen, zu überlegen, wie gehe ich mit dem Museum um, wie verleihe ich ihm Leben, so dass es auch in Zukunft aktiv einen Part zum Gemeindeleben beiträgt. Und da sind Sie richtige Wege gegangen, indem Sie Wechselausstellungsmöglichkeiten vorgesehen haben. Damit haben Sie weiter gedacht, wie das Museum seine Aktualität behält. Damit sind Sie auf dem besten Weg, mit dem Dorfmuseum einen Beitrag zum Geschichtsbewusstsein dieser so spannenden Geschichte von Starzach, von Börstingen insbesondere, zu leisten.

Quellen:

Abb. 7.1 Ortsplan mit frdl. Genehmigung Gemeinde Starzach.

Abb. 7.2 Kartenausschnitt aus der Stierlinschen Karte der Ritterschaftlichen Freien Pirsch 1705 (Staatsarchiv Sigmaringen K I Sch/1). Die Veröffentlichung wurde vom Staatsarchiv Sigmaringen genehmigt. Die Rechte der Veröffentlichung und Vervielfältigung liegen beim Landesarchiv Baden-Württemberg. Als Reproduktionsvorlage herangezogen wurde Beilagekarte Nr. 4 aus: Sannwald, W. (Hrsg.) (1996): Schönbuch, Neckar, enge Gassen. – Ortspläne und Landkarten aus vier Jahrhunderten. (Beilagen: 7 historische Landkarten im Großformat), Gomaringen. Reproduktion der Karte mit frdl. Genehmigung Wolfgang Sannwald.

Info 7.3 Zitiert aus: Krezdorn, S. (1984): Das Bergschloss Weitenburg im Wandel der Geschichte. Biberach an der Riß, S. 15f.

Abb. 7.4 Annonce aus: Horber Chronik. Amts- und Intelligenz-Blatt für den Oberamtsbereich Horb, vom 18. Juni 1851. Bernhard Wochner aus Mühringen stellte die

Horber Chronik, Jahrgänge 1851 (KW 1 bis KW 26) und 1864 (KW 1 bis KW11) ins Internet (*www.eyach.de*). Abdruck der Annonce mit frdl. Unterstützung von Bernhard Wochner.

Info 7.5 Beschreibung des Oberamts Horb (1865). – Stuttgart, Tafel I.

Info 7.6 Abdruck mit frdl. Genehmigung Gemeinde Starzach.

Abb 7.7 Abdruck des Fotos mit frdl. Genehmigung Manfred Lohmiller.

Info 7.8 Artikel aus dem „Schwarzwälder Bote" vom 7.10.1995. Abdruck mit frdl. Genehmigung Bernd Visel.

Abb. 7.9 Abdruck des Fotos mit frdl. Genehmigung Manfred Lohmiller.

Abb. 7.10 a) und b) Flurkarten Börstingen: SW VII 17 Baur 1829 und SW VII 16 Baur 1829.

Abb. 7.10 c) und d) Flurkarten der Lohmühle: SW VIII 17 Baur 1829, ganz rekt., und SW VIII 17 Baur, neu rekt. 1894.

Gemeindearchiv Starzach. Abdruck mit frdl. Genehmigung Gemeinde Starzach. Abdruck der Flurkarten aus: Gaugele, E. (1996): Lästernde Zeitgenossen. – In: Sannwald, W. (Hrsg.) (1996): Schönbuch, Neckar, enge Gassen. – Ortspläne und Landkarten aus vier Jahrhunderten. – Gomaringen, S. 166f. Abdruck mit frdl. Genehmigung Wolfgang Sannwald.

Info 7.11 Zitiert aus: Gaugele, E. (1996): Lästernde Zeitgenossen. – In: Sannwald, W. (Hrsg.) (1996): Schönbuch, Neckar, enge Gassen. – Ortspläne und Landkarten aus vier Jahrhunderten. – Gomaringen, S. 167. Abdruck mit frdl. Genehmigung Wolfgang Sannwald.

Anmerkungen:

Zur Ortsgeschichte von Börstingen:

Die Geschichte der Pfarrkirche Börstingen ist erschienen in: Deyringer, O. (2003): Kirchengemeinde Sankt Ottilia, Börstingen. Horb am Neckar. Dieses Buch enthält auch zahlreiche Aufnahmen: „Das alte Börstingen" (S. 56 ff.).

Zur Stierlin-Karte von 1705:

Es mehren sich Hinweise, dass die sogenannte Stierlin-Karte im Original deutlich früher als bisher angenommen entstanden ist. Tatsächlich handelt es sich bei der Jahresangabe auf der Stierlin-Karte (1705) um das Jahr der Kopie, so steht es im Text unter der Karte geschrieben. Kopist war Johann Ulrich Stierlin. Die Originalkarte ist nicht mehr erhalten. Dr. Rudolf Seigel, der diese Informationen in seinem Artikel „Ein Dokument der Grenzverletzungen" im Schwäbischen Tagblatt vom 2. Juli 2005 veröffentlichte, datiert die Entstehungszeit der Karte im Original aufgrund detaillierter Indizien auf die Zeit zwischen 1600 und 1605.

Auch für Börstingen zeigt diese Karte Interessantes: Da das Geschlecht der Ehinger 1697 in seiner Börstinger Linie ausstarb, auf der Stierlin-Karte von 1705 jedoch noch das Ehinger Wappen zu sehen ist, kann dies als weiterer Hinweis auf ein höheres Alter der Kartengrundlage gewertet werden.

Zu Archiven:

Weitere Informationen zu Archiven sind u. a. zu finden in: „Die Gemeindearchive des Kreises Horb. I. Die Gemeinden des früheren Oberamts Horb". Bearbeitet von Eberhard Freiherr von Wächter und Josef Reiter. W. Kohlhammer Verlag Stuttgart 1947. – Erschienen als 19. Heft in der Reihe: „Württembergische Archivinventare".

„Börstinger Gespräche"

Gesprächspartner:

Wolfgang Urban,
geb. 1948 in Stetten am kalten Markt. Studium der Philosophie und Mathematik. Stipendiat des Instituts für Europäische Geschichte (Mainz). Wissenschaftlicher Mitarbeiter des Sonderforschungsbereich (SFB) „Spätmittelalter und Reformation" an der Universität Tübingen. Diözesankonservator der Diözese Rottenburg-Stuttgart und Leiter des Diözesanmuseums in Rottenburg. Lehrbeauftragter (im Fach Historische Hilfswissenschaften) der Universität Tübingen. Zahlreiche Veröffentlichungen in Philosophie, Kirchen-, Kultur- und Kunstgeschichte.

Hartmann Reim,
geb. 1942 in Stuttgart. Studium der Vor- und Frühgeschichte, Urgeschichte und Klassischen Archäologie. Nach der Promotion 1969 Staatliches Amt für Denkmalpflege Tübingen. Leiter des Referates Vor- und Frühgeschichte an der Außenstelle Tübingen des Landesdenkmalamtes Baden-Württemberg. 2005 Leiter der Referates Denkmalpflege beim Regierungspräsidium Tübingen. Lehraufträge für Vor- und Frühgeschichte an der Pädagogischen Hochschule Reutlingen (ab 1974) und am Seminar für Vor- und Frühgeschichte der Universität Tübingen (ab 1989). 1992 Ernennung zum Professor.

Hubert Wicker,
geb. 1948 in Ebingen. Jurastudium an der Universität Tübingen. Rechtsanwalt in Albstadt. 1978 bis 1984 Parlamentarischer Berater im Landtag von Baden-Württemberg, 1984 bis 1991 im Innenministerium (zuletzt Ministerialrat und stellvertretender Leiter Abteilung Straßenbau). 1991 bis 1997 Staatssekretär und Amtschef im Sächsischen Staatsministerium des Inneren, Dresden. 1997 bis 2006 Regierungspräsident, Tübingen. 2006 Ministerialdirektor Finanzministerium Baden-Württemberg. Ab Juli 2007 Staatssekretär im Staatsministerium Baden-Württemberg.

Walter Jäger,

geb. 1946 in Tuttlingen. Studium der Chemie an der Universität Tübingen (Dipl.-Chemiker, Dr. rer. nat.), 1975 bis 1977 wissenschaftlicher Assistent bei Prof. Dr. Ernst Bayer (Institut für Organische Chemie). 1977 Gründung des Instituts Dr. Jäger in Tübingen (Arbeitsgebiete: Untersuchung und Beurteilung von umweltrelevanten Stoffen in den Matrices Wasser, Boden, Abfall, Altlasten und Luft, Emissions- und Immissionsermittlungen, Arbeitsplatzmessungen), Niederlassungen in Konstanz, Villingen-Schwenningen und Weimar. Öffentlich bestellter und vereidigter Sachverständiger für Trinkwasser-, Abwasser, Abfallchemie und Luftreinhaltung. Seit 1991 Lehrauftrag an der Universität Tübingen, 1998 Ernennung zum Honorarprofessor. Autor zahlreicher Publikationen über Wasserchemie und Toxikologie.

Klaus Bormann,

geb. 1953 in Hamburg. Ab 1972 Studium Betriebswirtschaft und Marketing in Hamburg, ab 1980 Vertrieb, ab 1986 Leiter Produktmarketing Gebr. Märklin & Cie (Göppingen), 1990–1993 Leiter Marketing-Kommunikation bei Heilige GmbH (Freiburg), 1994 – 1996 Leiter Tourismus Bad Pyrmont, dann selbständige Tätigkeit im Tourismus und Kurortemarketing. 1997–2000 Geschäftsführer Stadtmarketing Marsberg (NRW). Ab 2000 Geschäftsführer Wirtschaftsförderung- und Tourismusgesellschaft Rottenburg, ab 2001 zusätzlich Geschäftsführer Neckar-Erlebnis-Tal e. V., Horb. Mitgliedschaft in verschiedenen Tourismusgremien (Tourismus-Ausschuss der IHK, Netzwerk Wirtschaft und Tourismus, Schwäbische Alb).

Helmut Eck,

geb. 1946 in Stuttgart. Studium der Geographie und Erziehungswissenschaft PH Reutlingen und Universität Tübingen (Dipl. Päd., Dr. phil). 1974/75 Akademischer Tutor am Geographischen Institut der Universität Tübingen und an der Pädagogischen Hochschule Reutlingen. Seit 1975 Dozent am Geographischen Institut der Universität Tübingen (Akademischer Oberrat), Arbeitsschwerpunkte: Anthropogeographie, Angewandte Kartographie, Tourismusplanung, Geographiedidaktik, Geographische Landeskunde von Südwestdeutschland. Zahlreiche Veröffentlichungen zu diesen Themen, historisch-geographische Stadtführungen.

Wolfgang Sannwald,
geb. 1959. Studium der Geschichte, Rhetorik und Philosophie in Tübingen, Paris und Perugia (Dr. phil.). Kreisarchivar des Landkreises Tübingen und Leiter der Abteilung Öffentlichkeitsarbeit und Kultur. Zahlreiche Veröffentlichungen zur Regionalgeschichte. Ein ‚heimatgeschichtlicher Renner' wurden die „Geschichtszüge" (2007 in 4. Auflage) über den Landkreis Tübingen.

Herausgeber

Monika Laufenberg,
geb. 1962 in Köln. Studium der Geographie, Geologie, Bodenkunde und Botanik (Dipl.-Geogr., Dr. rer. nat.). U.a.: Statistisch-quantitative und qualitative Analysen von Verwitterungs- und Bodenbildungen (DFG-gefördert), gutachterliche Tätigkeit im Bereich Landschaftsplanung und -gestaltung, für die Katholische Frauengemeinschaft Deutschlands (KFD) Analyse und Auswertung der Aktion „Macht Ehrenamt sichtbar" (Einführung von Nachweisen im Ehrenamt). Senior Manager Quality Inflight Entertainment/SatCom Antennen.

Eckart Frahm,
geb. 1941 in Flensburg, Kulturwissenschaftler und Journalist. Studium der Germanistik, Sportwissenschaft und Empirischen Kulturwissenschaft an der Universität Tübingen. Nach Lehrtätigkeit am Gymnasium freier Journalist für verschiedene Zeitungen und Rundfunkanstalten (1977 Wächterpreis der deutschen Tagespresse). Seit 1981 am Deutschen Institut für Fernstudien an der Universität Tübingen, Mitarbeit am Zeitungskolleg, Projektleiter „Dorfentwicklung", seit 1991 Koordinator der Funkkollegs. Seit März 2001 am Ludwig-Uhland-Institut, Arbeitsstelle „Sprache in Südwestdeutschland". Arbeitsschwerpunkte: Massenkommunikation, Kulturgeschichte, Dorfentwicklung.

Dank

Dieses von der Entstehung und der Themenbehandlung ungewöhnliche Heimatbuch konnte nur realisiert werden durch die finanzielle Unterstützung zahlreicher Institutionen und Sponsoren, die teilweise bereits die Einrichtung des Börstinger Dorfmuseums „Kulturtankstelle" gefördert haben.

Nicht zuletzt die Schaltung der folgenden Anzeigen trug zur endgültigen Fertigstellung des Buches „Börstinger Gespräche" wesentlich bei.

Dafür danken wir allen, die uns unterstützt haben.

Monika Laufenberg
Eckart Frahm

Der Dank gilt:

Regierungspräsidium Tübingen

OEW – Zweckverband Oberschwäbische Elektrizitätswerke, Ravensburg

sowie den Inserenten:

Bäckerei Kalbacher, Weitingen

Dorfmuseum Kulturtankstelle, Börstingen

Förderverein Schwäbischer Dialekt e.V., Tübingen

Gemeinde Starzach

Hochdorfer Kronenbrauerei

Institut Prof. Dr. Jäger, Tübingen

Post–Lotto–Getränke Jurczik, Börstingen

KWB – Kraft und Wärme aus Biomasse GmbH, Starzach

Kreissparkasse Tübingen

Kuon, Eutingen-Weitingen

Lignasol, Rottenburg-Ergenzingen

N.E.T. e.V., Rottenburg

Stuckateurgeschäft Pfeffer GmbH, Starzach

Schloß Weitenburg, Starzach

TVV Tübinger Vereinigung für Volkskunde e.V.

Das Dorfmuseum „Kulturtankstelle" in Starzach-Börstingen, Horber Straße 2, lädt anhand weniger, charakteristischer Alltagsgegenstände die Besucher zum Erleben der früheren Dorfgemeinschaft ein, die neben der Landwirtschaft im 20. Jahrhundert auch durch die Kohlensäureindustrie geprägt war.

Die erzählten Geschichten über das harte (Über-) Leben im Dorf, aber auch das gemeinsame Feiern, werfen ein Licht auf eine Zeit, die noch gar nicht so lange her ist, für uns heutzutage jedoch schon nicht mehr alltäglich erscheint.
Die Ausstellungsstücke sind auf Sockeln einzeln präsentiert. Die Informationen zu den ausgestellten Gegenständen befinden sich in den Schubladen der Sockel, so dass die Besucher sich aktiv die Erklärungen aneignen können – gerade Kinder (aber auch Erwachsene) finden das sehr spannend.
Die ungewöhnliche Konzentration auf einige wenige, jedoch repräsentative Gebrauchsgegenstände – ein neuartiges, minimalistisches Konzept – brachte dem Museum schon kurz nach der Eröffnung den Preis „Vorbildliches Heimatmuseum" ein, der alle zwei Jahre vom „Arbeitskreis Heimatpflege im Regierungsbezirk Tübingen e.V." vergeben wird.

Durch die Öffnung des Museums und die Gestaltung des Betriebes mit Ehrenamtlichen, die das Museum bewirtschaften, ist das Dorfmuseum zum neuen Treffpunkt der Dorfgemeinschaft geworden. Aber auch Besucher des Ortes und die vorüber ziehenden (Fahrrad-) Touristen im „Neckar-Erlebnis-Tal" schätzen das Dorfmuseum sowohl als „Kulturtankstelle" als auch um ihren Durst zu löschen und sich zu stärken – eine Mischung, die ankommt.

Geöffnet März bis Oktober
jeden Sonntag von
14:00 Uhr bis 18:00 Uhr.
Führungen nach Vereinbarung:
Rolf Schorp: Tel. 0 74 72 / 8813,
florprosch@aol.com
oder Richard Lohmiller:
Tel. 0 74 57 / 88 55

Brot und Brötchen viele Sorten,

Feingebäck und Hochzeitstorten,

Kuchen, Brezeln und Partygebäck gibt's täglich frisch bei Ihrem Kalbacher-Beck!

Bäckerei Kalbacher in Weitingen - Telefon: 07457 / 8309

Wir wünschen dem Förderverein Heimat und Kultur in Börstingen e.V. weiterhin viel Erfolg!

*Förderverein
Schwäbischer Dialekt e.V.*

Die Vielfalt der Mundarten gehört zu den wichtigsten Ausprägungen der Volkskultur im Land. Sie sind nach wie vor lebendig; ihr Gebrauch ist aber nicht mehr so selbstverständlich wie noch vor wenigen Jahrzehnten. Dennoch spielt der Dialekt in vielen Bereichen eine wichtige Rolle. Aus diesem Grund ist es das Ziel des Fördervereins:

- den Bestand an Dialektaufnahmen zu sichern, zu dokumentieren und zu erschließen
- und die Verwendung der Mundarten in den unterschiedlichen Bereichen zu fördern.

Mit Ihrem Beitritt unterstützen Sie die Aktivitäten des Fördervereins Schwäbischer Dialekt e.v.!
Veranstaltungshinweise unter: www.schwaebischer-dialekt.de

Geschäftsstelle:
Ltd. Regierungsdirektor Hartmut Witte
Konrad-Adenauer-Straße 20, 72070 Tübingen
Tel.: 07071/757-3292, Fax: 07071/757-9-3292
E-Mail: witte@schwaebischer-dialekt.de

Willkommen in Starzach

5-Dörfer-Gemeinde mit besonderem Flair

Starzach - die Toskana des Landkreises Tübingen lädt Sie dahin ein, wo die Welt noch in Ordnung ist.

Schöne Aussichten - wohnen, leben, arbeiten, genießen und entspannen - in einer der schönsten Landschaften zwischen Schwarzwald und Schwäbischer Alb. Hier im Neckartal, wo die Starzel und die Eyach in den Neckar fließen, findet sich eine Kulturlandschaft, die geprägt ist von ruhigen und beschaulichen Dörfern, weiten Streuobstwiesen und duftenden Mischwäldern.

Bei uns finden Sie alles, was Sie für sich und Ihre Familie oder für Ihre Gewerbeansiedlung begehren: Von guter Infrastruktur und ländlicher Idylle, attraktiven Grundstücksflächen, einem breiten Handwerks- und Dienstleistungsangebot bis hin zu vielfältigen Sport-, Freizeit- und Kultureinrichtungen.

Kommen Sie zu uns und entdecken Sie die Wohn-, Arbeits- und Lebensqualität in der 5-Dörfer-Gemeinde Starzach.

Starzach heißt Sie herzlich willkommen.

Thomas Noé
Bürgermeister

Ob als Gast, Interessent für eine Gewerbeansiedlung oder Neubürger - freundliche, offene Menschen und eine leistungsfähige Dorfgemeinschaft sorgen dafür, dass Sie sich bei uns wohlfühlen.

... die Toskana des Landkreises Tübingen.

INSTITUT PROF.DR.JÄGER

Eurofins | Institut Prof. Dr. Jäger GmbH

Ihr nach DIN/EN/ISO 17025 akkreditiertes Prüfinstitut im Umweltschutz!

Wasser – Boden – Luft – Abfall – Altlasten – Klärschlamm – Kompost

Amtliche Trinkwasser- und Abwasseruntersuchungen!

Institut Prof. Dr. Jäger GmbH
Ernst-Simon-Str. 2 - 4
72072 Tübingen
Tel.: 07071/ 70 07-0
Fax.: 07071 / 70 07-77
Email: Institut@InstitutDrJaeger.de

JURCZIK

Postagentur Starzach
Lotto-Annahmestelle
Getränke
Zeitschriften
Tabakwaren

   Deutsche Post

Bachstraße 3
Börstingen
Tel. 07457-1398
Fax. 07457-7990
72181 Starzach

Kuon GmbH u. Co. KG
72184 Eutingen - Weitingen
Telefon 0 74 57 / 86 36
Telefax 0 74 57 / 77 69

Bei uns sind Sie immer in guten Händen!

Shell Direct Partner

- *Shell-Heizöl*
- *Diesel-Shell-Plus*
- *SB-Diesel-Tankstelle*
- *Shell-Schmierstoffe*
- *Bündelbriketts, Kohle*
- *Containerdienst/Entsorgung*
- *Baustoffe wie Betonkies, Splitt, Rheinsand, Schotter, Zement, etc.*
- *Vermietung von Hubarbeitsbühne bis 22 m*

Ihr Partner für Innen- und Aussenputz, Restaurationen, Gerüstbau

Stuckateurgeschäft **Pfeffer GmbH**

Fachgerechte Ausführung - faire Preisgestaltung - zeitgemäße Baustoffe
Peffer GmbH   Im Ganser 21   72181 Starzach   Tel.: 07483/319 Fax: 1388

Hackschnitzel
Pellets
Biomasse

Individuelle Heiztechniken für Ihre Anforderungen

- **Solartechnik**
- **Photovoltaik**
- **Service & Verkauf von Großanlagen**
- **Sonderbrennstoffe**
- **Containerheizanlagen**

LIGNASOL Holz-Solar-Heizsysteme
Albrecht-Wirt-Straße 1
72108 Rottenburg-Ergenzingen
Telefon: 07457 / 9420-0
Telefax: 07457 / 942025
E-Mail: info@lignasol.de
www.lignasol.de

Nichts für Langweiler

Erlebnisreiches Ferien- und Freizeitziel mit attraktiven Angeboten aus den Bereichen Sport, Kultur, Natur und Vieles, Vieles mehr ...

- Mobil ohne Auto, 50 km gesperrte Straßen
- Naturkundliche Führungen mit den Neckartal-Rangern
- Museen
- Wanderwege
- Fahrradwege
- Nordic Walking
- Schwimmen
- Kanufahren
- Klettern
- Golfen
- etc. ...

N.E.T. e.V.
Marktplatz 24
72108 Rottenburg

Tel 07472-916236
Fax 07472-916233

www.neckarerlebnistal.de
info@neckarerlebnistal.de

... Sulz
... Horb
... Eutingen
... Starzach
... Rottenburg

Freizeit, Kultur & Events im Neckartal

Schloß Weitenburg
HOTEL & RESTAURANT

Die neugotische Schlosskapelle, das Standesamt im Roten Salon und
das Turmzimmer bieten den idealen Rahmen, im kleinen oder im großen Kreis und
für jeden Anlass. Im historischen Ahnensaal finden bis zu 60 Gäste Platz,
im Hohenbergsaal mit Halle bis 120.
12 Einzelzimmer, 19 Doppelzimmer und 3 Suiten laden zum Übernachten ein.
Unsere Schlossküche verwöhnt Sie mit saisonalen und regionalen Spezialitäten,
liebevoll zubereitet aus erstklassigen Produkten unserer Heimat.

D-72181 Starzach-Weitenburg
Tel. + 49 (0) 7457/933-0
Fax + 49 (0) 7457/933-100
info@schloss-weitenburg.de
www.schloss-weitenburg.de

Seit 1720 im Besitz der Freiherren von Rassler.

Utz Jeggle

Judendörfer in Württemberg

Mit einer Vielfalt von Fragestellungen sucht die heutige Forschung die Bedeutung der Landjuden für die jüdische Geschichte zu erfassen. Sie reichen von der Entstehung des Landjudentums, seiner Rechtslage, Wirtschaftstätigkeit und Berufsstruktur über die Frage nach Bildung, Sprache, religiöser Praxis und Familienform bis hin zur Analyse der Emanzipation der Landjuden, ihrer Mobilität, Verbürgerlichung und Urbanisierung.

Keines dieser Themen hat nicht schon Utz Jeggle in seiner Studie mehr oder weniger intensiv angesprochen und untersucht. Im Vordergrund jedoch standen für ihn die Geschichte der Sozialbeziehung zwischen Christen und Juden, die ein so furchtbares Ende nahm, und der Versuch, die Landjuden in die Geschichte seiner Heimat zu restituieren, aus der sie gewaltsam gerissen worden waren.

Erweiterte Neuauflage
Tübingen 1999
347 Seiten
18,50 Euro

ISBN 3-932512-05-7

Tübinger Vereinigung
für Volkskunde e.V.
Schloss
72070 Tübingen
www.tvv-verlag.de